Weiss-blau und heiter

Das grosse Buch vom bairischen Humor

Herausgegeben von Ludwig Hollweck

Hugendubel

Mit Zeichnungen von
Karl Arnold, Franziska Bilek, Henry Bing, Anton Bischof, J. B. Engl,
Olaf Gulbransson, Ernst Hürlimann, Julius Kreis,
Alfred Kubin, Rita Mühlbauer, Paul Neu, Bruno Paul, August Roeseler,
Ignatius Taschner, Eduard Thöny und Rudolf Wilke

Titelzeichnungen, Umschlag- und Einbandgestaltung
von Gerhard M. Hotop

CIP-Titelaufnahme der Deutschen Bibliothek
Weiss-blau und heiter : das grosse Buch vom bairischen Humor
/ hrsg. von Ludwig Hollweck. [Mit Zeichn. von Karl Arnold ...].
- 11. Aufl. - München : Hugendubel, 1991
ISBN 3-88034-004-8
NE: Hollweck, Ludwig [Hrsg.]

11. Auflage 1991
Heinrich Hugendubel Verlag, München 1974

Produktion: Tillmann Roeder, München
Druck und Bindung: Ueberreuter Buchproduktion, Korneuburg

ISBN 3-88034-004-8
Printed in Austria

Leibhaftiges Altbayern

LUDWIG THOMA Agricola 13
OTTO MAUSSER Vom Verkehr mit Menschen und vom bayrischen G'miat 16
LUDWIG THOMA Brief eines bayerischen Landtags-abgeordneten 18
ALOYS DREYER Da Altboar 19
JOHANN LACHNER Nur vier Worte 21
LUDWIG THOMA Jozef Filser über die Kunzt 23
FRANZ VON KOBELL 'n Himmi sei Blau 24

Von den Alpen bis zum Bayerischen Wald

Im Himmi, sagt a ... 27
JOSEF VOMENT Bairische G'schichtln 28
Auf der Alm, da is a Lebn – Schnaderhüpfeln 30
WILHELM DIESS Die ungastliche Wirtschaft 31
Lieder vom Alpenland 32
HANNS VON GUMPPENBERG Das Oadelwoaß 33
EUGEN ROTH Der Bummelzug 34
FRITZ MÜLLER-PARTENKIRCHEN Müssen 34
JULIUS KREIS Ein Vogel fährt mit der Trambahn 36
RUDOLF PIKOLA Korbinian im Selbstbedienungsladen 39
CHRISTIAN BUCK Zwei Weilheimer Stückln 42
KARL VALENTIN Neues vom Starnberger See 44
Der Holledauer Schimmel 47
ALOYS DREYER Die Mantelflicker 47
FRITZ DRUCKSEIS Der Niederbayer 48
BAUMSTEFTENLENZ (PAUL FRIEDL) Der Watschenaff 48
D' Wirtsdirn vo Haslbach 51
WUGG RETZER Der Stier von Pocking 52
So singt der Waldlersbua – Scherzlieder 58
MAX PEINKOFER Winter im Bayerischen Wald 58
WUGG RETZER Feindschaft zwengs der Schnupferei 59
Das Schmalzlerlied 62

Die Weltstadt mit Herz

Der Alte Peter 65
KARL VALENTIN Auf dem Marienplatz 65
FRITZ BASIL Ein Föhntag 67

JULIUS KREIS Möwen 69
ROLF FLÜGEL Die Leut vom Viktualienmarkt 70
LUDWIG THOMA Finstere Zeiten oder Der Leberkas 74
EMIL VIERLINGER Die Trambahnritzenreinigungsdame 78
SIEGFRIED SOMMER Der Lucki 80
AUGUST JUNKER Der schöne Kare 81
WOLFGANG JOHANNES BEKH Das Gansessen 82
HERBERT SCHNEIDER D' Münchner Rass 87
Münchner G'schichtn 88
WILLY VIERLINGER Der Lokalpatriot 89
ANTON SAILER Stadtplaner Pirckholzer 91
EUGEN ROTH Vergebliche Mühe 96
KARL VALENTIN Im Zoologischen Garten 96
HANNES KÖNIG Valentiniaden 98
WEISS FERDL Alles hat sein Ende 99
Weiß-Ferdl-Witze 100
SIEGFRIED SOMMER Blasius bei den Schwabingern 101
ADOLF ALTHEN Teirer Freind unt Schbäzi 102
Warnung an die Mägdchen im Fasching 1780 104
HANS FITZ Münchner Faschings-Ballade 104
ERNST HOFERICHTER Das Ohr am Münchner Fasching 105
Das Münchner Umgangslied 110
Monolog auf der Auer Dult 112
ERNST HOFERICHTER Das teure Wiesnhendl 113
WILHELM DUSCH Oktoberfestbild 118

Fürsten, Künstler, Originale

Berühmte Leute in München 121
Hohe Herren 124
LUDWIG SCHROTT Die verdammte Leutseligkeit 125
WILHELM LUKAS KRISTL Zweimal Oskar von Miller 127
Karl Valentin erzählt aus seinem Leben 128
SIEGFRIED SOMMER Münchner Originale 129
ALOIS HAHN Der Schichtl 131
KARL SPENGLER Ein Anwalt der Vogelwelt 134

Von Lausbuben und Lausdirndln

FRANZ VON KOBELL 's Gebet 139
LIA BRAUN-HILGER Aus der Schule geplaudert 139
GEORG EBERL D' Fliagn 140

FRITZ MÜLLER-PARTENKIRCHEN D' Sau 141
LIA BRAUN-HILGER Die Abc-Schützin Babette 142
LUDWIG THOMA Besserung 146
JOHANN LACHNER Die Stimme des Waldvogels 152
KARL BAUER Vom Stier 154

Rund ums Kammerfensterl

Ein Brief aus dem Chiemgau 157
CHRISTIAN BUCK Vielleicht ganz gwiß 157
WILHELM DUSCH Des zwegn 158
Das Lied vom Fensterstockhiasl 158
EMIL VIERLINGER Zwei Paar Schuah 159
KARL VON GUMPPENBERG An extrige Birn 160
LUDWIG THOMA Die Probier 160
Auf der Alm, ga gibts koa Sünd – Schnaderhüpfeln 164
OSKAR MARIA GRAF Der Ratz 165
LUDWIG GANGHOFER Die Scharfe 168
OSKAR MARIA GRAF Bartholomäus Pichelsrieder liebt... 168
MAX DINGLER Im Zweifel 174
GEORG QUERI Vom Hirnpecker 175
GEORG QUERI Es laufen die ledigen Kinder umeinand 176
KARL BAUER Das Geständnis 176
FRITZ DRUCKSEIS Da Fehler 177
KARL BAUER Net der Red wert 178

Bauernleut

KARL BAUER Altbayrischer Bauernspruch 181
Alte Wettersprüch 181
JOSEF MARTIN BAUER Der Mächtige vor dem Himmel und der Starke auf Erden 182
FRITZ MÜLLER-PARTENKIRCHEN 's Lisei 187
JOSEF MARX D' Hochzat 189
LENA CHRIST Die Scheidung 189
GEORG QUERI Die Seelenwanderung 193
ALBERT WISHEU-MARTENS Wer zahlt, schafft an 194
WILHELM DIESS Leichenbegängnis 195
HEINRICH LAUTENSACK Aus dem Altbayrischen Puppenspiel – Das Lied der frommen Bäuerin am Herd 202

Jäger, Wilderer und Soldaten

LUDWIG THOMA Bauernjäger 205
Brief an den Jagdpächter Ludwig Thoma 205
KONRAD DREHER Was da Schütz alles braucht 206
FRITZ SCHOLL-DACHAU Die Losung 206
Das Jennerwein-Lied 207
Der boarisch Hiasl 209
Kneißllied 210
Der Wirtssepperl z' Garching 212
BENNO RAUCHENEGGER Frau Wurzl vom Viktualienmarkt schreibt 213
LUDWIG THOMA Soldatenliebe 215
A. DE NORA Die Braut des Leutenants 215

Strafe muß sein

SIMON THEODOR RAUECKER Die fromme Bäu'rin 219
MAXIMILIAN SCHMIDT Der häusliche Krieg 219
OSKAR MARIA GRAF Die Defloration 222
BAUMSTEFTENLENZ (PAUL FRIEDL) Der Trewedl 225
WOLFGANG WEHNER Die Rivalinnen 226
WALTER F. KLOECK Undank ist der Welt Lohn 228

Von Pfarrern und Pfarrkindern

KARL BAUER Der Herr Pfarrer 233
GEORG QUERI Kirchenlatein 234
GEORG QUERI Flurprozession 234
JOSEPH BENNO SAILER In Gottsnam 235
GEORG QUERI Beichten 236
JOSEF SCHUG Zweierlei Zölibat 236
GEORG QUERI Zweischläfrig 236
LUDWIG THOMA Brief eines bayerischen Landtagsabgeordneten 237
DORA STIELER Der Segen 238
GEORG QUERI Wallfahrer 239
HERMANN FRANZ D' Fahnastang 240
GEORG QUERI Das Kindl 243
LUDWIG THOMA Die unterbrochene Berta 244

Vom Appetit, vom Durst und den Folgen

MAX MATHEIS Schlachtfest im Bayerischen Wald 255
GEORG QUERI Hochzeitsessen 256
JULIUS KREIS Das Gansviertel 257
JOSEPH MARIA LUTZ Der Brustbraten 261
KARL VALENTIN Semmelknödel 264
SIEGFRIED SOMMER Weißwurst-Weisheiten 266
JULIUS KREIS Der Frühjahrsradi 267
JOSEPH MARIA LUTZ Der Käse und der Kas 269
Der Durst des Münchners 271
Die Biersorten der Mainburger Gegend 272
EUGEN ROTH Altbairische Wirtshäuser 272
KARL STIELER Der Jackel steht ... 275
SIEGFRIED SOMMER Im Bierkeller 275
MICHL EHBAUER Starkbierwitze 276
WEISS FERDL Nicht nötig 277
JOSEPH MARIA LUTZ Er kommt besoffen heim 278

Von Sitte und Brauch

Münchner Neujahrswünsche für das Jahr 1784 281
HERMANN FRANZ Josefitag 281
ALOYS DREYER Der billige Jakob 282
KARL STIELER Der Frost 283
HERBERT SCHNEIDER Wenn vor Ostern putzt werd 284
HANNS HUNKELE Vom Eierspecken 285
HERBERT SCHNEIDER Gmüatlicha Sonntag 286
Auf 'n Kirta dean ma tanzn ... 288
LUDWIG THOMA Kirta 288
KARL STIELER Die Rauferei 292
Hausinschriften 292
FRIEDRICH PANZER Aberglaube in der Oberpfalz 293
GOTTFRIED KÖLWEL Das Hochzeitsferkel 293
LUDWIG THOMA Das Volkslied 297
Marterln und Grabinschriften 303

Weiß-blau und heiter – Nachwort des Herausgebers 305
Wörterbuch für Nicht-Bayern 307

Textquellennachweis

Adolf Althen: »Liber Schbäzi«, München 1963, Süddeutscher Verlag
Lia Braun-Hilger: »Das Herz auf der Zunge«, München 1955, Braun & Schneider
– »Oma hupf«, München 1953, Braun & Schneider Verlag
Ein Brief aus dem Chiemgau aus »Das verliebte Büchl«, Heidelberg 1959, Richters & Co. Verlag
Lena Christ: »Bauern«, München 1919, Paul List Verlag
Wilhelm Dieß: »Die Heimat, von der ich rede«, München 1959, Richard Pflaum
– »Stegreif-Geschichten«, München 1956, Richard Pflaum Verlag
Michl Ehbauer: »Literatur grad gnua«, München 1960, Lama-Verlag
Oskar Maria Graf: »Bayrisches Lesebücherl«, Hannover 1966, Fackelträger Verlag
Hanns von Gumppenberg: »Das Teutsche Dichterroß«, München 1966, Süddeutscher Verlag
Alois Hahn: »Bayerisches Karussell«, München 1950, Süddeutscher Verlag
Walter F. Kloeck: »Ich bitte um Milde«, München 1965, Süddeutscher Verlag
Gottfried Kölwel: »Prosa/Dramen/Verse«, München 1962, Albert Langen – Georg Müller Verlag
Julius Kreis: »Mei Ruah möcht i ham«, München 1965, Albert Langen – Georg Müller
– »Ringelspiel des Alltags«, München 1934, Albert Langen – Georg Müller Verlag
Johann Lachner: »999 Worte Bayrisch«, München 1960, Süddeutscher Verlag
Heinrich Lautensack: »Das verstörte Fest – Gesammelte Werke«, München 1966, Carl Hanser Verlag
Josef Marx: »Ja, so san s'«, Feldafing 1959, Verlag Friedl Brehm
Otto Mausser: »Bayrisches ABC«, München 1930, Paul Hugendubel Verlag
Fritz Müller-Partenkirchen: aus dem Nachlaß von Fritz Müller-Partenkirchen, betreut von Alwine Breuer, München 2, Gaiglstr. 20
Max Peinkofer: »Der Brunnkorb«, Passau 1947, Verlag Passavia
Georg Queri: »Die Schnurren des Rochus Mang«, München 1912, Verlag R. Piper & Co.
– »Von kleinen Leuten«, München 1914, Verlag R. Piper & Co.
Eugen Roth: »Ein Mensch – heitere Verse«, München 1962, Carl Hanser Verlag
– »Gute Reise«, München 1961, Carl Hanser Verlag
– »Lebenslauf in Anekdoten«, München 1962, Carl Hanser Verlag
Siegfried Sommer: »Blasius geht durch die Stadt«, München 1956, Süddeutscher Verlag
Herbert Schneider: »D' Münchner Rass«, Dachau 1956, Zauner Verlag
Fritz Scholl: aus »Bayrisches ABC«, München 1930, Paul Hugendubel Verlag
Ludwig Thoma: »Gesammelte Werke«, München 1956, Verlag R. Piper & Co.
Karl Valentin: »Gesammelte Werke«, München 1961, Verlag R. Piper & Co.
Valentiniaden: aus Hannes König »Was war wahr?«, Offenbach 1961, Kumm Verlag
Emil Vierlinger: »Das 1-2-3-4-linger-Buch«, München 1961, Lama-Verlag
Willy Vierlinger: »Unsterblicher Dimpflmoser«, München 1953, Münchner Kindl-Verlag
Wolfgang Wehner: »Weißblaue Anklagebank«, München 1965, Süddeutscher Verlag
Weiß Ferdl: »Die fröhliche Nase«, München 1927, Verlag Parcus
Albert Wisheu-Martens: »Weiss-Blau frisch g'strich'n«, München 1960, Franz Scharl Verlag

Mit Originalbeiträgen sind vertreten:
Josef Martin Bauer, Baumsteftenlenz (Paul Friedl), Wolfgang Johannes Bekh, Christian Buck, Hanns Hunkele, Wilhelm Lukas Kristl, Rudolf Pikola, Anton Sailer, Karl Spengler, Ludwig Schrott.

Bildquellennachweis

Karl Arnold: aus »Simplicissimus« und »Jugend«

Franziska Bilek: aus Helmut Hochrain »Bayrisch Bier«, München 1957, Bayerischer Landwirtschaftsverlag

– aus Ernst Hoferichter »Bayrischer Jahrmarkt«, München 1959, Ehrenwirth Verlag

Henry Bing: aus »Simplicissimus«

Josef Benedikt Engl: aus »Simplicissimus«, mit Genehmigung des Richard Pflaum Verlages, München

Olaf Gulbransson: aus »Simplicissimus«

– aus Ludwig Thoma »Lausbubengeschichten«, München 1937, Albert Langen – Georg Müller Verlag

Ernst Hürlimann: aus »Ja, so san s'«, München 1960, Feder Verlag

Julius Kreis: aus »Jugend«, mit Genehmigung des Albert Langen – Georg Müller Verlages, München

Alfred Kubin: aus »Simplicissimus«

Rita Mühlbauer: aus Walter F. Kloeck »Ich bitte um Milde«, München 1965, Süddeutscher Verlag

Paul Neu: aus »Leibhaftiges Liederbuch«, Erfurt 1938, Gebr. Richters Verlagsanstalt

– aus J. M. Lutz »Bayrisch«, München 1950, Callwey Verlag

– aus Fritz Scholl »Der bayrische Hiasl«, München 1935, Paul Hugendubel Verlag

– aus »Auf der Alm ...«, Band I/II, Erfurt 1934/1936, Gebr. Richters Verlagsanstalt

Eduard Thöny: aus »Simplicissimus«

Rudolf Wilke: aus »Simplicissimus«, mit Genehmigung des Fackelträger Verlages, Hannover

Der Verlag dankt allen Autoren und Verlagen für die freundliche Genehmigung zum Abdruck.

Leibhaftiges Altbayern

Agricola

Frei nach Tacitus' »Germania«

Vor beinahe 1800 Jahren hat der berühmteste aller Geschichtsschreiber mit vielem Wohlwollen und ehrlicher Bewunderung unsere Vorfahren geschildert. Da es eine schöne und für die Nachwelt so wertvolle Aufgabe ist, situs gentium describere, Land und Leute zu beschreiben, so will ich versuchen, Sitten und Gebräuche der Nachkommen zu zeichnen. Aber nicht derer, welche untreu germanischer Sitte Städte bewohnen, sondern derer, welche ferne von ihnen die Felder bebauen. Daher auch der Titel der Schrift.

Die Ebene Germaniens vom Donaustrome bis zu den Alpen bewohnen die Bajuwaren. Ich halte sie für Ureinwohner dieses Landes, für »selbstgezügelte«, wie sie in ihrer Sprache sich heißen. Fremden Einwanderern ist es schwer, sich mit ihnen zu vermischen. Gewiß ist, daß sie nie mit den Autochthonen verwechselt werden können.

Da sich dieses germanische Volk nicht durch Eheverbindungen mit fremden Nationen vermischt, bildet es einen eigenen, sich selbst gleichen Stamm. Daher auch der nämliche Körperbau bei dieser zahlreichen Menschenmasse, dieselben ungewöhnlich ausgebildeten Hände und Füße, dieselbe harte, widerstandsfähige Kopfbildung. Wie die Vorfahren, sind sie zu stürmischem Angriff tauglich und gerne bereit. Für Strapazen und Mühseligkeiten haben sie große Ausdauer, nur Durst können sie nicht ertragen.

Das Land ist verschieden gestaltet. Wälder wechseln mit Getreidefeldern, Höhenzüge mit großen Ebenen. In der Nähe der größten Ansiedlung erstreckt sich ein großes Moos; hier hat sich der Stamm am reinsten erhalten.

Die Bajuwaren haben viel Getreide und Vieh; doch herrscht über den Wert dieser Dinge jetzt großer Streit. Das Geld haben sie schätzen gelernt. Sie lieben nicht nur die alten, längst bekannten Sorten, sondern auch sämtliche neue. Das Hausgeräte ist einfach. Besonders an den Gefäßen schätzen sie den Umfang höher, als kunstfertige Arbeit.

Waffen, Kriegswesen. Waffen hat dieses Volk vielerlei; doch wird auch hierin mehr auf Tauglichkeit als auf Schönheit gesehen. Sehr verbreitet ist die kurze Stoßwaffe, welche jeder Mannbare in einer Falte der Kleidung trägt; ihr Gebrauch ist aber nicht freigegeben, vielmehr sucht die herrschende Obrigkeit in den Besitz derselben zu gelangen. In diesem Falle ersetzt sie der Volksgenosse stets durch eine neue.

Als Wurfgeschoß dient ein irdener Krug mit Henkel, der ihn auch zum Hiebe tauglich erscheinen läßt. An ihren Zusammenkunftsorten sucht bei ausbrechendem Kampfe jeder möglichst viele dieser Gefäße zu ergreifen und schleudert sie dann ungemein weit. Die meisten Bajuwaren führen eine Art Speere oder in ihrer Sprache Heimtreiber aus dem heimischen Haselnußholze, ohne Spitze, biegsam und für den Gebrauch sehr handlich. Wo diese Waffen fehlen, sucht jeder solche, die ihm der Zufall bietet. Ja, es werden zu diesem Zwecke sogar die Hausgeräte, wie Tische und Bänke, ihrer Stützen beraubt. Beliebt sind auch die Bestandteile der Gartenumfriedung. Vor dem Beginne des Kampfes wird der Schlachtgesang erhoben. Es ist nicht, als ob Menschenkehlen, sondern der Kriegsgeist also sänge. Sie suchen hauptsächlich wilde Töne zu erzielen und schließen die Augen, als ob sie dadurch den Schall verstärken könnten. Sie kämpfen ohne überlegten Schlachtenplan; jeder an dem Platze, welchen er einnimmt. Der Schilde bedienen sie sich nicht. Als natürlicher Schutz gilt das Haupt, welches dem Angriffe des Feindes widersteht und den übrigen Körper schirmt. Manche bedienen sich desselben sogar zum Angriffe, wenn die übrigen Waffen versagen.

Der vornehmste Sporn zur Tapferkeit ist häufig die Anwesenheit der Familien und Sippschaften. Diese weilen in nächster Nähe ihrer Teuern und feuern sie mit ermunterndem Zurufe an. Die Schlacht beendet meist der Besitzer des Kampfplatzes, der hierzu eine auserlesene Schar befehligt.

Lebensweise im Frieden. Wenn sie nicht in den Krieg ziehen, kommen sie zu geselligen Trinkgelagen zusammen. Auch hier pflegen sie des Gesanges, der sich aber von dem Schlachtgeschrei wenig unterscheidet. Tag und Nacht durchzuzechen, gilt keinem als Schande. Versöhnung von Feinden, Abschluß von Eheverbindungen, der beliebte Tauschhandel mit Vieh und sogar die Wahl der Häuptlinge wird meist beim Becher beraten. Selten spricht einer allein, häufig alle zusammen.

Jeder legt ohne Rückhalt seine Meinung dar und hält daran fest. Bei Verschiedenheit der Meinungen obsiegt der mächtige Schall der Stimme, nicht die Kraft der Gründe. Am meisten liebt dieses einfache Volk die unbefangenen Scherze. Auch den anderen ist es nicht abgeneigt.

Der männlichen Jugend gilt als das höchste Fest die Wehrhaftmachung. Diese findet in den größeren Ansiedelungen statt, wo die Jünglinge in die Liste der Krieger eingetragen werden. Zu diesem Feste schmückt jeder die Kopfbedeckung mit wildem Gefieder. Die Gefolgschaft eines jeden Dorfes zieht dann mit furchterregendem Geschrei in die Stadt ein. Eine eigenartige Musik begleitet sie. Das Fest endet mit größeren Kämpfen. Denn ein stilles Leben liebt diese Nation nicht. Das Getränk der Bajuwaren ist ein brauner Saft aus Gerste und Hopfen. Häufig beklagen sie den schlechten Geschmack, niemals enthalten sie sich des Genusses. Ihre Kost ist einfach. Aus Mehl zubereitete Speisen nehmen sie

BRUNO PAUL

in runder Form zu sich; die geringe Nährkraft ersetzen sie durch die große Menge. An einigen Tagen des Jahres essen sie geräuchertes Fleisch von Schweinen und beweisen hierbei geringe Mäßigkeit.
Prunkvolle Kleider tragen sie nicht. Auch sehen sie nicht darauf, daß diese die Formen schöner erscheinen lassen. Das Oberkleid des Mannes ist kurz und mit Münzen geziert. Das Unterkleid dagegen ist sehr lang, eng anliegend und reicht bis an die Mitte der Brust. Meist ist es aus Leder gefertigt, schützt gegen Hitze und Kälte und ist dem Luftzuge unzugänglich. Das Kleid des Weibes besteht in übereinandergelegten Säkken und läßt über die Schönheit der Körperbildung im unklaren. So wenig wie auf die äußere Schmückung legt dieses Volk auf die sonstige Pflege des Körpers übergroßes Gewicht. Bäder werden als weichlich verachtet. Die Seife ist selten. Der Gebrauch der Zahnbürste unbekannt.
Das Weib. Unähnlich hierin den Vorfahren, achtet dieses Volk den Rat der Weiber nicht und glaubt nicht an deren göttliches Wesen. Ihren Aussprüchen horchen sie nur ungern. Doch fehlt nicht alle Verehrung des Weibes. Zu den geselligen Zusammenkünften haben die Weiber Zutritt; ja, sie dürfen sogar mit den Männern aus einem Gefäß trinken. In dieser Gastfreundschaft herrscht eifriger Wettstreit. Auch tanzen die Jünglinge, welchen dies eine Lustbarkeit ist, mit ihnen umher. Bei dieser Übung beweisen sie mehr Fertigkeit als Anmut.

Eigentümlich ist die Art, wie sie sich zum Tanze paaren; sie beweist die Oberherrschaft des Mannes. Der Jüngling, welcher eine Stammesjungfrau gewählt hat, stößt einen grellen Pfiff aus und winkt ihr befehlend mit der Hand. Häufig hört man auch bei diesen Lustbarkeiten plötzlich den Kriegsruf ertönen. Den Weibern gilt es als ehrenvoll, wenn um ihretwillen der Kampf entbrennt. So ist auch die Werbung um sie oft mit Gefahren verknüpft. Haß der anderen, nächtlicher Überfall und Heimscheitelung bedrohen den Jüngling, welcher einer Volksgenossin zuliebe die Gehöfte aufsucht und Mauern erklettert.
Das ist's, was ich im allgemeinen von dieses Germanenvolkes Sitten erfahren habe.

LUDWIG THOMA

Vom Verkehr mit Menschen und vom bayrischen G'miat

Gel, du Schwarzaugadi,
gel, für di taugad i!
Gel, für di war i recht:
Wann i di mecht!

Wenn du eine Reise nach Bayern tust und zu uns »abatuast«, soferne du vom Norden heruntermachst, oder zu uns einatuast, sofern du von West oder Ost die bayrische Grenze überschreitest, so mußt du bedenken, wie zartbesaitet das bayrische G'miat ist. Auch in der Rebablik will jeder, gleichviel welcher Parteistellung er ist, »sei königlich bayrische Ruah«. Du mußt dich also guter Lebensformen bedienen, wenn du nicht unangenehm auffallen und den Löwen (Lem), der sonst ein menschliches Viech mit Haxn, also höchst umgänglich ist, nicht bis zur Siedehitze erregen willst (»kochende Volksseele«). Vor allem mußt du nicht glauben, daß das Raffa zur täglichen Beschäftigung des Bayern gehört. Sonst könntest du bei der Äußerung dieser irrigen Vorstellung selbst gehörig darrafft und darzaust werden. Begegnest du einem Menschen, so grüße ihn mit einem »Grüaß Good!«, aber nicht mit »Griasko«, denn das letztere wäre ein Griesmus. Verabschieden kannst du dich am besten (dann giltst du als Autochthone) mit einem »Pfüatgood«, falls du intimer bist mit dem Begrüßten, mit »Pfiatdi« oder »Pfiateahna«. Gewinnst du einen Freund, so nenn ihn »Freindal« oder »Schpezi« oder ruf ihn »Särvus, olda Schbezi« oder »olda Bazi« oder, wenn du ganz intim mit ihm stehst, auch »Saukobf« (aber bitte mit Vorsicht zu benützen, ich lehne jede Verantwortung ab). Im Gespräch wirst du ihn auch

anreden »mei Liaba« oder, wenn es sich um eine Männin handelt, »mei Liabi«. Noch erdrüchiger ist »mei Liawa«, »mei Liawi«!
Im letzteren Fall kannst du sie auch gleich etwas tatscharln (tätscheln), wofür ich aber wiederum keine Verantwortung übernehme. Es ist eben ein G'frett mit enk Breißn, bis man euch Kuitua und Buidung beibringt. Wenn du an einer Gesellschaft teilnimmst, so sollst du nicht »eine Öftn«, immer und immer wieder, deine geistige Überlegenheit durchblicken lassen. Sonst könnte man dich zum Bovö oder Bavl, zum Pöbel, rechnen, zum Pebel, wie Filser selig sich ausgedrückt hätte.
Sei also nicht zu laut und erhebe nicht sofort »a Bluatsg'schroa«, einen Mordsklamau, wenn du tagtäglich Nierenbraten und Kartoffelsalat auf der Speisekarte liest! Sei somit klug, a G'wappeta, und sprich im übrigen resalut, frisch von da Lung weg! Wenn du deinen Schnabi oder dein Mäui aufmachst, so heißt man das auch schmatzn, wenns nicht lange dauert, tust du a Bröckarl schmatzn. Hüte dich aber stets, aufzudrahn, weil das das bayrische G'miat nicht verträgt und man dich sonst als Zuawagroastn, der nur ein bißchen einag'schmeckt hat ins Landl, dablecka oder dabläcka tut. Du kannst den anderen auch dablecka (notiere »verspotten«), aber du mußt es kinnen. Host mi(ch)? Ha? Verstehst mi? Das bedeutet nämlich diese schöne Wendung mit »haben«. Und wenn du deinen Nächsten dablecka tust, so sollst du niemals mit stachligen Worten, mit nadelstecherischen, auf ihn hi'schnöwin (hinschäbeln), weil sonst das G'miat kochen und einem die Händ etwas ausrutschen könnten: mitten ins G'waff, in dein edles Antlitz. Bei Ausflügen usw. wirst du ferner das männliche und weibliche Geschlächt antreffen: Weibats und Mannats. Es wird manch rieglsams Mensch darunter sein, wie du überhaupt jedes weibliche Wesen als »ein Mensch« (sächlich) bezeichnen kannst. Wenn du ein Mädchen kosen willst, so nenne es Menschei (im Regina-Palast-Hotel nicht zu gebrauchen) oder G'schmacharl oder Schnackarl oder Trutscharl, wie ich dich schon öfter über weite Fernen hinweg gekost habe. Macht sie besonderen Eindruck auf dich, so sprich Hex zu ihr, und wenn sie dich gar schön dünkt, so denke dir: »dös war was aufs Kraut nauf!« Glaube aber nicht, daß in Bayern die Menschenfresserei betrieben wird. Solltest du dich etwa gar tiefer verlieben, so nenne das Mensch dein Gschpusi. Ich hoffe, daß du dir a saubars Gschpusi zulegst, kein g'schlampats Verhältnis. Und was Junges muß es sein und überhaupt ein richtiges Weiberleit, kein Weibateifi, keine damische Lalln, keine Schlampn, die wo nichts auf sich hält wie weiland Frau Schlampampe im Studentenspiel. Auch nicht allzu leichtsinnig soll sie sein in rebus moralibus, sonst wärest du bei einem Flitscharl aufgesessen. Auch gutes Benehmen und etwas Verstehstmi soll sie haben, sonst wäre sie ja a g'scherta Trampö oder Trampl oder a

g'scherte Molln (in ganz delikatem Bayrisch: Moin). Es ist aber empfehlenswert, daß sich nur *ein* Bua um *ein* Mädchen annimmt. Denn eine tiefsinnige Volkspoesie kündet:

Zwoa Buam und oa Dirndl,
dös geht net recht o,
weil mas Dirndl in da Mittn
net ausanandareißn ko.

OTTO MAUSSER

EDUARD THÖNY

Brief eines bayerischen Landtagsabgeordneten

Liebe Mari
Ich mus Dir schreiben, das ich gud ankomen bin und die fard war ser schön in der erschden Klaß. Es war noch einer drin und ein Weibsbild und sie haben aber gschaut, wie ich hinein bin, und es war umadum lauter Samt und ich hab mir gar nicht ausschbeiben traut, weil es so fornehm war. Ich wär liber in der dritten Klaß gfarren, weil der Wagner Sepp drin war, aber leider ich mus erschder Klaß farren, weil ich im

Barlamend bin. Libe Mari, gib obacht auf die Schallmoser Kuh, obst nichts am Eider findst und wenn Zau fett is, gibs dem Mezger Haimerl aber nicht dem Lechner Kaschbar, weil er mich beschiesen hat.
Libe Mari, ich hab aber doch ausgschbieben, weil ich müssen hab und der anderne Herr hat es dem Kondukdär gesagt, ob es vileicht erlaubt is, aber der Kondukdär hat sich nicht traut, weil mir regiren.
Dan sin mir nach Minchen komen und ich bin zum Bögnerwirth im Thal, wo mir den Bardeischwur leisten müssen.
Es sind viele geischtlinge Herren dagewesen, die wo gesagt haben, mir brauchen blos das Maul halden und sie machen es schon.
Libe Mari, ich bin froh, das ich keine Rede nicht halden brauch, sondern das Maul.
Darnach haben wir taroggt und ich hab dem bresidenten Orterer eine March siebsich abgewonen, denn das kan ich besser, wie die Großkopfeten.
Der Orterer is aber wild worn, und der Pichler hat gesagt, mir solen ihn gewinnen lasen, weil er sonst morgen nicht so gut regiren kan for lauder Wut.
Ich mag aber nicht.
Von mir aus könen sie uns mit der Bolidik alles anschaffen, das wir folgen missen, aber beim Taroggen versteh ich keinen Spas.
Libe Mari, ich glaub, das die Blaßlkuh bald stierig werd und du darfst es nicht verseimen.
Den beriemten Dokter Heim hab ich auch gesehen aber er is mit dem Daller zerhackelt und der Orterer macht eine anderne fozen, wenn er ihn siecht. Libe Mari, ich mus jetzt mein Schreiben beschlüssen, denn mir missen morgen früh ins barlamend zum Regiren. Griese den Kleiber Wastl recht schön, und der Huber sol den Kunstdunger bald schiggen, das mir ihn haben und lebe woll von deinen Dreien Jozef Filser
Gib Zau nichd dem Lechner Kaschbar.

LUDWIG THOMA

Da Altboar

Da Altboar is an arma Tropf!
Der hat an »Schädl« und koan »Kopf«,
und mit de »Glotza« muaß er schaugn;
zum Hörn, da tean eahm »Lusa« taugn.
A »Heft« hat er und fei koa »Nasen«,
mi 'm »Mäu«, da muaß er d' Suppn blasen,

und is er gar a groba Klotz,
sagt er net »Mäu«, na sagt er »Fotz«.
A »Koizn« sagt er, und net »Kinn«.
Is's spitzi, steckt da Teifi drin.
Die »Gurgel« hat er »Drossel« g'nennt,
und »Pratzen« braucht er, koane »Händ«.
Aa d' »Füaß« san guat, die habn da »Flachsen«;
er aber lacht: »Gel, i hab Haxen!« –
Nur oan geit er an rechtn Nam,
dees nennt er wia mir alle zamm:
nur 's »Herz«, dees laugn't er do net weg,
er hats fei aa am rechten Fleck.

ALOYS DREYER

Der Kropf KARL ARNOLD

»'n kräftiges Volk, diese Oberbayern.« – »Ja. Aber merkwürdig, wo sie den Bizeps sitzen haben!«

Nur vier Worte

aus dem bairischen Sprachschatz

Gestern ist der Schecken Toni in Angersried drüben gewesen, wo die Eltern bei seiner Schwester im Austrag leben. Er hat festgestellt, daß die zwei Alten immer noch ganz lebfrisch herschauen, und freut sich jetzt darüber, während er vor seiner Haustür die Sensen dengelt. Kommt ein Wagerl gefahren, der Wirt von Angersried drauf, und hält vor ihm. »Grüasdigohd, Unterwirt! Kimmst ah-r-amoi zuawa? Mögst ma-r-epps ohkaffa?« – »Na«, sagt der Wirt, »a Bohdschaft hehdi vo dein Vattan. Er laßt da sagn, daß d' Muatta g'schtorm is gesting auf d' Nacht.« Der Toni steht starr und findet lang keine Worte. Dann löst sich die schreckhafte Überraschung: »Mihleckstam ...! Dehs is amoi g'schwind ganga!«
Allen Unkundigen sei ausdrücklich und ernsthaft versichert, daß diese Worte in dieser Situation keinerlei Profanierung des Gefühls und nichts Ungewöhnliches bedeuten. Sie sind in der vorstehenden Form nur der Ausdruck starker und durchwegs schmerzlicher Überraschung.

Der Fischer Simmerl und der Kistler Schorsch, die sitzen zusammen im Garten vom Sternbräu. Eine grausame Hitz hats, aber die Kastanien geben einen tiefen Schatten, und die Gläser, die die Kellnerin auf den Tisch stellt, laufen gleich an, so schön frisch ist das Bier. »Dehs is amoi a G'süff«, meint der Kistler, indem er prüfend das Glas erhebt, »a soh muaß's sei, net z' hoaß und net z' warm.« Er setzt an und gedenkt einen ausgiebigen Schluck zu tun. Kommt aber nicht weit, so fangt er das Kotzen an, verschluckt sich schier, feuert das Glas auf den Tisch, daß es spritzt, fahrt mit zwei Fingern ins Maul und zieht etwas heraus. »Mahri«, schreit er, »do geh umma!« Wie die Kellnerin schön langsam daherrutscht, zeigt er ihr ungnädig den Gegenstand des Anstoßes. Der Simmerl stellt interessiert fest, daß es ein ganzes Büschel Haare ist, halb zusammengerollt. »Woaßt du, was des ihs?« fragt der Schorsch scharf, »kennst du dehs?« Das stumpfsinnige Gesicht der Kellnerin zeigt keine Spuren von Bestürzung. »Was werds sei?« meint sie, »Hohr sans!« – »Wia kemma na deh in mei Hoiweglasl?« Die Kellnerin wird durch das Examen nicht erschüttert. Gleichgültig sagt sie: »Dös ko doh ih net schmecka, wia deh einikemma. Leicht sans von Bam ohwag'toin ...« – »Wos sogst?« wirds dem Kistler zu dumm, »vo de Bam ohwa? Deh ham doh kaane Hohr!« – »D' Vähgl tragns halt auffi, zan Nestmacha«, fährt die Mari ruhig fort. »Gä, gä«, macht der Schorsch verächtlich und hebt das Büschel vergleichend an die Haare der Kellnerin. Jetzt wird

sie doch etwas eifriger: »Gwihs wahr is's«, beteuert sie, »des hamma scho öfta dalebt, daß Hohr von an Nest aussag'foin san, und übahapts ...« Der Schorsch schneidet ihr die Rede kurz ab. »Jetzt bist stahd«, sagt er, »und gehst nei und bringst ma-r-a frische Hoiwe. Und« – fährt er mit erhobener Stimme fort – »dehssöi sog-a-da: wega meina kinna se de Vähgl Hohr auffitrogn grod gnua – aba de dein boi s' nohmoi auffitragn, na sogi's an Wirt. Des mirkst da!«
Während die Mari ohne Widerrede, schneller als sonst, mit dem Glas hineingeht, murrt der Kistler wie ein abziehendes Gewitter hinter ihr her. »Kampet si (= kämmt sich) de Sau pfeigrad in mei Hoiweglasl eina ... von Bam ohwa, sogts, sans g'foin ...« Und als die frische Halbe schon vor ihm steht, noch einmal: »... von Bam ohwag'foin sans, sogts ...« Dann verfällt er in finsteres Brüten.
Pfetsch! macht es plötzlich, und im Glas vom Kistler tut es einen Schnalzerer. Wie sie nachschauen, schwimmt im Bier eine zwar geringe, aber sonderbare, weiß und graublau durchzogene Masse.
Da muß der Fischer Simmerl herzhaft lachen: »Ahlär Sähgen kommt von ohbän, hoaßts, hahahaha – dehsmoi is's gwihs vo obn kemma, dehsmoi hodsi a richtiga Vohgl kampet. Aba schon ganz scharf. Dehr muaß eam sei ganz Fehdahösei umdraht ham. Und a großa is's gwen, a starka! Ohda hod eppa gahr d' Katz ohwag'schissn?« Der Simmerl möcht sich schier derstessen vor lauter Lachen über dem Kistler sein Mißgeschick, und er spart nicht mit passenden Witzen. Schließlich muß auch der Schorsch grinsen, und er bestellt sich die dritte Halbe. Aber nach dem ersten Schluck schüttelt er den Kopf, als verstünde er die Welt nicht mehr, murmelt etwas von einem »varecktn Bam« und hüllt sich abermals in tiefsinniges Schweigen.
Und so hört er nicht, wie draußen vor dem Garten ein paar Buben umzutreiben anfangen. Auch der Simmerl hört es nicht, weil ihn die ganze Zeit noch ein trockenes Lachen stoßt. Und die Buben auf der Straße tratzen sich und fangen sich, und weil sie sich nicht erwischen, so werfen sie einander etwas nach. Und weil es wiederum zum Schmeißen nichts Schöneres gibt auf der Welt, als das, was die Pferde auf der Straße zu hinterlassen pflegen, fliegen die frischen Roßbollen fröhlich hin und her. Es läßt sich bekanntlich oft nicht vermeiden, daß einmal ein Geschoß zu hoch geht. Das ist im Krieg so gewesen, und bei den Buben ist es auch nicht anders. Wem es gegolten hat, der freut sich darüber. Und der Sepperl hat sich auch gefreut, wie jetzt ein saftiger Bollen über ihn hinweg gegen den Garten geflogen ist. Kurz und gut – man sollte es nicht glauben, aber der Fischer Simmerl hat mir einen Eid drauf geschworen – es tut im Glas vom Schorsch wieder einen Schnalzer. Und schon schwimmt etwas im Bier, ein richtiger Brocken. Der Schorsch fahrt zusammen,

und während er das Ding ganz wepsig herausfischt, wird seine Nase weiß trotz der Hitze, und sein Schnurrbart zittert. Kaum daß er es gehabt und angeschaut hat, springt er auch schon auf, haut auf den Tisch und schreit: »Leckmiam ...! Jetzta g'langi! Scheissn eppa do herinnats d' Rohß ah scho vo de Bam ohwa?« Und mit gedämpfter Stimme: »Gäh zua, Simmerl«, sagt er, »gengama weida vo den Bluatsgartn! Sunst ziagts dih ah no auffi und draht da d'Hohsn um!«
Für die saftige Sprechweise des Kistler Schorsch kann ich nichts, aber kein billig Urteilender wird ihm die Berechtigung zu heftigem Unmut absprechen können. Und diesem geben die vier Worte den schlagendsten Ausdruck. Daß sie für seinen Kameraden nichts Beleidigendes haben, sieht nach diesem Beispiel ein Kind.

JOHANN LACHNER

Jozef Filser über die Kunzt

Indem das Minchen eine Kunztschtadt ist haben mier oft im barlamend die Forlahge gehabt, was eine Kunzt ist hoder was eine Kunzt nicht ist.
Die Mahlerei ist schohn eine Kunzt, haber plos bis zum Nahbl. Untern Nahbl ist es eine Sauerei, indem es dohrt geschlächtlich ist. Der biderne Ögonohm schähmt sich bereiz im Hämd, wodurch mir ins in der Unterhohsen ins Bett lehgen.
Und bald ich meine kristgadollische Ehefrau anschauge ist es mir fiel liber bald sie mer anhat als wie wehniger, hobwol es beim ferheirateden Zuschtand keine Unkeischheid nichd gibt sontern es ist gesezlich.
Haber man kahn sein Schamgefichl nichd einmahl bei der Ehe unterdriken, sondern man drahd sich um, bald man heraus muhs. Disses ist eingewurtselt und in der Nadur forhanden. Die Mahler haben kein Schahmgefül nichd, sontern sie mahlen die Weibsbielder gans nakert wie die Küh auf der Wihsen. Indem mahn in Minchen auf der Schtrase get und dengt an nichz schtet mahn auf einmahl for einem Fensder wo disse liderlingen Geschäbfe aufgemahlen sind und häben die Hend in die Höh und schtreken iere ferbotenen Kerperdeile hinaus. Disses ist ser schedlich.
Es kohmt auf dem lahnde for, das die Weibsbilder nicht forsichtig siend, bald sie zum beischpil auf eine Leither schteigen, haber da bfeift der Ögonohm und sie ferstehen disses Signahl und halden die Rök zu. Haber for dissen Fensder hilft es nichz, bald man bfeift und muhs man dissen Anbliek aushalden.
Einmahl bin ich in der biehnakertäg gewehsen. Disses ist eine Anschtalt fier alte Bielder zum aufheben, haber bfui Deifel!

Ich habe den Minisder Wähner gefrahgt, ob disses mit seiner Erlauhbnis sich begiebt und er had gesahgt, ich sohl um Gothes wielen im Barlamend keine Rehde dafon machen sonzt ist es eine Blamaschi, indem disse bielder beriehmde Kunztwerge siend.
Ich habe nichz gesahgd, indem auch der Bresadent Orderer zu mier gekohmen ist und mier ferbotten hat, das ich keinen Schbetakel dariebet mache, haber ich habe gedänkt, fier was missen mir neie bielder ferabscheien, bald die alden noch schlächter sind?
In Mingharting ist es forgekohmen, das eine Schtahlmagd ieber den Zaun ist geschtiegen und ist der Rok hengen bliben, das man ferschidenes bemergt had, wo sonzt nichd zum bemergen ist. Die lädigen Purschen haben gelacht, haber die ferheirathen Mähner haben weg geschaugt.
In der biehnakertäg sind fiele solchene bielder, aber kein Mensch schaugt weg, sontern sogahr die Weibsbielder bleiben dafor schtehen und halden sich briehlen for die Augen, das sie es gans genau sehgen. Ein brofesser had zu mier gesagt in der Kunzt macht es nichz. Disses kahn ich nichd klauben. Fier was ist es unkeisch bald es ein wirkliches Fleusch ist? Und fier was ist es schöhn, bald es ein gemahlenes Fleusch ist?
Disses ist selzam. Indem ich klaube, das es mit der Öhlfarb keinen Unterschid machd.
Was ich zudehke, lahse ich von mier nichd mahlen, und lehge mich mit der Unterhohsen ins bedd.
Disses ist mein kristlicher Schtandbunkt.

LUDWIG THOMA

'n Himmi sei Blau
is a gar a schöns G'schau
und voraus g'fallt ma halt,
daß er boarisch is g'malt.

Denn hellblau is boarisch,
solls sei allewei,
wie's die Altn gern g'habt hamm,
mir bleibn aa dabei.

Und der uns an anderni
Farb wollt verschreibn,
dem wurn ma mit Stutzn
seini Pemsl vertreibn.

FRANZ VON KOBELL

Von den Alpen bis zum Bayerischen Wald

Im Himmi, sagt a . . .

Wennst in Himmi, sagt a,
willst kemma, sagt a,
mußt Handschuah, sagt a,
mitnehma, sagt a,
denn im Himmi, sagt a,
is kalt, sagt a,
weil der Schnee, sagt a,
abafallt.

Wennst in Himmi, sagt a,
willst kemma, sagt a,
mußt a Schneiztüachl, sagt a,
mitnehma, sagt a,
denn im Himmi, sagt a,
waars a Schand, sagt a,
wannst di schneizt, sagt a,
mit da Hand.

Wennst in Himmi, sagt a,
willst kemma, sagt a,
muaßt dir Krapfn, sagt a,
mitnehma, sagt a,
denn in Himmi, sagt a,
nauf is weit, sagt a,
und koa Wirtshaus, sagt a,
weit und breit.

Wennst in Himmi, sagt a,
willst kemma, sagt a,
muaßt a Zeitung, sagt a,
mitnehma, sagt a,
denn im Himmi, sagt a,
habns es gern, sagt a,
wenns was Neu's, sagt a,
eppa hörn.

Wennst in Himmi, sagt a,
willst kemma, sagt a,
muaßt a Hemad, sagt a,
mitnehma, sagt a,

denn im Himmi, sagt a,
in an Gwand, sagt a,
fliagt koa Engerl, sagt a,
umanand.

Wennst in Himmi, sagt a,
willst kemma, sagt a,
derfst koa Madl, sagt a,
mitnehma, sagt a,
denn da drobn, sagt a,
derfs net g'schehn, sagt a,
was heruntn, sagt a,
geht so schen!

Bairische G'schichtln

Ein Augenarzt stellt einen Chiemgauer Bauern vor die Entscheidung: Weitersaufen, dann Erblindung – oder Abstinenz, dann Erhalt der Sehkraft. Sagt der Chiemgauer: »Woaßt was, Dokta, g'sehgn hab i mia meina Lebtag scho gnua, aba g'suffa no net!«

Sagt das Deandl: »Muatta, d' Buama redn so unkeusch daher.« Sagt die Mutter: »Geh halt wegga, wannsts net hörn kannst.« Sagt das Deandl: »Aber i hörs do so gern!«

War eine Braut noch Jungfrau, so läutete man ihr zur Trauung die große Glocke, war sie keine, dann die kleine Glocke. Nun fragt der Pfarrer die beiden Brautleute: »Also liebe Leutl, behüt euch der liebe Gott bis zum Samstag – und ich kann doch dann die große Glockn läuten lassen?« Sagt der Bräutigam: »Freili, freili – aba, wann de kloa Glockn a weni nei'bimmeln taat, waars aa koa Schadn!«

JOSEF VOMENT

In einer Dorfschule stellt der Lehrer in der Rechenstunde folgende Aufgabe: »Dein Vater hat eine Kuh und die gibt jeden Tag 1 Liter Milch. Wieviel Milch erhält dein Vater in 4 Wochen?« Zögernd antwortet der aufgerufene Bub: »I ho koan Voda!« Der Lehrer wendet sich zum nächsten Buben: »Mei Voda hat koa Kuah!« Nochmals versucht es der Lehrer: »Unsa Kuah gibt grod koa Milli net!«

Zwei Mädchen unterhalten sich: »No, Zenzi, gehst no allerweil mit deim Toni?« – »Freili!« – »I woaß net, i halt 'n für an Bazi. I glaab, der laßt di amal sitzn!« – »Na, na, gwiß net. Am letzten Sunnta hab i g'merkt, daß er's ernst moant. I hob a Zwoamarkstück verlorn, und dann hat er mir a Schelln gebn!«

Zwei Holzknechte sitzen im Wirtshaus eines Gebirgsdorfes und unterhalten sich. »Du, der spinnete Maler, der iatzt bei uns wohnt, der hat g'sagt, i hätt an Charakterkopf. Woaßt du, wos dös is?« – »Ja mei«, sagt der andere, »i kenn an Gipskopf, nacha werd a Charakterkopf scho aa a Beleidigung sei!« – »Na is scho recht, i hob eahm aa zur Vorsicht scho oane runterg'haut!«

Ein Ausflügler ruft den Wirt und fragt: »Herr Wirt, wann bekomme ich denn mein Essen?« – »Glei kummts«, erwidert dieser, »wia 's Madl firti is mit 'n Mistn, nacha richts glei an!«

Vor der kleinen Pfarrkirche eines stattlichen Dorfes erkundigt sich ein Fremder: »Können denn alle Dorfbewohner in diese kleine Kirche hineingehen?« Ein Einheimischer weiß Bescheid: »Wenns alle neigenga, gengas net alle nei, weils aber net alle neigenga, gengas alle nei!«

Ein Bauer sagt zu seinem Nachbarn: »Du, i hab g'hört, bei dir hätts am letztn Samstag brennt?« Entrüstet gibt dieser zurück: »Halts Maul! Erscht am nächsten Samstag brennts!«

»Gel, eahna Schwiegersohn is im Ausland? Wia gehts eahm denn?« – »Ja guat! Der siecht was von da Welt. A Jahr war er in Bukarest, und jetzt hat 'n sei Firma nach Brüssel g'schickt!« – »Ja so was, dös is gwiß recht weit ausananda?« – »Dös liegt ja grad entgegeng'setzt. Nach Bukarest geht ma über Zorneding und nach Brüssel über Maisach.«

Am Beerenmarkt empört sich eine Käuferin: »Des solln Schwarzbeeren sei, de san ja rot!« – »Ja, weils no grea san!« gibt die Marktfrau zur Antwort.

PAUL NEU

Auf der Alm, da is a Lebn

Schnaderhüpfeln

Schö hoch san die Berg,
brettleben is 's Land,
und a almerischs Deandl
hat Holz bei da Wand.

Und überall hoaßts:
Auf der Alm gibts koa Sünd,
aber Prügel kannst habn,
wann da Bua zuwa kimmt.

Ja, 's Deandl is sauber
vom Fuaß bis zum Kopf:
Nur am Hals hats a Pinkerl,
und des hoaßt ma an Kropf.

Der Hirsch hat zwoa G'weih
und da Jaga zwoa Hund,
und mei Schatz hat zwoa Herzln
wia Kugeln so rund.

Wia höcher die Berg,
wia höcher da Wind,
und wia schöner das Deandl,
wia kloaner die Sünd.

Der Floh hupft auf d' Nacht
in die Madeln ihr Bett,
was taten die sagn,
wann dös unsereins tät!

Die Gamsln tuan pfeifn,
die Hirschln tuan röhrn,
die Buam tuan greifen,
und d' Madeln hams gern.

Und i kenn a scheans Deandl,
dös hat an schean Gang:
Mit oan Fuß tuats 's Gras mahn,
mit 'm andern heugts 's z'samm.

I woaß net, i hab
mit der Arbeit koa Freud,
denn grad mit da Arbeit
versäumt ma die Zeit.

Mei Vata is a Bauer,
Ochsen hat er grad oan,
und wann i net z'haus bin,
na hat er gar koan.

Und d' Leut, die hats g'freut,
daß's bei uns so weit feit,
aber d' Leut wissen an Dreck,
bei uns feits so weit net!

Jetzt hat oana g'sunga,
bin eahm net neid;
z'haus hamma a Goas,
die aa so schreit.

Die ungastliche Wirtschaft

Es war 1911, eine Woche vor Kirchweih. Ich bin am Samstag von Murnau über die Kaseralm auf den Heimgarten und zu einem Dorf am Fuß der Kiste abgestiegen. Nachmittags um vier Uhr bin ich in der Wirtschaft angekommen. Ich hab mir ein Stück Käs geben lassen und ein Glas Bier. Es war eine schöne altbayrische Wirtsstube, geräumig, nicht sehr voll mit Tischen und Bänken, aber alles blitzsauber, die Ahornplatten der Tische weiß gescheuert. Ich habe mich verhalten, obwohl ich noch den Fußmarsch nach Murnau vor mir hatte, und gerade, als ich zahlen wollte, sind zwölf Holzknechte gekommen, große Lackeln, haben ihre Hacken, Sapie, Ketten, kurz ihr ganzes Zeug in die Ecke geschmissen, sich herüben und drüben an den langen Mitteltisch gesetzt und nichts geredet. Jeder hat seine Maß Bier gekriegt und seine Brotzeit verzehrt. Ich habe fortgehen wollen, aber der Wirt ist mir nicht hergegangen. Inzwischen sind die Holzknechte mit dem Essen fertig geworden. Da steht einer auf und haut, ohne ein Wort zu sagen, seinen Maßkrug einem auf der anderen Tischseite an den Kopf. Alle rumpeln in die Höhe, der Tisch fliegt um, und im Nu ist eine Rauferei im Gange. Mich geht die Geschichte nichts an, ich bin müde und will weiter, und überhaupt hat man den Eindruck, es ist besser, man läßt die Holzknechte unter sich, obwohl eine Rauferei schon was Schönes ist. Ich steh auf und will an dem wild bewegten Knäuel vorbei zur Türe. Es geht schwer, und plötzlich hat mich einer mit harter Hand hinten am Kragen – ich kenne den bösen Griff, es gibt keine wirksame Abwehr gegen ihn, man hat Mühe, Luft zu bekommen. Ich versuche mich zu befreien und erhalte einen Schlag auf den Kopf. Als ich noch einen Hieb bekomme, obwohl ich dem Manne hinter mir gar kein Leid zufüge, werde ich langsam warm. Nach rückwärts zu schlagen, mißlingt. Aber vor mir habe ich die Möglichkeit; so setze ich einem Holzknecht, mit dem ich an sich nichts zu tun habe, die Faust nach Kräften auf die Nase. Das tut nun meinem Manne keinen Abbruch, hat aber die Wirkung, daß der andere auf mich aufmerksam wird, von seinem Gegner abläßt und sich mir zuwendet. Der weitere Verlauf ist sehr stürmisch geworden. Wir haben uns ruckweise zur Tür hinbewegt – diese allgemeine Richtung zu bestimmen, ist das einzige gewesen, was ich ausrichten konnte. Schließlich sind wir mit Schwung an die Türe geflogen, unter Scherbengeklirr und Holzgekrach sind wir über die steinernen Staffeln auf die Straße gekugelt. Dort haben sich die Griffe wie von selber gelöst, wir sind aufgestanden, haben uns abgebeutelt und haben uns wortlos getrennt. Die Holzknechte sind in die Wirtschaft zurück, ich aber bin ohne Hut und Stock und ohne bezahlt zu haben auf den Weg.

Meine Gedanken haben sich zuerst, reichlich ungeordnet, noch mit der ungastlichen Stätte befaßt, aber bald hat mein Schädel so gebrummt, daß ich wie im Traum dahingewandert bin.
Nach einiger Zeit merke ich, daß eine Stimme neben mir ist. Da sie nicht zur Ruhe kommt, wende ich mühsam den Kopf und sehe einen alten Bauern an meiner Seite.
»Hams di g'haut in der Wirtschaft?«
»Ja, san scho oft recht grob, d'Leut.«
»Warum hams di nacha gar a so g'haut?«
Ich sagte ihm, daß ich das nicht weiß.
»Ja, wie's oft geht.«
Später bemerkt er: »Deswegen mußt dir nix denka. Das nächste Mal gehts wieder anders, da haust as du.«
Mit diesem Trost bin ich weiter marschiert und spät nach Murnau in mein Bett gekommen, das ich mehrere Tage nicht verlassen konnte.
Nach langer Zeit hat mich einmal in Murnau ein alter Bauer, den ich nicht kannte, vertraulich angeredet: »Kennst mi net? Ich kenn di scho. Du bist doch der Herr, den's amal da drent a so g'haut ham. So was vergißt ma net.«
Er hat recht gehabt. Ich habs nicht vergessen.

WILHELM DIESS

Lieder vom Alpenland

Auf der Alm sitzt a Schwalbm,
laßt a Bazei abafalln.
Kimmt da Jaga mit 'n G'wehr,
schiaßt des Bazei hin und her.
Kimmt da Schreina mit 'n Hobi,
macht des Bazei fein und nobi.
Kimmt da Metzga mit 'n Messa,
macht des Bazei noch viel bessa.
Kimmt da Schuasta mit 'n Hamma,
haut des Bazei ausananda!

Da drobm auf 'm Bergei,
da steht a schöns Haus,
da schauen drei Frauen
beim Fenster heraus.

De erschte is g'schopfat,
de zwoate is kropfat,
de dritte hat koane Zähn,
is gar net wert, daß i s' nenn!

Annamirl, Zuckaschnürl,
geh mit mir in Kella,
trink ma a Glasl süasn Wei,
aba an Muskatella!

Annamirl, Zuckaschnürl,
Haxn wia a Zwiefirearl,
Nasei wia a Ypsilon,
Köpfei wia a Luftballon.

I wünsch dir a guats Nachtl,
untan Buckl a Hachtl,
untan Kopf a Iglhaut,
da is na guat liegen drauf.

Das Oadelwoaß

Parodie nach einer »oberbayrischen« Dialektdichterin

O Berg – euch lieb ich allezoat,
ja selbscht im Winta, wenn es schnoat!
Ich grüaß den roanen Sunnenschoan,
und stoag ins stoale G'wänd hinoan:
da wern miar wohl die Woadel hoaß,
doch grüaßt mich z'letzt oan Oadelwoaß,
oan Oadelwoaß!

O Liad, gediachtet still dahoam,
wia g'froat von diar mich jeda Roam!
Jetzt kling von Berg zu Bergen woat,
zum Proas der Alpenherrlichkoat!
Und singt dich d' Senn'rin hoch am Oas,
dann bist auch du oan Oadelwoaß,
oan Oadelwoaß!

HANNS VON GUMPPENBERG

Der Bummelzug

Ein Mensch, wie aus dem Ei gepellt –
man sieht sofort, ein Mann von Welt –,
steht nun, seit fünf Minuten schon,
auf einer kleinen Station
und denkt, voll Zorn bis in die Nas':
»Ha! Nur in Bayern gibt's so was!«
Jetzt endlich streckt, auf sein Geklopf,
der Mann zum Schalter raus den Kopf.
»'s pressiert net!« sagt er zu dem Herrn.
»Der Zug? Nach sechse kommt er gern.«
Und rät ihm, menschlich, voll Vertrauen,
derweil die Gegend anzuschauen.
Der Mensch, zur Wut selbst zu verdutzt,
hat unversehns den Rat genutzt
und sieht, als wärs zum erstenmal,
im Abendglühen Berg und Tal;
er sagt, vergessend seine Eile,
zum schönen Augenblick: »Verweile!«
Und schaut sogar der braven Kuh
voll Andacht bei verschiednem zu ...
Von fern Geschnauf und Ratter-Ton –
der Mensch denkt ganz verzaubert: »Schon?«
Und nimmt kaum wahr, geschweige übel,
die Trödelei der Millikübel.
Ein letzter Blick – ein Pfiff – und munter
gehts weiter, wald- und nachthinunter.
Der Mensch, gezwungen so zum Feiern,
träumt oft noch von dem Tag in Bayern.

EUGEN ROTH

Müssen

Ich habe eine Tante in Berlin. Telegraphisch hatte sie sich angemeldet. Ich schickte ihr den alten Michel an die Bahn. Der alte Michel ist ein Schweiger. Er redet nur, wenn er gefragt wird. Und auch dann nicht eine Silbe mehr als nötig. Der Bahnhof ist zwei Stunden weit. Die Straße fällt und steigt. Ein Luxus waren also seine beiden Rosse vor dem alten Kremser nicht.

Aus dem Zuge stiegen nur zwei Frauen. Er ging auf eine zu und schnalzte wortlos mit der Peitsche. Die Frau hielt sich die Ohren zu und sagte: »Rindviech, damischs!«
Da wußte der Michel: Aus Berlin war diese Dame nicht.
Also ging er ohne Peitschenknallen auf die andre zu: »Nacha sand Sie dö wo. Steign S' ein.«
»Ist mein Neffe nicht gekommen?«
»Söchen S'n?«
»Eben nicht.«
»Also wenn S'n net söchen, für was fragn S' nacha, als ob S'n söchen taaten – steign S' ein, hab i g'sagt.«
Sie verstand kein Wort. Sie zeigte auf den Wagen mit den beiden Pferden: »Fahren wir mit diesem Wagen?«
»Söchen S' noch ein andern?«
»Nein.«
»Also wenn S' kein zwoaten söchen, für was fragn S' nacha, als ob a zwoater da waar, han – steign S' ein, sag i, oder i fahr alloan.«
Da stieg sie ein.
Die beiden Braunen fuhren in schlankem Trab durch einen Wald. Plötzlich hielt der linke Braune. Sein Kollege rechts hielt kollegialisch mit.
»Bitte, warum halten wir?«
»Er muaß halt.«
»Wer er?«
»Der.«
»Was muß er, bitte?«
»No ja, er ka 's halt net im Fahrn.«
»Was kann er nicht, bitte?«
»Is scho vorbei – hü!«
Nach einer Weile hielt der rechte Braune. Sein Kollege links hielt kollegialisch mit.
»Bitte, warum halten wir noch einmal?«
»Der ander muaß – bei dem gehts g'schwinder ... hü, Bräundln, hüü!«

AUGUST ROESELER

Der Wagen flog. Es war augenscheinlich, daß es keinen Aufenthalt mehr geben würde.
Aber plötzlich fing der Michel an, auf seinem Bock herumzurutschen.
Weite Felder links und rechts der Straße. Jetzt kamen Gebüsche ...
»Öh, öhaa, sag i, ös Bagaschi, öööh!«
Der Wagen hielt.
»Aber nu saachen Sie mal, warum halten wir schon wieder, guter Mann?«
»Jetza muaß ii – wenn S' aa müaßeten, gaangs in oan, gnä Frau?«

FRITZ MÜLLER-PARTENKIRCHEN

Ein Vogel fährt mit der Trambahn

Die Frau mit dem blauen Schurz und dem Kübel war auf den feinen Herrn mit den weißen Gamaschen nicht gut zu sprechen. Sie rückte sich ostentativ in ihrer Ecke zurecht und schmetterte die Wagentüre zu. Dann schickte sie dem Herrn ein paar finstere Blicke nach, die an den weißen Gamaschen wie mit Widerhaken hängen blieben.
Die Frau sagte grollend: »De Leut san in an Ziaglstadl aufg'wachsn, de ham koa Tür net dahoam. Oder sie san si z'guat, daß sie's in d' Hand nemma! Derfst grad schön an Bortje macha ... Daß si fei der a Boandl abbricht, wenn er d' Tür in d' Hand nimmt ...«
Der feine Herr sah die grollende Anklägerin erstaunt an, ward sich dann seines Vergehens bewußt und verbarg sich hinter einer Zeitung; denn er spürte: mit weißen Gamaschen und einem Uhrarmband am Gelenk ist man in einer schwachen Position, wenn die Stimme des Volkes spricht.
Vielleicht hätte die Frau mit dem Kübel noch einiges Scharfe und Bemerkenswerte über Tür auf und Tür zu geäußert, sie war ihren Blicken nach anscheinend auch nicht abgeneigt, Erscheinung und Charakter des Gegners einer kritischen Begutachtung zu unterziehen. Aber da nahm die Aufmerksamkeit der Wagengäste ein kleiner Disput zwischen dem Schaffner und einem alten Frauerl ganz in Anspruch. Nämlich: ob ein Vogel mit der Trambahn fahren darf.
Nach Gesetz und Bestimmung eigentlich nicht. Der Schaffner sagte: »Wo kummatn mir denn hi, wenn jeder mit sein Vogel o'ruckat. Mir san doch koa Vogelhäusl net.« Man hätte ja gar nichts gemerkt, denn der kleine Käfig auf dem Schoß der Frau war in Tücher eingeschlagen und konnte ebenso eine Eierkiste sein oder ein Seifenpaket. Und der Vogel war auch bis zur vorletzten Haltestelle musterhaft ruhig gewesen. Dann durch ein plötzliches ruckhaftes Anfahren erschreckt, hat der

kleine Kerl in seiner Angst zwei Piepser getan, gerade laut genug, daß sie von der Umgebung und auch vom Schaffner gehört wurden.
Die Frau sah mit verlegenem, schuldbewußtem und schon leise bittendem Gesicht zur bemützten Macht empor. Sie sagte: »Krank is er! Schaugn S'n nur o!« und hob vorsichtig das Tuch vom Käfig hoch. – Da hockte der Kleine wie ein Federknäuel in der Ecke. Schnell und gejagt ging das Brüstchen auf und ab, und die angeschwollenen Füße versuchten in matter, schwerfälliger Flucht einen kleinen Hupfer.
Also der Schaffner: »Wo kummatn mir denn hi ...« Aber er sagte es schon voll Nachgiebigkeit, sozusagen nur zur Wahrung des Dienstgesichtes. Die Straßenbahn war gegen die Endhaltestelle zu nicht allzusehr besetzt, der Kontrolleur nicht zu erwarten. Außerdem: vielleicht ist es gar nicht so sehr gegen die Verkehrsordnung, einen kleinen Kanari mitfahren zu lassen, auch wenn er keinen Maulkorb hat. Gegen die Endhaltestelle zu wird der Schaffner immer ein bißchen Mensch zu Mensch, lockert den strengen Beamtenpanzer.
Er neigt sich zu dem Käfig und sagt: »Wo fehlts eahm denn? Wissen S', i hob aa oan dahoam. Ham mir voriges Jahr vui G'frett g'habt. Badn S' eahm doch d' Fußerln mit Kammilln!«
Die Frau: »Alles hab i scho probiert; aber er werd von Tag zu Tag weniger. Gel, Hansl, du kloaner Scheißer! Jetzt fahr i zu oan, den wo ma d' Nachbarin verratn hat. Der soi d' Vögel so guat wieder z'sammrichtn. A alter Musiker is; an Vogldoktor hoaßns 'n.«
Die Frau mit dem Kübel gegenüber beugt sich vor, schaut um den Schaffner herum und sagt: »Ja, den kenn i, da genga S' nur mit mir, des is der alt Morasch; der wohnt zwoa Häuser weit von uns. Den hab i scho vui lobn hörn ... A so a netts Vögerl und ganz derdattert is er. Aber der Morasch bringtn durch, wern S' sehng!«
»Fressn wui er halt gar nimmer, und a so trüabe Augn hat er.«
Der feine Herr in der Ecke hat seine Zeitung zusammengefaltet und rückt näher. Er fragt, wie alt der Vogel ist. Er hat einen Papagei daheim. Ob nicht vielleicht feines Öl gut ist. Die Frau mit dem Kübel schickt wieder einen Blick zu dem Herrn. Diesmal ist der Blick frei von Schärfe und Bitterkeit. Sie sagt: »Da kann der Herr scho recht ham mit 'n Öl.«
Der Schaffner: »Und nur koa Zugluft net. Mit Leinwand soll ma an Bodn auslegn. Des is kühl und net so hart wia Blech. A so a Vieh ko oan derbarma. Schaugn tuts wia a Mensch.«
Ein kleiner Bub sagt zu seiner Mutter: »Mami, schau, da ist ein Vogel.«
Die Mutter: »Ja, der ist krank, Heini, guck nur, wie er im Eckerl sitzt.«
Der Bub: »Der weint aber gar net.«
Und dann die Frage, ob Vögerl weinen, wenn ihnen was weh tut. Die

Mutter lächelt und streicht dem Kleinen über den Schopf: »Man siehts halt nicht, Heini.«
Ein Mann mit braunen, rußigen Händen und einer Monteurmütze angelt in der Hosentasche und bringt ein Zuckerstückl zum Vorschein. Das steckt er mit seinen harten Fingern vorsichtig zwischen die Stäbe und pfeift ein paarmal, so sanft es geht.
Die alte Frau deckt ihren Hansl wieder zu. Man merkt, die Teilnahme ringsum hat sie zuversichtlich gemacht. »Gang mir vui ab, wenn er hi werat«, sagt sie.
An der Endstation verläßt alles den Wagen. Der Schaffner hilft der Frau beim Aussteigen und reicht ihr den Käfig hinaus. »Also probiern Sie's amal mit Kamillntee.«
Der Monteur sagt: »Kanari san zaach, de lassn net so bald aus.«
Der kleine Bub: »... aber gel, Mami, wenn des Vogerl wieder gsund is, dann weints nimmer ...«
Der feine Herr gibt der Frau mit dem Käfig ein Zettelchen, da steht das Öl draufgeschrieben. Und er lupft höflich den Hut. Die Frau mit dem Kübel und die Frau mit dem Käfig gehen nebeneinander in der Richtung zum alten Morasch, dem Vogeldoktor. Und die Frau mit dem Kübel sieht sich nochmal nach den weißen Gamaschen um.
»Des muaß was Bessers sei«, sagt sie nicht ohne Anerkennung. »Des hab i scho oft g'hört, daß a Öl so guat sei soll. G'schdudierte Leut wissen allerhand. Sengh S', des Haus mit dem Gartl, da wohnt der Morasch.«
Die Trambahn bimmelt wieder der Stadt zu, und der Schaffner hat sein ernstes verschlossenes Stadteinwärts-Gesicht, mit einem scharfen Auge für jede Verletzung der Verkehrsordnung.

JULIUS KREIS

Urlaubspläne
»Hin fahrn ma über Miesbach und zruck über Holzkirchen.«
ERNST HÜRLIMANN

Korbinian im Selbstbedienungsladen

Als mich neulich mein Freund Korbinian besuchte, brachte er mir zwar, weil er ein freundlicher Mensch ist, ein kleines Geschenk in Form eines Likörfläschchens, aber gleichzeitig auch eine bemerkenswert schlechte Laune mit. Ich erkundigte mich mit vorsichtiger Teilnahme nach dem Grund derselben, was Korbinian zunächst nur mit der zweifellos sehr richtigen Feststellung beantwortete: »Weils wohr is!«

Ich hatte keinen Grund, dieser Aussage zu widersprechen, wollte aber verständlicherweise wissen, was denn wahr sei, worauf ich folgenden Sachverhalt erfuhr:

Korbinian, in der Absicht, die für mich bestimmte Flasche Likör zu kaufen, war in einen Selbstbedienungsladen geraten, wie sie seit einiger Zeit auch in unserem Landstädtchen bestehen. An sich mit der Tätigkeit des Einkaufs von Lebens- und Genußmitteln nicht sehr vertraut und daher verhältnismäßig ungeübt in diesen Dingen, war ihm die Einrichtung eines Ladens der genannten Art völlig fremd, und er muß nach seiner glaubwürdigen Schilderung am Eingang gestanden sein wie ein Urwaldbewohner in der Maschinenhalle eines Elektrizitätswerks oder, um mit seinen eigenen Worten zu reden, »wiar a Deppata in der Universität«.

Nun wissen ja Erfahrene, daß die Organisation eines Selbstbedienungsladens ihr eigenes Gesetz hat, vor allem, daß man vom Eingang bis zum Ausgang einen vorgezeichneten Weg gehen muß. Nicht so Korbinian.

Er hatte kaum das Drehkreuz hinter sich, als er stehenblieb – was man nicht tun darf – und die danebensitzende weißbeschürzte Dame fragte: »Sie, Freilein, hamm Sie an Likör?«

»Ja, selbstverständlich«, sagte die Angeredete sehr höflich. »Dort hinten in der linken Ecke ist die Getränkeabteilung. Nehmen Sie aber bitte ein Körbchen mit!«

»›A Körberl?‹ sog i«, so berichtete Korbinian weiter und fuhr fort: »Wos brauch denn i für a kloans Flaaschl a Körberl? Aber naa, sie sogt: ›Nehmen Sie nur ein Körbchen mit – und machen Sie bitte den Eingang frei!‹ I hob scho zum Kochn oog'fangt, konnst dir vorstelln, am liabstn waar i glei wieder umkehrt, aber d' Leit hamm nochdruckt wiar an der Bahnhofssperre. I konn nimmer zruck. Also, i laß mi weiterschiabn wiar in der Trambahn – do steht a Haufa Drohtkörbin auf an Tischerl, i will vorbeigeh, schreit sie schoo nooch: ›Nehmen Sie nur das Körbchen mit!‹ Olle Leit schaugn zu mir her, sie aa, wia's Schulfreilein auf 'n Katheter – und i, gell, so is ma, lang holt hi und nimm so a Bluatskörbi.

So, do steh i jetz, i, a g'standns Mannsbild, mit an Drohtkörbi in der Hand wia's Rotkäppchen. Oog'laafa bin i vor Wuat, am liabstn hätt i des Glump hintere g'schmissn – aber naa, weitergeh muaß i, d' Leit druckan nochi. Aber schaama tua i mi jetz noo, derfst mir's glaabn! Konnst dir dees Bildl vorstelln?«

Ich konnte es mir sehr gut vorstellen, ebenso wie den weiteren Verlauf, den mir Korbinian ausführlich schilderte. Nachdem er nämlich eine Weile hilflos und von aller Welt verlassen die Gasse der Köstlichkeiten entlanggeirrt war und ingrimmig festgestellt hatte, daß es außer Makkaroninudeln, Ananaskonserven und Büchsenfleisch anscheinend überhaupt keine anderen Nahrungsmittel mehr gebe und nur noch Geschirrspülpulver, Waschmittel und Bodenwachs zum Kauf übrig blieben, beschloß er, mutig gegen den Strom zu schwimmen, und drängte sich an den vorwärtsschlürfenden Hausfrauen entlang zum Eingang zurück.

»Aber mein Herr, Sie gehen ja verkehrt!« meinte mit nachdrücklicher Verwarnung die weiße Dame am Eingang.

»Dees is mir wurscht!« entgegnete respektlos Korbinian. »Außi möcht i!«

Die Wächterin machte ihm klar, daß er hier nicht hinauskönne, sondern den vielfach gewundenen Weg durch den ganzen Laden zu nehmen habe, um schließlich beim Ausgang zu landen. Nun muß man wissen, daß in solchen Einrichtungen Ein- und Ausgang zwar nebeneinanderliegen – was Korbinian zu einem Vergleich mit einem Irrgarten auf der Dult bewog –, aber durch eine Stange oder ein Seil voneinander getrennt sind. Der erboste Korbinian nun wollte, seinem an sich gesunden Menschenverstand folgend, den kürzesten Weg nehmen und, einfach über das Absperrseil steigend, den Ausgang erreichen. Er hatte schon ein Bein jenseits, als ein Angestellter, ebenfalls in weißem Mantel (Korbinian: »Moana kunntst, in der Klinik bist!«), auf ihn zustürzte und ihm das Ungehörige seiner Handlungsweise klar zu machen versuchte. Korbinian, unter dem Gelächter aller Umstehenden, schwang sein Bein wieder herüber und ging, nachdem ihm die Ecke gezeigt worden war, in der es Getränke gab, nochmals den Weg der Schmach, wobei er heftig vor sich hinbrummte und vor allem die Frage laut werden ließ, ob wir denn überhaupt noch in einer Demokratie lebten. Dabei kam er sich mit dem glitzernden Drahtkorb in der Hand ungemein lächerlich vor und hätte ihn am liebsten gegen die Wand gefeuert.

Noch erbarmungswürdiger aber war sein Zustand, und deshalb seine Wut um so größer, als er endlich den Getränkestand gefunden und ihm das gesuchte Likörfläschchen entnommen hatte, denn das Mißverhältnis zwischen dem Fassungsvermögen des Korbes und der Winzigkeit der Flasche war so augenfällig, daß es dem praktischen und durchaus logischen Sinn Korbinians aufs heftigste widersprach. So nahm er denn die

Flasche heraus und steckte sie in die Rocktasche, den Korb verächtlich schlenkernd und damit zeigend, welche Meinung er in Bezug auf dieses völlig überflüssige Requisit habe.

Dadurch hatte er allerdings erneut gegen ein wichtiges Gesetz dieses Geschäftes verstoßen, denn schon stellte sich ihm der bereits erwähnte weiße Herr in den Weg und klärte ihn dahingehend auf, daß die Ware offen in dem Korb getragen werden müsse. Dies schlug gewissermaßen dem Faß die Krone ins Gesicht. Korbinian, nun auch noch in seinem Ehrgefühl gekränkt, schrie laut vernehmlich: »Ja, moanan Sie, i will dees Glump stehln? I zohls schoo, hamm S' no koa Angst net! Aber trogn tua i's, wiar i mog, verstehngan S' mi! Und wenn Sie so vui Zeit hamm, daß Sie d' Leit dumm ooredn kinna, na stelln S' Eahna hinter a Lodnbudl und bediena S' oan g'scheit, daß ma net wiar in an Taubstummeninstitut umanandatappn muaß. Wenn i wos eikaaf, na möcht i bedient werdn, hamm S' g'hört, und net Osteroar suacha!«

»Ihr Benehmen ist äußerst unangebracht«, sagte der Herr in Weiß, was Korbinian mit der Aufforderung beantwortete, er, der junge Mann, solle ihm mit seinen verschrobenen Ansichten gewogen sein (»Hamm S' mi doo gern mit Eahnern Schmarrn!«). Mit mehr Kraft, als bei dem geringen Gewicht des Gegenstands nötig, beförderte er den leeren Drahtkorb auf den Stapel der übrigen, bezahlte seine Schuld und verließ laut schimpfend die Stätte seines hindernisreichen Einkaufs.

Trotzdem, der Likör war gut, und er übte auf Korbinian auch eine besänftigende Wirkung aus, so daß er sein Erlebnis schließlich in freundlichen Kindheitserinnerungen ausklingen ließ.

»Woaßt«, sagte er, »dees warn holt no Zeitn, wiast zum Kramer ganga bist! Wennst zu der Tür eine bist, hots Glöckerl bimmelt, na is d' Kramerin aus der Kuchl außakemma, wo s' di durchs Türfensterl scho g'sehgn hot, und na host g'sogt: ›A Pfund Würfezucker kriag i und Reisnägel und a Schuahkrem und fürn Vadder Zigrettn‹, und sie hot do in a Schublod g'langt und dort in a Regal und hot dir olls z'sammg'legt und hot dir's über d' Lodnbudl ins Netz eineto. Do bist dir no als a Mensch vorkemma – aber heit! Is do wohr, oder?«

RUDOLF PIKOLA

Zwei Weilheimer Stückln

As Gras auf da Stadtmauer

Sellmals, des muß zwischen dem Dreißigjährigen und dem Siebzger Krieg gewesen sein, da is auf der Weilheimer Stadtmauer a Gras g'wachsen.
Genauso, wia heut.
Und in da Stadt hams hint und vorn koa Geld g'habt, und wia sa si vor lauter Schulden nimmer nausg'sehgn ham, hams g'sagt: »Im Kloan muaß ma sparn, daß ma's im Großen nausschmeißen ko.«
Genauso, wia heut.
Und an Stadtochs hams aa g'habt und für den hats eahna 's Futter nimmer g'litten. So notig warns beinand. Und drum hams g'sagt: »Derf ma 'n glei schlachten.« Und durch des is o'ganga, weil oa Ochs de ganze Stadt durchanandbracht hat.
Genauso, wia heut.
Weil nämlich, de oan ham g'sagt: »Da Ochs werd g'schlacht!« Und de andern ham g'sagt: »Net werd a g'schlacht!« Bloß weils dagegn warn. Und weil des für den Ochs lebenswichtig war, hams g'sagt, der Ochs g'hört in Magistrat. Und da hams 'n abg'halten, in ara Extrasitzung. Und de war im Rathaus.
Genauso, wia heut.
Und dann hams beschlossen, daß auf da Stadtmauer gnua Gras wachst, und mit dem Gras kannt ma 'n Ochs futtern. Aber 's Gras is von alloa net raganga, und drum hams g'sagt: »Muaß oana nauf zum Mahn.« Aber sie ham koane Leut herbracht für de Arbat.
Genauso, wia heut.
Na hams wieder a Sitzung g'macht, wegen dem, daß ma koane Leut kriagt. Und da hams beschlossen, daß es allerhand is. Und na hams g'sagt, wenn as Gras net runtergeht, muaß da Ochs nauf. Und daß sie's net wieder vergessen, hams 'n glei g'holt, an Ochs, und an Strick aa. Und des oane End von dem Strick hams an Ochs um an Hals bunden, und des andere End hams über d' Mauer g'schmissen. Und na hams zogn. Alle an oam Strick.
Genauso, wia heut.
Und na is's ganga. Aber wia da Ochs drobn war, hat er net g'fressen. Da hams z'erst g'moant, des tuat a z' Fleiß. Drum hams 'n wieder runterlassen. Und da war da Ochs hi. Da ham de oan g'sagt: »Des hat ma net wissen könna, daß der Ochs so a Rindviech is.« De andern aber ham g'sagt: »Des habts jetz davo! Hätts uns g'folgt und hätts den Ochs g'schlacht, na lebert er heut no!« Da hats a langs Hin und Her gebn.

Genauso, wia heut.
Aber wiar a dann g'metzgert war, ham sa si z'sammg'hockt zum Kronfleischessen. Da hams an Ochs abig'schwoabt und warn froh, daß alls so guat nausganga is.
Und as Gras hams wachsen lassen auf da Stadtmauer.
Genauso, wia heut.

Wie die Weilheimer eine Sau aufgehoben haben

Sellmals, wie der Kurfürst no bloß Haferl hat sagen brauchen, und scho war d' Wurst drin, da ham die Weilheimer in jedem Jahr a Preisschiaßen abg'halten. Und der, wo am meisten danebng'schossen hat, der hat a Sau g'wonna. Da hätt natürlich jeder danebng'schossen. Aber so einfach wars aa wieder net. Indem, daß nämlich de Sau lebendig war und sie hams laafa lassen und der wo s' g'wonna hat, hats cifanga müassen und aufhebn. Heb amal oana an ausg'wachsne Zwoaradhalbzentnersau auf! Des hat oana o'packa könna, wiar a mögn hat, blamiert hat a si so und so, und er hat bloß a Gaudi abgebn für d' Leut. Aber drumrumkömma is koana. Probiern hat a's müassen. Und de g'wonnene Sau hat er doch net kriagt, so gwiß wia zwoa mal zwoa vier is.
Drum, wenn oana in Weilheim a Sach o'packen hat müassen, von der a g'wußt hat, daß a si dabei bloß blamiern ko, dann hat a g'sagt: »Da moan i allweil, wer i a Sau aufhebn, dabei!« Da is koa Tag verganga, wo ma des net g'hört hätt. Weil koa Tag verganga is, an dem si net oana blamiert hat, in Weilheim.
Und wias wieder amal eahna Preisschiaßn g'habt ham, da hat si da Kurfürst o'g'sagt. Und 's G'wahr bringt a aa mit, hat a sagn lassen. Aber vom Sauaufhebn hat da Kurfürst koa Ahnung g'habt. Sonst waar alls net so saudumm nausganga.
Es is ja alls leichter g'sagt, als wia toa! Da is zum Beischpui in dem Wisch g'standen: Der Kurfürst wünsche auf Teppichen schreitend vom Stadttor zum Rathaus zu ziehen...
Wia des da Burgermoaster g'hört hat, da is eahm 's Zapferl abig'falln, und er hat g'sagt: »Da moan i allerweil, wer i no a Sau aufhebn, heut!«
In da ganzen Stadt hats nämlich überhaupt bloß Stucker a drei Teppich gebn! Und wenn net da Lodweber g'wesen waar, na taatn sa si heut hinter de Ohrwaschln kratzen und net wissen, was s' toa solln.
Da Lodweber aber hat gsagt: »Des is des einfachste von der Welt«, hat a g'sagt. »Mir nehma de drei Teppich, de legn mir am Schmiedtor hi, oan hintern andern. Und i bring meine langhaxerten Weberknecht mit,

und dann lassen mir den Kurfürst schreiten. Und sobald der von dem ersten auf den zwoaten Teppich g'schrittn is, packen meine Lackel den ersten, laufen außen rum und legen den Teppich vorn wieder hi. Und so, oan Teppich um den andern, bis mir dort san, am Rathaus. Des is doch 's einfachste von der Welt!«
Und der Burgermoaster hat jedem Weberknecht drei Maß Bier versprochen, für den Durst, den wo s' bei der Arbat kriagn.
Und dann is da Kurfürst kömma. Und is auf den ersten Teppich geschritten. Und wiar a auf dem zwoaten is, packen de Weberknecht scho den ersten, roasen außen rum wia de g'stutzten Hund, legn an vorn hi, haben schon den zwoaten in de Pratzen, den dritten, wieder den ersten, des geht wia g'schmiert! Wenns aa schwitzen wiar a Sau. Wenn eahna aa Hörn und Sehgn vergeht. In der Hauptsach as Sehgn. Am Marktplatz nämlich, wo's ums Eck geht, da ziagns wieder an Teppich weg und spanna net, daß da Kurfürst no drauf schreitet.
Sakra! Sakra! Scho liegt a drin im Dreck!
Natürlich is da Burgermoaster glei dag'wesen, daß a 'n aufhebt. Und da Kurfürst hat scho o'fanga wolln, huldvollst verzeihend zu lächeln. Aber grad da muaß am Burgermoaster ei'falln, was er in der Fruah g'sagt hat, und wiar a den Kurfürst halbert in da Höh hat, plärrt er naus: »Hab is net g'sagt, daß i no a Sau aufhebn wer, heut!«
Aus wars! Auf und davo is a, da Kurfürst. Net amal beim Schiaßen hat er mehr mittoa wolln. Wer woaß, für was 's guat war. Vielleicht hätt er am meisten danebng'schossen, und na hätt er sie bloß recht blamiert, beim Sauaufhebn.

CHRISTIAN BUCK

Neues vom Starnberger See

Fünf Meter von Starnberg abwärts liegt der Starnberger See. Am linken Ufer des Sees liegt eine »Leoni«, kurz genannt Leoni. Wie in Neuyork, so landen auch hier stündlich Dampfschiffe. Mit den Dampfschiffen nehmen alltäglich die Starnberger Dampfschiffseerundfahrten ihren werten Anfang. Die Rundreisebilletten auf den Dampfern sind aus Pappkarton, und wenn es regnet, ist meistens während der Fahrt die Aussicht auf das bayrische Gebirge wegen schlechter Aussicht nicht zu sehen. Der Starnberger See selbst ist melancholisch, was bei anderen Seen stets meistens auch immer hie und da sehr oft der Fall ist. Einer alten Sage nach aus dem Jahre 1925 sollen sich vom Undosabad aus vorigen Sommer aus unbekannten Ursachen Tausende von Menschen in den See gestürzt haben; dieselben konnten sich aber dank ihrer guten Schwimmkenntnisse alle selbst aus den Wellen befreien. Im selben Jahre ereignete sich auch noch ein anderer bedauernswerter Unfall. Ein Mann stieß mit dem Ruderboot, ungefähr 50 Meter vom Ufer entfernt, an eine grüne Schlingpflanze, sogenannte Wasserrose, an, das Schiff kippte um und im Handumdrehen fiel der Mann in das in der Nähe befindliche Wasser. Breit und weit kein Mensch, der dem Ärmsten Hilfe bringen konnte, trotzdem er fortwährend um Hilfe schrie. Zufälligerweise kam ein Briefbote daher und bemerkte die Hilferufe des um Hilfe Schreienden. Statt nun wacker (nicht identisch mit Fußballklub Wacker) ans Rettungswerk zu schreiten, rief der hartherzige Briefträger dem Ertrinkenden die nicht minder harten Worte zu: »Ich kann Ihnen leider nicht helfen, da ich selbst nicht schwimmen kann, aber ich kann Ihnen die Adresse eines guten Schwimmlehrers mitteilen!«

Jeder Mensch ohne Ausnahme soll also in der heutigen Zeit schwimmen lernen, das finde ich unbedingt notwendig, damit er einen nicht Schwimmenkönnenden jederzeit aus dem Wasser retten kann. Aber eigentlich ist es auch wieder zwecklos, denn wenn jeder Mensch einmal schwimmen kann, braucht man ja keinen mehr retten. Also wäre es angebracht, daß jeder, der schwimmen kann, dasselbe sofort wieder verlernen soll. Ein weiterer Sport außer dem Ertrinken ist das sogenannte Fischen von lebenden Fischen. Daß die Fische gefangen werden müssen, leuchtet jedem ein, und das ist auch klar. Wäre im Starnberger See zum Beispiel seit Gründung, oder besser gesagt seit dem vieltausendjährigen Bestehen desselben noch nie ein Fisch gefangen worden, so hätten sich diese Fische seit diesen Jahrtausenden so vermehrt, daß vielleicht mehr Fische im See wären als Wasser. Die Folge davon wäre, daß die Fische vor lauter Fischen nicht mehr schwimmen könnten, zu wenig Wasser hätten und daher nicht mehr existieren könnten. Nachdem aber im Starnberger See viel Wasser ist, bleibt die Frage offen, ob tatsächlich schon so viele Fische gefangen worden sind. Eine Kontrolle hierüber käme jetzt natürlich zu nachträglich. Das Fischen mit der Angel ist von vielen Seiten als Tierquälerei empfunden worden, hauptsächlich vom Fisch selbst. Einen Dieb fängt man ja auch nicht mit der Angel, sondern eben aus Humanität mit List und Schlauheit. Stellen wir uns einmal einen Schutzmann vor, der mit der Angel einen Dieb fangen will; der Schutzmann geht mit der Angel in eine Wirtschaft, in der er den Dieb vermutet, befestigt an dem spitzen Angelhaken ein Stück Schweinsbraten, hält diesen dem Dieb vor die Nase, der Dieb beißt an, und schon hat der den Haken in der Oberlippe. Das wäre eine Grausamkeit. Ist es bei einem Fischlein keine Grausamkeit? Eigentlich noch mehr, denn der Fisch ist ja unschuldig, weil er nichts gestohlen hat.

Über die Tiefe des Starnberger Sees gehen die Ansichten weit auseinander. Einige behaupten, er sei tiefer als lang, andere sagen, er sei länger als tief. Fachmännisch wurde genau berechnet, daß er tief, seicht, lang, kurz, schmal und breit zu gleicher Zeit ist. Die Tragkraft des Wassers wurde erst kürzlich von Ingenieuren geprüft und dabei die erfreuliche Tatsache festgestellt, daß die irrige bisherige Meinung »je tiefer das Wasser, desto mehr Tragkraft« nicht richtig ist. Eine Probe brachte den sicheren Beweis. Während ein faustgroßer Stein in der Mitte des Sees, also an der tiefsten Stelle, rapid unterging, blieb ein ebenso großer Gummiball an der seichtesten Stelle auf der Wasserfläche liegen. Ob dieses Experiment eine Tragweite für die Zukunft bedeutet, wird uns die Zukunft beweisen. Jedenfalls ersieht man daraus das fortwährende wissenschaftliche Tasten nach Problemen. Auf alle Fälle steht fest, daß, je weiter sämtliche Ufer eines Sees voneinander entfernt sind, desto größer sich also die Wasserfläche gestaltet. Ein See ohne Ufer wäre daher kein See mehr, denn einen uferlosen See hat es bis heute noch nicht gegeben. Dasselbe gilt auch für den Ammersee.
Geschichtliches ist vom Starnberger See nur noch zu berichten, daß der damalige bayrische Herzog der Pfiffige einen Antrag des Starnberger Bürgermeisters: Errichtung einer Handelsflotte auf dem Starnberger See, schnöde abwies. Die heutigen noch existierenden Starnberger-See-Salondampfer können nur noch in den Augen der Firmlinge »Gewaltiges« auslösen, denn für Weltreisende bedeuten dieselben nur mehr ein Lustspiel auf offener See. »Bei schönem Wetter«, sagt der kleine Maxl, »ist es auf dem Starnberger See herrlich, regnet es aber, so wird der See naß.« Über Starnberg selbst ist wenig zu berichten. Starnberg hat seinen eigenen Reiz und seinen eigenen Bahnhof, in welchem unsere neuen elektrischen Schnellzüge stehen. Bei den elektrischen Schnellzügen, die einen Gipfel der deutschen modernen Technik darstellen, haben sich die alten Gasfunseln (aus dem Jahre 1880 ungefähr) so gut bewährt, daß dieselben jetzt in den modernen Münchner Straßenbahnwagen statt der elektrischen Glühlampen eingeführt werden sollen. In Starnberg sind jetzt schon viele Fremde zu sehen, die aus München geflüchtet sind wegen den unaufhörlichen chronischen Straßenbauarbeiten.
Soweit wäre über Starnberg alles berichtet. Nächsten Sonntag nachmittag um halb 21 Uhr findet im Starnberger See ein Karpfenrennen statt, mit darauffolgendem Brillantfeuerwerk. Zwölf zehnpfündige dressierte Karpfen schwimmen mit Motorboot und Musikbegleitung von Starnberg nach Seeshaupt; während dem Rennen ist der See für Fußgänger gesperrt.

KARL VALENTIN

Der Holledauer Schimmel

Wie der Schimmel tot is g'we'n,
habn ma eahm an Büschel Heu hi'gebn,
net daß d' Leut sagn: z'wegn der Not
is der Schimmel tot.

Und wenn du einen fragst,
von Nandlstadt bis Au,
geh sag mir doch, wo bist denn her?
So sagt er nicht, so schreit er gleich:
I bin von der Holledau.

O heiliger St. Kastulus
und Unsre Liebe Frau,
es werds uns ja wohl kenna,
mir san ma vo der Holledau.

Gestern san uns neune g'we'n,
heut san uns nur drei,
sechse san beim Schimmelstehln,
Maria, steh eah bei!

Die Mantelflicker

Ein Schildbürgerstückchen aus Kösching

Der Nachtwächter von Kösching (bei Ingolstadt) trug einen Mantel, mit dem er sich auch im Dunkeln nicht mehr recht sehen lassen konnte, so schäbig und so voller Löcher war er. Daher ging eine Eingabe an den Gemeinderat von Kösching um Beschaffung eines neuen Mantels ab.
Als das Gesuch verlesen wurde, riefen einige Gemeinderatsmitglieder entsetzt aus: »Ein neuer Mantel! Was fällt denn dem anspruchsvollen Nachtwächter ein? Der alte wird ausgebessert – und damit basta!« In später Nachtstunde kam folgender Beschluß zustande: »Da die Anfertigung eines neuen Mantels den Gemeindesäckel zu sehr belasten würde, wird der Schneider von Kösching hiermit angewiesen, einen neuen Mantel zu machen und mittels desselben den alten auszubessern.« So geschah es auch. Der Schneider fertigte einen neuen Mantel, zerschnitt ihn und besserte mit den Stücken den alten Nachtwächtermantel aus. Seitdem führen die Köschinger den Namen »Mantelflicker«.

ALOYS DREYER

Der Niederbayer

Was i brauch, han i,
was i han, brauch i,
was i muaß, kann i,
woaßt, i bin schlauch, i.

Was i kann, g'freut mi,
was mi g'freut, tua i,
nix davo reut mi,
han gern mei Ruah, i!

G'freuts mi, möcht i,
wenn i möcht, kunnt i,
mag oft nöt recht, i,
sunst bin i gsund, i!

FRITZ DRUCKSEIS

Der Watschenaff

Der alte Kugler war schon ein ganz besonderer Mann gewesen und hatte schier allnächtlich mentrisch und bierselig heimrebelliert und seine rauhen Lieder in den Wald gebrüllt, wenn er zu seinem Söldenhäusl hinaufwerkte. Als er dann einmal beim Dorfwirt vom Stuhl fiel und keinen Schnaufer mehr tat, war das Gepränge um seine Beerdigung nicht groß. Neben seinen zwei Buben, ledigen Mannsbildern in den Dreißigern, ging nur noch trübsinnig der Wirt hinter der Truhe her, trauerte einesteils um eine Bierschuld, die er noch auf der Tafel stehen hatte, und spürte zum andern ein Bedauern, weil man seinen besten Kunden zu Grabe trug, der Häusl und Kuh in Bier umgesetzt und dabei noch als fideler Spaßvogel die Gäste unterhalten hatte. Es gab nach dieser Beerdigung nicht einmal einen Leichenschmaus, denn hinterblieben waren nur zwei junge Mannsbilder, die dem Vater bei der Durchbringung der Habe redlich beigestanden hatten und die nun, bei der Prüfung ihres Erbes, erkennen mußten, daß ihnen vom Häusl kein Stein und vom Inventar nur mehr das Gerümpel gehörte.

»Jetzt wird die Kuh verkauft und nachher fangen wir ein neues Leben an«, beschlossen sie, marschierten mit der bereits an den Dorfwirt verpfändeten Kuh ins Nachbardorf, drehten sie einem Häusler an und vertranken den Erlös. Dabei hielten sie dem verstorbenen Vater Lob-

reden und sangen guter Dinge, als das Kuhgeld vertrunken war, durch den Wald aufwärts zum Kuglerhäusl, daß in der Nacht der ganze Graflinger Winkel von ihrem Geschrei widerhallte.
»Alsdann, morgen geht ein anderes Leben an«, gelobten sie sich, als sie ins Heu schlofen, um den Fetzenrausch auszuschlafen. Am Morgen verhalfen ihnen ein Schluck Brunnenwasser und ein Stück schwarzes Brot wieder in die nüchterne Wirklichkeit zurück.
»Jetzt san mir halt Waisenbuben«, tränzte der eine, und dann saßen sie mit hängenden Köpfen auf dem Haustürstaffel und ließen sich von der Sonne wärmen, die auf das still gewordene Häusl schien.
»Alsdann, was machen mir jetzt«, brummte der Ferdl nach einer guten Stunde und erhielt nach einer weiteren halben Stunde die Antwort: »Müssen mir halt nachdenken.«
Dann dösten sie weiter in den Vormittag hinein.
»Betteln gehn?« fragte nach einer langen Weile wieder der Ferdl.
»Oder arbeiten«, meinte darauf traurig der Lugg, und dann hingen sie wieder ihren Gedanken nach.
»In Deggendorf geht morgen 's Volksfest an«, meinte der Ferdl gegen Mittag, »was machen mir da?«
»Schaukelburschen.«
»Oder Bretzen verkaufen?«
Dann dösten sie wieder, bis sich der Lugg ächzend erhob, zum Brunnen schlich und sich das Gesicht wusch. Das machte ihn munter.
»Ferdl, wenn mir einen Lukas hätten?«
»Hamma net.«
»Oder was ähnliches?« Und schon zündete es im einfallsreichen Kopf des Lugg, und er ging ins Häusl, tappte durch die Stuben, rumpelte pfeifend auf dem Dachboden herum und kam schließlich, einen schäbigen Schafspelz hinter sich herschleifend, die Bodenstiege herunter.
»Was tust denn?« fragte der Ferdl faul.
»Einen Affen mach ich!«
Da versagte dem Ferdl der Verstand und willenlos folgte er seinem Bruder in die Stube und schleppte auf dessen Geheiß Schere, Nadel und Faden, Holzstücke, Nägel und Blechstreifen herbei. Es begann ein Hämmern und Flicken, und die Kuglerbuben wurden dabei immer fideler. Sie arbeiteten bis in die Nacht hinein, vergaßen auf Hunger und Durst und waren überzeugt, daß sie den Schlager des Jahrhunderts erfunden hatten. Im grauen Morgen waren sie schon mit dem Schubkarren unterwegs nach Deggendorf, wo über der Stadt die weißblauen Fahnen im Frühwind flatterten und das beginnende Volksfest ankündigten. Als sich am Mittag der Festplatz füllte, standen die Besucher neugierig und lachend um die Holzkiste, auf der die Kuglerbuben einen

aus schwarzer Schafhaut gearbeiteten Riesenaffen aufgestellt hatten. Auf einem unförmigen Körper wackelte ein fellbezogener, grobgeschnitzter Affenkopf mit dummdreistem Geschau. Ein Prachtstück hatte da der Lugg geschaffen, und mit den langen Armen und Beinen sah das Tier fast natürlich aus.

In der Bierbude setzte die Musik ein, und nun stellte sich der Lugg in Positur und begann sein Geschäft als Ausrufer: »Herrschaften, wer hat eine Kraft? Wer hat ein Irxenschmalz? Wer haut den Affen? Herbei ihr Herrschaften! Fünf Watschen um ein Zehnerl, und wer den Affen zum Brummen bringt, kriegt eine echt japanische Papierrose, einen schönen Spiegelzweig oder eine Prachtfeder auf den Hut!«

Seine Erfindung vorführend, stellte er sich breitbeinig vor dem Affen auf und gab ihm eine Ohrfeige, daß es ihm den Kopf zur Seite riß und er im Bauch ein knarrendes Brummen hören ließ, als wollte er sich über die saftige Watschen ergrimmen.

»Herrschaften, wer hat einen heimlichen Zorn, den er anbringen muß? Wer hat eine böse Schwiegermutter, ein grantiges Weib, einen Nebenbuhler? Wer, meine Herren, möchte einmal einem ein paar zünftige Watschen runterhauen? Wer hat einen Zorn? Hier ist die Gelegenheit, da kann jeder seine heimliche Wut um ein billiges Geld anbringen! Fünf Watschen um ein Zehnerl, billiger gehts nimmer. Das geht keinen Amtsrichter was an! Heran ihr Männer und Burschen und stellts euch vor, das wär euer Nebenbuhler, der böse Nachbar oder die Schwiegermutter! Hauts zua, Buam! Fünf Watschen um ein Zehnerl! Wer kanns am besten, wer haut den Affen?«

Und dann ging es los. Bald fanden die Mannsbilder so viel Gefallen an der Watscherei, daß sie herandrängten und um den Vorrang stritten. Zehn Watschenaffen wären notwendig gewesen, um diesem Andrang gerecht zu werden. Die Taschen der beiden Unternehmer füllten sich mit Geld, und die Watschen prasselten nieder auf den geduldigen Affenkopf, daß die eingebaute Schnarre aus der alten Uhr im Kuglerhäusl nicht müde wurde, zu brummen und zu knarren, wenn eine gut gezielte Watschen den Kopf weit genug zur Seite drosch. Immer höher stieg die Begeisterung. Die Mannsbilder wetteiferten miteinander, krempelten die Hemdärmel hoch, spuckten in die Hände und ohrfeigten mit einer Hingabe und Lust, die immer neue Watscher anzog. Dazwischen stärkten sie sich in der Bierbude, kamen wieder, und die Finger schwollen ihnen an wie die Bratwürste, daß sie die Maßkrüge kaum mehr halten konnten. Großes Vergnügen hatten auch die Zuschauer, die es an Anfeuerung nicht fehlen ließen.

Einsam stand in einer anderen Ecke der Mann mit dem »Haut den Lukas« und sah neidvoll den Auflauf um den Watschenaffen.

Bis in die Nacht hinein ging das Gaudium um die Preiswatscherei. Unter die Burschen und gestandenen Mannsleute mischten sich nun schon die Weibsleute, schlagkräftige Bauerndirnen, die ebenfalls Zorn und Kraft auf den geduldigen Affen abluden. Glückselig über die guten Einnahmen, hatten sich die Kuglerischen einen Buben bestellt, der nur dafür zu sorgen hatte, daß ihre Maßkrüge immer gefüllt waren. Nachdem der Lugg als Ausrufer schon keinen Laut mehr aus der Kehle brachte, übernahm der Ferdl das aufmunternde Geschrei. Er sah schon zwei Affen auf der Kiste sitzen, machte sich aber keine Gedanken über diese Vermehrung, sondern versuchte die andrängenden Burschen auf die zwei Tiere zu verteilen. Da kam gegen Festtagsende ein übermannsgroßer, breitschultriger Bauernbursche aus Hengersberg und versetzte mit seiner Riesenpranke dem Affen einen so kräftigen Schlag, daß diesem der Kopf davonflog und dem Schläger der Handknochen brach. Während dieser sich bleich und wehleidig verdrückte und der Lugg, an eine Budenwand gelehnt, seinen Rausch ausschlief, wollte sich der Ferdl den Zehnerlstrom nicht entgehen lassen und setzte sich bierschneidig selbst auf die Kiste.

»Fünf Watschen ein Zehnerl«, plärrte er noch, aber dann schlug ihn einer aus dem Dorf Einweg mit einem einzigen Wischer über das Postament, daß ihm das Hören und Sehen verging.

Für diese Nacht quartierte die Polizei die beiden Kuglerischen mit ihrem Affen in den Arrest ein, da sie vollkommen betrunken auf der Festwiese gelegen hatten und sich herausstellte, daß sie ihr Schaugeschäft ohne Zulassung betrieben.

Der Watschenaff war künftig auf keinem Volksfest mehr zu sehen. Die Kuglerbuben hatten ihn in die Donau versenkt und waren auf Wanderschaft gegangen. In einem oberbayrischen Bergwerk fanden sie Arbeit, bis sie als lustige und ledige Rentner ihre fidele Welt verließen.

Erzählt vom BAUMSTEFTENLENZ (PAUL FRIEDL)

D' Wirtsdirn vo Haslbach

Am Sunnta geh ma wieda nach Niederndorf,
laß ma uns wiedr a weng z'kreiln;
grad zwegn dera Wirtsdirn vo Haslbach,
müaß ma halt gar so viel leidn!

Ham ma scho Mentscha g'habt nach der Wahl,
ham mas g'habt grob und aa sche(n) –
grad mit dera Wirtsdirn vo Haslbach
muaß uns halt gar so schlecht geh(n).

Oft san ma scho bei ihran Fenster g'we'n,
hams uns oft gnua davog'haut,
weil halt die Wirtsdirn vo Haslbach
allwei von uns no koan traut.

G'raft ham ma gnua, ham aa Strixn kriagt.
Was müaß ma na no alls treibn –
zwegn dera Wirtsdirn vo Haslbach.
Wem werd denn die amal bleibn?

JULIUS KREIS

Enttäuschung. »Da Hochwürd'n hat g'sagt: i soll mi vor de Versuchunga der sündigen Großstadt in acht nehma – und jetzt kummt koane!«

Der Stier von Pocking

Wenn ich an Pocking denke und wie ich damals bremsig gewesen bin, dann bin ich immer noch der Meinung, daß mich in derselbigen Nacht etwas angefochten hat. Entweder es hat mir der Mondschein das Blut roglert gemacht, oder ich bin unwissentlich auf einem Marderboandl gelegen; sonst hätte es das nicht gegeben, daß mich gleich drei junge Madl hintereinander süchtig machen.

Die erste schon gleich in aller Herrgottsfrüh in Mühldorf, in der Alten Post, wo ich über Nacht geblieben bin. Ums Taganläuten hat sie an die

Kammertür gepumpert, damit ich nicht verschlafe, und wie ich in die Stube hinuntergekommen bin, hat sie die Morgensuppe fertig gehabt. Da ist es schon angegangen.
»Gua'n Morgn, Sopherl!« habe ich gesagt, und sie gleich ganz dantschig: »An extra guatn Bohnerlkaffee hab i dir g'macht, daß d' munter wirst. Wirst sehng, der weckt di auf!«
»So!« sag ich. »Du wirst a so a Luadermadl sei – und noch net amal tausend Wochen alt! Beim Munterwern, gell, da hilfst mir; aber beim Einschlafen net.«
Sie ist gleich voller Mitleid. »Hättst a Schlafpulverl braucht, armer Mensch? Wennst wieder kimmst, leg i dir oans aufs Nachtkastl hin«, sagt sie und lacht.
Sie hat mir bei der Morgensuppe Gesellschaft geleistet, weil ich in der Alten Post gut bekannt gewesen bin; und wie sie so dagesessen ist, im Unterkittl, wäre ich ohne Kaffee auch munter geworden.
Aber was hilft mir das, wenn ich auf den Passauer Zug muß?
Also hab ich halt nach meiner Schuldigkeit gefragt, habe mich abpfüat und bin fort.

Jetzt, im Passauer Zug habe ich mir einen Sitzplatz aussuchen können, weil außer mir kein Mensch in dem Wagen drin gewesen ist. Bis wir auf St. Veit gekommen sind, ist die Sonne heraufgestiegen, und es ist der schönste Herbsttag geworden. In Hörbering habe ich den ersten Zuwachs gekriegt und in Massing gleich einen ganzen Haufen, lauter Rottaler Bauernleut, die mir beim Hereinkommen alle den Tag angewünscht haben.
Wie gerade der Zug wieder wegfahrt, Eggenfelden zu, fragt ein Ökonom, ob es erlaubt ist, und setzt sich zusammen mit einem jungen Weiberleut zu mir her. Sie ist eine saubere Dingin gewesen und hat sich an das Sopherl leicht angleichen lassen; aber er hat mir auch bald gefallen. Ich hätte ihn auf Stück a siebzig, achtzig Tagwerk geschätzt und habe ihm angesehen, daß er mit mir reden will.
Es hat auch nicht lange gedauert, da schaut er mich bolzengerade an und sagt: »Aa scho um d' Weg in aller Fruah ...«
»Ja«, sage ich, »kurze Nächt gebn lange Tag.«
»Da hast recht«, sagt er; und nach einer Pause: »Vo unserer Gegend bist du aber koaner.«
»Naa.«
»Drum. Sonst hätt i di ebba scho amal g'sehng.«
»I kenn enk aa net.«
»Des is leicht migla, balst koa Hiesiger net bist ... Kimmst gwiß vo weiter her?«

»Vo Mühldorf.«
»Jawoi.« Er schaut mich prüfend an. Aber ich habe meine Lust an dem Verhör gehabt. Ich habe gewußt, was der Brauch ist, und hab todernst mitgespielt.
»Jawoi«, sagt er. »Nacha bist du a Mühldorfer.«
»Z' Mühldorf han i übernacht. Dahoam bin i vo Minga.«
»Ja, bis vo Minga! Nacha fahrst auf Passau ...«
»Net ganz. Auf Pocking fahr i, zum Viechmarkt.«
»Aah, iatza, auf Pocking! Bist gwiß a Handler?«
Das Weiberleut ist die ganze Zeit neben ihm gesessen und hat mit beiden Händen ihr Körberl auf dem Schoß festgehalten. Jetzt stößt sie ihn mit dem Ellenbogen an und sagt: »Geh, Vadda, du fragst ja d' Leut aus!«
»Ja was net gar!« entgegnet er ihr unwillig. »Ma redt halt, net wahr?«
Aber weil man schon redt, darum frage jetzt ich: »Was is 'n nacha des für oane?«
»Des? Des is d' Regina, a meinigs Deandl.«
»Aber a saubers Leut –«
»Geht scho.«
Nun darf ich sie ungeniert mustern, und ich tue es auch, daß sie gleich ganz g'schamig wird. Sie ist wirklich gut zum Anschauen, auf und auf sauber g'stellt.
»Sakradi«, sage ich, »Regina ... A so a Tochter laß i mir g'falln. So was taugat auf Minga aa.«
»Ja, für a Duttenkaiwi!« sagt der Vater. »So, so – auf Pocking!« sagt er. »Aber mirk amal auf: Da is ja heut gar koa richtiger Viechmarkt net. A Ausstellung ist halt und nacha a Versteigerung von Jungviech –«
»I woaß's scho; vo der Herdbuchvereinigung.«
»Stimmt!« Aber da wird er mißtrauisch. »Daß du des so genau woaßt, ha? I moan allerweil, du bist dengerst a Handler. Fahrt extra bis vo Minga her ... B'stehts ei! Warum taatst 'n si'st kemma?«
»Warum?« Weil mich jetzt auch die Regina erwartungsvoll anschaut und ich mich gern ein wenig protzen möchte vor ihr, darum sage ich es: »Weil i von der Zeitung bin. I soll an Artikel schreibn übers Rottaler Preisviech, weiter nix. Weiter bin i net interessiert – höchstens an am schneidigen Deandl.« Ich blinzle der Regina zu. »Was waar nacha, wenn i von dem Madl aa ebbas einischreibn taat?«
»Was da waar?« Die Regina hat mich verstanden und gibt mir auch gleich heraus: »Da waar des a Madl, wo nix taugt. Des is no nia a G'scheite g'we'n, wo in d' Zeitung einikummt.«
»Herrschaft – nacha waar die, wo i moan, die allererste!« Ich lege schwungvoll drei Finger aufs Herz, und sie schmunzelt mir überecks zu.

Inzwischen sind wir in Hebertsfelden und wie wieder ein Haufen Bauern in unseren Wagen kommt, sagt mein Ökonom auf einmal: »Jessas, da is der Dullinger vo Kudlhub; der kimmt mir g'legn! Nix für ungut, gell; geh zua, Regina, da muaß i hin.« Sie haben mich ganz schnell verlassen, und ich habe bald andere Gefährten gehabt, aber es ist mir um keinen Diskurs mehr zu tun gewesen.
Ich habe mir lieber das Rottal angeschaut, die Dörfer um ihren Kirchturm, das schöne Vieh auf den Wiesen, die Höfe wie Grafensitze oben auf den Höhen unter dem hellen Himmel. Es ist mir auch das Sopherl von Mühldorf wieder in den Sinn gekommen; aber mei – hätte sie mir keine Läus angesetzt, hätts mich bei der Regina nicht gejuckt.
Von zwei schönen Weibern ist die nähere die schönere. Bis zur Regina war grad so weit, daß wir uns beim Aussteigen zulächeln konnten.

Wir sind so früh auf Pocking gekommen, daß ich noch leicht auf eine Halbe Bier Zeit gehabt habe. Aber ich bin noch kaum beim Wirt in der Flöz drin gewesen, bin ich auch schon einem Kompaniespezl in die Hand gelaufen. Da habe ich mich richtig gefreut.
»Ja Girgl, wia kimmst denn du da her?« schreie ich, und er schreit: »Allerweil der Nasen nach! Jetz gehst aber sofort mit mir, hast g'hört, du Gmoastier, du g'schrubbter!« Er haut mich auf den Buckel und weist mich zu seinem Tisch. »I hab a Weiberts bei mir«, sagt er, »aber des macht nix. Geh weida, Hedwig, ruck, daß der Stadtfrack Platz hat, der zaundürre. He, Kellnerin, rühr di, a frische Maß!«
Ich schüttle bloß mehr den Kopf, wie ich mich hinsetze, und sage: »Jetz woaß i wirkli nimmer, habts ös z' Pocking da a Mißwahl oder an Viechmarkt. Des is jetz heut scho die dritte, wo mir unterkommt, und schlagt grad erst halbe neuni.«
»Nacha kost no a ganze Herd zammbringa bis auf d' Nacht; aber mi brauchst net mitzähln«, sagt die Hedwig und steht auf. »I geh in d' Halle umi, Girgl. Bei der Versteigerung kemma eh wieder zamm.«
»Des is amal a Rassige!« Ich schaue ihr mit Wohlgefallen nach.
Da lacht der Girgl. »Jetz hängt dir aber der Bläschl lang aus dem Mäu, mei Liaber! Gell, die tät dir aa g'falln, die Kalm! Aber da geht nix. Die Hedwig ist so geldig wie stolz; a ganz a schwaare. Dem Susbauern obn g'hörts zua; Köglmoar schreibt sie sich.«
»Und ausg'rechnet a so a Bazi wie du hat des Goldkäferl aufgangen?«
»Aah was! Die wui mir nix und dir nix. Aber seim Vatern sein allerschönern Jungstier hilft sie mir heut versteigern. Einen Stier – mei liaber Freund, da wirst spitzen!«
»Des versteh i net. Wieso hilft sie dir bei der Versteigerung? Bist 'n du nimmer bei der Post?« »Ja scho lang nimmer!«

Da erfahre ich, daß der Girgl einen schönen Posten hat bei der Niederbayrischen Viehzuchtgenossenschaft und daß er nicht nur jeden Hof und Stall kennt im ganzen Gäu, Mensch und Vieh, Zuchtstier und Preisküh, Milchleistung und Blutlinien, sondern daß es für mich direkt ein Glücksfall gewesen ist, weil ich gleich an ihn hingerumpelt bin. Ich kenne schnell, daß er was gilt in seinem Amt.

Er macht mich mit dem Preisgericht bekannt, mit dem Regierungsrat, mit dem Bezirksamtmann, mit dem Kreistierarzt, und geht mit mir durch die Ausstellung. Die Bauern sind durchaus speziell mit ihm, und was ich auch wissen will, das kann ich alles bei ihm erfragen. –

Wie auf der großen Wiese vor der Halle die Versteigerung losgeht, stehe ich mit einem Packl Honoratioren mitten im Ring, und außerhalb der Planke steht die Bauernschaft Kopf an Kopf. Der Girgl ist neben uns auf einen Tisch gestiegen und macht den Auktionator. Das taugt ihm, da ist ihm wirklich gut zuhören.

Mir ist sauwohl auf meinem Platz. Die Sonne lacht auf uns herunter, und die Versteigerung ist für mich ein wunderschönes Theater, bei dem ich als Statist mitspiele, bis die Hedwig in den Ring kommt. Sie hat brennrote Wangen vor Eifer und einen Stier neben sich, der unbedingt zu ihr paßt – einen Prachtstier! Er folgt ihr wie ein braves Hunderl.

Wie sie bei uns vorbeikommen, sage ich: »Du bist ja a ganz a machtige Stierbändigerin!« und sie sagt: »Möchst es ausprobiern?« Ich kann sie gar nicht aus den Augen lassen und werde mir bloß halbert bewußt, daß die Lobpreisungen, die der Girgl losläßt, eigentlich dem Stier gelten.

»Leut, schaugts euch die Rückenlinie o! Guate Lenden, guate Knochen! Hinter der Schulter schön g'schlossen, wenig Wind unterm Bauch, straffe Fesseln und die volle Behosung!«

Ja, der Stier ist schon ein Prachtstier, steht gut im Rahmen, hat eine bestechende Figur, gerade Hörner, den Schweifansatz nicht zu hoch, kurze, glatte Haare und eine dunkelrote Farb. Ich bin enttäuscht, daß die Bauern nicht eifriger bieten.

Der Stier wird bei 500 Mark aufgeworfen und kommt langsam auf 750. Von da an bieten eigentlich nur mehr zwei, ein Bauer hinter uns und einer gegenüber. Nach 800 gibt der Bauer hinter uns jeweils bloß mehr fünf Mark zu. »Es is a Schand!« sagt der Girgl zu mir.

Die Hedwig erbarmt mir, sie schaut bereits ganz traurig; und wie ich bei 900 wieder höre »... und fünf ...«, da kann ich mich nicht mehr halten und schreie: »Tausend!«

Das fahrt in die Versteigerung wie ein heißer Blitz. Die Bauern recken die Hälse, die Honoratioren schauen mich erschrocken an, der Regierungsrat rückt gleich von mir ab. Der Girgl schreit: »Tausend san da! Tausend zum ersten ...«, dann reißt es ihn zu mir herum.

»Auf Ernst?«
»Woher denn! Weil sich nix rührt...«
»Sauber! Ja du Stier, du verreckter...«
Er wendet sich wieder dem Publikum zu. »Tausend zum ersten ... Tausend san vo Minga geboten. Leut, ihr werds doch unsern allerschönern Stier net aus 'm Gäu außilassen! Solln mir so a Prachtstuck für die Oberbayern herzügeln? Tausend zum ersten...«
Es bleibt alles still. Die Gruppe gegenüber zahnt unverschämt auf mich her, und wie ich näher zusehe, entdeckte ich mitten drunter die Regina und ihren Vater. Da wird mir siedend heiß.
Ich sehe mich im Geiste bereits mit einem Stier in der Redaktion Einzug halten; ich sehe meine Spesenrechnung – Fahrt 15 Mark, Verpflegung und Übernachten 20 Mark, ein Stier 1000 Mark...
»Tausend zum zweiten ... Leut, i kann euch net helfen; wenns ihr net mögts, is der Stier hi. Da werns lacha, z' Minga, über die dappigen Niederbayern – an solchen Stier herlassen um g'schissne 1000 Mark. Tausend zum zweiten...«
Um mich herum ist es kirchenstill. Der Schweiß bricht mir aus. Der Girgl flucht vor sich hin.
»... und fünf...«
Ganz bedächtig sagt es der Bauer hinter uns. Mir fällt ein Felsbrocken vom Herzen. »Tausend und fünf zum ersten!« schreit der Girgl. Ich bin gerettet, alles ist wie erlöst, auch die Honoratioren grinsen, und die Versteigerung kann weitergehen.
Der Stier ist noch bis auf vierzehnhundert und fünf Mark gekommen.

Natürlich bin ich nach der Versteigerung auf dem Viehplatz bekannt gewesen wie ein grasgrüner Hund. Alle haben mir Platz gemacht, wenn ich mit dem Girgl dahergekommen bin, und vor der Halle bin ich auf die Regina getroffen. Sie nickte mir zu wie einem guten Bekannten.
»Gell, Zeitungsmo – mit dem Stier warst bald dersuffa!«
»Regina«, sage ich, »b'stehs ei. Da hat dei Vater ebbas g'mankelt?«
»No ja – zum Dullingerbauern hat er halt g'sagt, daß du vo der Zeitung bist. Dullinger, hat er g'sagt, laß eahm den Stier; der ko 'n net braucha. Der is af 'n Tod froh, balst 'n eahm danach um 900 Markl abnimmst. Billiger kost 'n gar net kriagn, sagt er. Aber da hab i dawiderg'redt, daß ma nix G'wiss's net woaß.«
»Du hast dawiderg'redt?«
»No ja –«
Sie schaute mich von unten herauf an, und wenn ich mich nicht getäuscht habe, ist sie ein bisserl rot geworden dabei.

WUGG RETZER

So singt der Waldlersbua

Scherzlieder

Vom Wald bin i aussa,
vom Land der Kultur.
Da ißt ma d' Erdäpfeln
mitsamt der Montur.

Vom Wald bin i aussa,
wo d' Sunn so schö scheint,
weil Winter und Summa
koa Fenster a'leint.

An der böhmischen Grenz
hats an Fuhrmo verwaaht;
ganz recht is eahm g'schehgn,
warum fahrt er so staad.

An der böhmischen Grenz
bin i niederg'sessn,
habn alle Leut g'moant,
i habs Geh vergessn.

Winter im Bayerischen Wald

Drinnat im Wald
hats a kloans Schneewerl g'schneibt.
Drum is's so kalt
drinnat im Wald.

Ganz hoch droben auf der hochgelegenen einsamen Oberbreitenau, im Deggendorfer Hochgebirg sozusagen, wo einst eine stattliche Dorfschaft und ein urwüchsiges Volk mutig dem unbarmherzigen Winter und anderer Unbill der Tausendmeterhöhe trotzten, hat man den toten Ahnherrn, der mitten im schneereichsten Winter heimgegangen war, zur ewigen Ruh in den Keller gelegt, bis die Zeit zum Eingraben endlich gekommen ist. Vorher aber hat man zu dem weitberühmten Doktorbader von Bischofsmais geschickt, daß er die Leichenschau halte nach Vorschrift und Herkommen.
Der Bader kommt aus dem Keller herauf, betritt mit ernster Miene die Stube und fragt die Bäuerin: »Was ist denn eurem Vater passiert? Der Alte hat ja ein völlig verzogenes Maul! Und zu Lebzeiten ist doch

sein Gesicht und sein Mund nicht anders gewesen wie bei mir!« Betroffen spekuliert die Bäuerin ein bisserl nach. Dann schnauft sie erleichtert auf und sagt unter Lachen: »Ja mei Bader! Da brauchst du dir keine Gedanken nicht machen! Wann ich halt im Winter in den Keller gegangen bin und hab das Kraut abputzt oder Erdäpfel geholt, dann hab ich den Kerzenleuchter dem Vater ins Maul gehängt! Das ist so viel kommod gewesen und hat dem Vater, tröst ihn der liebe Gott, nicht weh getan!«

MAX PEINKOFER

Im Zeitalter der Erfindungen
»Mir kunnt halt bloß oana imponier'n, der wo a neie Schmalzlersort'n erfind'n tat!«

HENRY BING

Feindschaft zwengs der Schnupferei

Eine G'schicht aus dem Bayerischen Wald

Daß oas ban Essen net dischkriert, solangs as Mäu vollhat: da woaß ma, daß si dees net g'hört; dees is ebbas Alts. Ejtz i sag, daß oaner aber aa 's Mäu halten sollt, bal er d' Nasen vollhat; und dees is neu. Dees is mir passiert, ums Haar waar a Feindschaft draus worn und schuld g'we'n is nix wos der Schmaizler; mi möchts net glaubn. Mirkts af, wej i sag: I bi e der Lam drin g'we'n, am Christlhof hon i a G'schäft g'habt,

und wej i firti g'we'n bi damit, hon i mi in 'n Zug eini g'hockt und bi wieder weg, Mujtach zou. Es hand'da uns net mehra g'we'n wos a drei, a vier e den Waggon drin und mir hama scho a ganze Weil g'fahrn, da kimmt der Zugführer daher zun Kontrolliern.
I ho gar net weida g'schaut; i halt eahm mei Bilettl hi, da hör i a versuffana Stimm; i ho's grad halbert vostanna, ebba a so: »Jagrüaßdigoodluwich, wouhammad'sndieh auslassen?« Ko aa sei, daß er anderst g'sagt hat, is gleich g'we'n – i ho de Schmaizlerstimm sofort kennt. Und wirkla is's der Kona g'we'n, der Seppnmichikona, Konrad Sagstetter mit Namen.
»Ejtz glaub i's«, sag i. »Der Kona! Bist as oder bist as net? Tatsächli is er's! Ja grüaß di Good, Kona; wej kimmst 'n du zu der Eisenboh?«
»Gelldaschaust«, sagt er. »Wartaweng, gleikimmiwieda, na sagadas.«
Grad a so hat er g'redt und i ho mir halt zammdenkt, wo's bedeut; er hat no an etla Bellerer to, ganz rätselhafte, na is er furt, weil der Zug g'halten hat, und scho hat er draußt plärrt: »Keeeh – zting!« und über a Weil weida weg nom'l: »Keeeh – zting!«
Zum Glück hon i selber g'wißt, daß ma z' Kötzting hand; vostanna hejt i's meiner Le'ta net; weil – to hats akkrat a so, wej wenn oaner mit der Odlschapfa trumpetert. Gell, durch d' Nasen hat der Kona allaweil scho g'redt, er mou a weng a G'waax drin habn e sein Schmaizlerzinken; und g'schnupft hat er ... ah mei, schnupfa ko ma ebbas sechas nimmer heußn. En lejwern hejt er an Tawak glei g'fressn und bal er si a Pris herg'richt g'habt hat hintern Daama wej a Scheerhäufl, na hat er's wej a Staubsaugler wegazogn.
Wej er no dahoam g'we'n is ba uns draußt en Gäubo'n, ba'n Gschwendner is er für an Knecht g'we'n a Jahr a drei, da hamma eahm amol sein Tawak a weng afbessert; an Ofaruaß hamma eahm ei e sei Schmaizlerdusen und a Kout von Bleamistock außa. Aber er hat de Mischung g'schnupft wej an Brasil, und grad guat hats eahm to. Hauptsach, daß der Kamin vasorgt g'we'n is.
Er is an ausnehmend lustiger Bursch g'we'n zu derselln Zeit, der Kona. Af alls hat er an G'spoaß g'wißt und wenn ma recht g'lacht hat, nacha hats 'n g'freut; da hat er zahnt wej a Holzfuchs. Durch dees hon i af d' Letzt aa g'lacht, bal i 'n scheed halbert vostanna ho. Vostanna ho i 'n zu derselln Zeit scho hart, und dees is seit de zeha Jahr, wou i 'n nimma g'sehng g'habt ho, gwiß net besser worn.
Ejtz, daß i vozuhl: Der Zug is no net g'scheit von Kötztinger Bahnhof draußt, is der Kona scho wieder kemma. Er hat mi am Buckl affig'haut und is voller Freud g'we'n. »So«, hat er g'sagt, »ejtzschnupfmaramol« und hat ma sei Dusen herg'halten. Kohlnschwoaz hat der Tawak ausg'schaut und g'schmeckt ho i 'n scho vo aller Weitn. Kaffa ko man koan

sechan Tawak net; den mou si oaner selber reibn. »Werst ma ebba dengerst net vogebn«, hon i g'sagt und ho ma a Pris außa. Da hat der Kona g'lacht. »Koasechasluadavorrektnetgleiwejdu!« hat er g'sagt, hat si an Gupf Tawak afg'schlicht af d'Händ und nacha hamma g'schnuft.
»Sodala«, hon i g'sagt. »Ejtz möcht i aber wissen, wejst du zu der Eisenboh kemma bist. Wos hast 'n alls triebn, seitdem daß d' furt bist vo dahoam? Wej gehts dar'an überhaupts, Zugführer, g'wampada?«
Af dees affi hat er mi o'gschaut wej unser Jagdhund, bal ma 'n recht zammschimpft, akkrat a so, daß ma bald 's Lacha auskemma waar, und hat direkt wehleidi g'sagt: »Aahluwich – de anderwochaismaswei-g'stoam nakostadenga wejsmageht.«
I ho koa Wort net vostanna – höchstens, daß er vo an Wei ebbas g'sagt hat; aber es werd scho a G'spoaß g'we'n sei, hon i mir denkt, und ho halt g'lacht wej frejhers aa.
Ejtz hat der Kona no g'freada g'schaut und hat an Kopf beutelt. »Daßdudalachstwejnom'lastier«, hat er g'sagt, »baloansweistirbtafja undnaa?« Ganz draapft is er g'we'n.
I ho wieder nix vostanna und ho no mehra g'lacht. »Kona«, hon i g'sagt, »du bist allaweil no des nämli Viech, dir geht d' Gaudi net aus.«
Da is er af amol sirri worn, der Kona. Er hat ma 's Marschlecka o'bo'n, nacha is er af und ganz beleidigt außi bei der Tür. Ejtz is mir aa anderst worn und i ho kennt, daß ebbas nimmer stimmt. Aber wos – dees hon i mir net denka kinna. Und an Kona hon i nimmer g'sehng, si'st hejt i 'n g'fragt.
Drafkemma bin i erst a guate Zeit dana, bei uns dahoam in Wirtshaus. Da hat ma's der Viechhandler voratn. »Der Kona hat fei koan schlechten Zorn af di«, hat er g'sagt.
I ho'n glei gar net g'habt. »Was für a Kona?« hon i g'fragt. »Der Seppnmichikona«, sagt er. »Der Sagstetter drin e der Lam. Der hat an andern Zorn af di, mei Liaber!«
»So?« sag i. »Nacha möcht i grad no wissen, warum.«
»Weilst 'n af 'n Toud beleidigt hast«, sagt der Viechhandler. »Er vozuhlt dir, daß eahm 's Wei g'storbn is und du hast de allergröjßer Freud g'habt über dees. Grad g'lacht hast, sagt er.«
Ejtz hon i mi auskennt! No – i hon am Viechhandler de ganze G'schicht ausdeutscht und nacha hon i g'sagt: »Balst wieder amol e d' Lam ei'kimmst und sehgst 'n Kona, nacha grüaßt 'n vo mir und unterhalten wer i mi nimmer mit eahm, außer er raamt sei Schmaizlernasen aus und schneuzt si davor, der Saubär.«
Is ja wahr! Da kriagadst de schönste Feindschaft zwengs dera Schnupferei ...

Das Schmalzlerlied

Mia san vom Waldlerland,
des is uns wohlbekannt,
mein Bruada, der hoaßt Hans,
und i, i bin da Franz.
Was uns am liabstn is
– ja, unter uns zwoa g'sagt –,
des is bei uns dahoam
a Pries Dawak!
Der Dawak wak, der Dawak wak,
der Dawak is mei Lebn,
der Dawak wak, der Dawak wak
is meine ganze Freud.

Wenn mia im Wirtshaus sitzn
und koana nix mehr woaß
und so beisamma hockn
wia a stumme Goaß.
Na ziagt a jeder glei
sei Glasl aus 'n Sack
und schnupft zum Zeitvertreib
a Pries Dawak!
Der Dawak wak usw.

Mia ham scho Madln g'habt,
die ham uns gar net mögn,
weil mia um d' Nasen rum
so voll Dawak san g'we(s)n.
Mia ham nix g'fragt danach,
mia hams glei selber g'sagt:
daß uns vül liaba is
a Pries Dawak!
Der Dawak wak usw.

Mia ham scho Weiba g'habt,
de ham si net scheniert,
die ham a Dusn g'habt
und an Dawak mitg'führt:
Und wann ma kemma san
hoam bei da finstern Nacht,
hams scho von weitn g'schrien:
»Hast koan Dawak?«
Der Dawak wak usw.

Die Weltstadt mit Herz

Der Alte Peter

So lang der Alte Peter,
der Petersturm noch steht,
so lang die grüne Isar
durch d' Münchner Stadt no geht,
so lang da drunt am Platzl
no steht das Hofbräuhaus –
so lang stirbt die Gemüatlichkeit
in München aa net aus!

Auf dem Marienplatz

Der große Dichter Josef Ding (i. J. 1520) sagte einmal: »Es geschieht nichts Neues unter der Sonne!« Dieser Mann hatte nicht recht oder vielmehr, er hatte nicht Gelegenheit, heute über den Marienplatz in München zu gehen. Der Marienplatz vor hundert Jahren (siehe Maillingersammlung) – der Marienplatz von heute (siehe Marienplatz).
Schutzleute zu Podium (früher zu Pferd) und Schutzleute zu Fuß tuen ihre Pflicht. Der Marienplatz ist voll von Menschen – Kindern – Automobilen – Radfahrern – Hunden – Tauben – Glockenspiel – Straßenbahnen – Pflaster – Inseln – Wasserpfützen – Bogenlampen – Zigarrenstumpeln – verfallenen Straßenbahnbilletten – Kontaktdrähten – Benzingestank usw. – Das sind die gegenwärtigen Requisiten des Marienplatzes.
Was treiben diese Requisiten? Die Schutzleute dirigieren – die Menschen folgen nicht – die Gaffer gaffen – staunen, betrachten, grinsen, spotten, sind noch biedermeierisch veranlagt, wollen sich nicht an den Großstadtbetrieb gewöhnen. – Die Automobile hupen – die Radfahrer warten – die Hunde stören – die Tauben fliegen – das Glockenspiel klingt hell und »rein« – die Straßenbahnen kommen daher und fahren dahin – das Pflaster wird betreten, die Inseln ebenfalls – die Wasserpfützen auch ebenfalls – die Bogenlampen brennen (nachts) – die Zigarrenstumpel liegen – die weggeworfenen Straßenbahnfahrscheine flattern – die Kontaktdrähte schwingen wie Spinnennetze – der Benzingestank ist tagtäglich – und somit der ganze Zustand unerträglich.
Die Verkehrspolizei will nun das Beste. Aber wir Städter sind immer noch Dörfler. Macht es der Schutzmann so – gehn wir so. Macht es der Schutzmann aber so – gehen wir gewiß so. Es soll klappen, aber es

klappt nicht. Vielleicht in zehn Jahren, dann ist es aber zu spät, bis dahin fliegen wir alle. Für die ganze Verkehrsordnung hätte ich eine neue Idee. Und jeder Irrsinnige wird mir voll und ganz beistimmen.
Mein Prinzip wäre folgendes:
Am Montag dürfen in ganz München nur Radfahrer fahren, am Dienstag nur Automobile, am Mittwoch nur Droschken, am Donnerstag nur Lastautos, am Freitag nur Straßenbahnen, am Samstag nur Bierfuhrwerke. Die Sonn- und Feiertage sind nur für Fußgänger. Auf diese Weise könnte nie mehr ein Mensch überfahren werden.
Ein zweiter Vorschlag wäre auch dieser:
Von 6 bis 7 Uhr morgens sind die Straßen Münchens nur für Radfahrer, von 7 bis 8 Uhr für Automobile, von 8 bis 9 Uhr für Droschken, von 9 bis 10 Uhr für Lastautos, von 10 bis 11 Uhr für elektrische Straßenbahnen, von 11 bis 11¼ Uhr für das Glockenspiel, von 11¼ bis 12 Uhr für Bierfuhrwerke bestimmt.

KARL VALENTIN

Münchner Genießer OLAF GULBRANSSON

»I mag's halt so viel gern, dees Glockenspiel – da tu i mi leicht mit mein Kropf!«

»Genga ma jetz in d' Pinakothek oder ins Isartal?« – »Geh, gib a bissel nach – geh ma in Franziskaner!«

Ein Föhntag

Der Tag, der steht im Kalender. Das »Tagerl« hängt in der Luft. Wenn man auf dem Bürogang zu pfeifen anfängt, wenn man in der Tasche nach Brotbröseln fingert und einen verirrten Spatzen damit füttert, mitten unterm Regenbogen Gelb–Grün–Rot der Verkehrsampeln, und die Schutzleute schmunzeln ganz außerdienstlich dazu, und die Straßenbahnführer treten die Warnglocken wie ein silbernes Schlittengeläut, dann ist es da – das Tagerl. Wenn zu Hause die Gattin sagt: »Zwei Stunden wart i bereits scho mit 'm Essen, und jetzt kannst deine Knödl mit 'm Vorschlaghammer verzehrn, so stoahart sans«, allerdings, dann fängt der Tag wieder an. Aber von dem reden wir ja jetzt nicht...

So wenig brauchts dazu, daß der Mensch froh ist: ein Streiferl Blau am Himmel oder Gold; ein paar flatterhafte Wolken, die wie eine zerschnipselte Rechnung dem Horizont zuwehn; ein Dutzend Sonnenstrahlen, die dir den Mantel von selber aufknöpfeln. Und schon spaziert dein Herz im Trainingsanzug auf den Karneval los.

Und der Föhn fährt nun über die Stadt! Er fährt unter die kupfernen Kuppeln, daß sie sich plötzlich wie grünseidene Sonnenschirme blähen oder wie Himmelswiesen saftig strahlen. Almhäusl möcht man auf die Frauentürm baun! Er poliert das Gold der Friedensengel und Museen und läßt die messingnen Wetterhähne ihr Gefieder schütteln und pfauengleich Strahlen über die Dächer hinschießen. Dein Zeitungshändler an der Straßenecke winkt dir schon von weitem mit dem Blätterbündel entgegen und läßt die Schlagzeilen tanzen. »Was hamma denn heut?« – »Streik in den USA, Schneesturm überm Balkan, ein Vulkanausbruch in der Südsee ...!« Du merkst ihm an, er bezähmt sich, daß er nicht Vulkanausbrücherl sagt. Wo 's doch so weit weg ist, und überhaupts – Südsee, da rinnt dir ja sowieso schon bei dem Wort ein ganzes Sonnenbad über den Buckel.

»Der Goifstrom!« sagt der Herr Bramshuber und wiegt das Haupt mit Bedeutung. Er sitzt im Englischen Garten auf einer Bank, er hat den Hut abgenommen, daß die letzten weißen Haarl in der Sonne silbrig sich sträuben, er breitet den Mantelschoß auseinander. »Bis an die Sockenhalter spürst es ja steign, diesell Erdwärm, die admoßfährische.« Seine genießerische Erinnerung schweift in die Jahre zurück, als man um diese Zeit schon den schönsten Wasserrohrbruch in der Wohnung hatte, und es will ihm scheinen, als wär auch in der Geographie so ein Rohrbruch passiert und der Golfstrom lief nun wie ein Badwanndl über und tröpfelte warm durchs ganze Weltgebäude. Da duselt er auch schon ein und angelt im Traum ein Gummikrokodil aus dem Auer Mühlbach.

Vor einem Hausabbruch stehen Menschen. Es riecht nach Mottenkugeln und nach Neugier. Wie Fingerabdrücke in einem Polizeialbum kleben an der Brandmauer noch die obdachlosen Tapetenflecke. Rosa bedeutet ein Schlafzimmer, im Giftgrünen hat man gewohnt, und da, wo noch die Ölfarbe an der Wand blieb, wird entweder der Kochherd oder der Thron der Verdauung gestanden haben. So setzt man sich häusliches Glück in Rösselsprüngen zusammen und möchte am liebsten in die Rahmenflecke verschwundener Familienbilder mit einem Zimmermannsblei wieder schwarze Schnurrbartstriche oder Stopsellocken zeichnen.

Und die Spitzhacken klingen gemächlich, als empfingen sie noch von einer längst versetzten Spieluhr den Takt. Der Herr Palier schnupft und blinzelt wohlgefällig durch den Ziegelschutt auf ein paar ausländische Skihaserl, die ihr gestricktes Sportkomplet in die Pinakothek spazierentragen. »Für die Kunst«, denkt er, »habns was übrig, die Fremdn überanand. Mei, sonst habns aa nix!«

Vor den südlichen Fenstern im vierten Stock liegt das Gebirge zum Greifen nah. Der Föhn spielt Fernrohr. Weiß wie frisches Zinn blenden die Zacken unter dem Himmel, die Täler sind mit sanftem Fliederblau gefüllt, und man meint, man müßt bloß den Arm übers Fensterbrett nach so einem stäubenden Lawinenschneeballerl ausstrecken. Einstweilen schlagen, vor lauter Gebirgsnäh und Südluft, die Alpenveigerlmuster auf dem Sofaschoner langsam aus. Unten über der Isar kreischen die weißen Möwen; jeden Winter nehmen sie hier Quartier, denn wir sind für den Starnberger See, was Ägypten für die masurischen Störche. Über die Brückenbrüstung lehnen die Leute und haben ihre Freude dran, wie die roten Schnäbel im Flug die Brocken jagen. Auch eine Schulklasse kommt anmarschiert, der Herr Lehrer hebt seinen Spazierstock, deutet in das Gestöber hinein und fährt das nächste Aufsatzthema in der Luft nach. Ein kleiner Vorwitz, dessen Vater Christian Morgenstern zu Hause im Schrank hat, zitiert: »Die Möwän sehen allä aus, als ob sie Emma hießän ...« Aber wer heißt heut schon noch Emma? Und auf Radegund oder Asengard passen die Möwen hinwiederum schlecht ...

Am Brückengeländer sind steinerne Frauen gemeißelt, immer sitzt eine Möwe steif auf dem Haarschopf. – Seltsam, kaum eine Frau geht vorüber, ohne sich unter dem Hutrand zu kraulen?

Und dieselbe Auslagscheibe spiegelt einen Generalmusikdirektor und Karl Valentin ...

Und die Klebemänner kommen mit ihren Pinseln und Töpfen und schmücken die Anschlagsäulen mit Tropenwäldern, Sprungschanzen, Operntiteln und Redoutenmasken. »Warst du eigentli amal auf 'm

Fasching?« fragt einer den andern. »I net. Aber mei Muatter amal. Na bin i kemma!« Und während sie weiterkleben »Kunstausst ...«, kommen sie zu dem Beschluß: »Aber dees Preisschafkopfa heut abend muaß scho a pfundige Sach wern ...!« Und die Schatten fallen, und die Lichter gehn an, und kühl wirds, und das Tagerl is um.

FRITZ BASIL

Möwen

Der Herr und die Frau, in Mantel und Pelz wohl eingehüllt, stehen am Isarufer, und die Frau füttert aus einer Stranitze heraus die Möwen mit kleinen Fleischstückchen.
Sie: »Da siehgst as glei, daß des Fleisch koan Stich g'habt hat, sunst schnappatn de Vögel net so danach.«
Er: »Wenn i a Vogel waar, schnappat i aa danach!«
Sie: »Schöne Vögel sans, de Möwen!«
Er: »No – passiert scho! A Schwaiberl is ma liaber ...«
Sie (verschnupft): »Und a Brathenndl is dir no liaber!«
Er (ablehnend): »Wia i jung war, hats no gar koane solchana Möwen gebn bei uns. De san ei'g'führt worn vom Meer. Wern scho Norddeutsche mitbracht ham.«
Sie: »Geh zua – als ob si de mitbringa lassatn wia Kanari!«
Er (hartnäckig): »Merkwürdi is ja des scho: überall, wo si Breißn o'g'siedelt ham, gibts aa Möwn. Da, in Bog'nhausen – am Starnberger See ...«
Sie: »Du magst as halt net, de Vögerl! Was von de Viecher net auf der Speiskartn steht, des gilt nix bei dir!«
Er: »Hab i net g'sagt, daß ma d' Schwaiberl liaber san!«
Sie: »Da mag i net streitn. Schaugs nur o! De reinstn Flugkünstler sans. De ham ja eine G'schwindigkeit ...!«
Er: »Ham ja aa Mordstrümmer Flügel!«
Sie: »San so liabe Viecher. Bstbst! Da geh her. – So, jetzt ham ma nix mehr. Staunenswert is des, wia de Vögel mitten im Fliagn de Bröckerl z'sammfanga!« (Nachdenklich) »Wenn des wahr is, was der Frau Scheggl ihr Zimmerherr sagt, daß ma a Seel'nwanderung durchmacht – i möcht glei in so a Möwe nei'fahrn!«
Er: »Da tatst di aber schwer mit 'n Platz ham.«
Sie (ärgerlich): »Is schad um jedes Wort, wo ma mit dir über so was redt. – Des is nur seelisch, sozusagn, des Nei'fahrn!«

Er: »Vo mir aus ko a jeds hi'fahrn wo's mag. Aber a Möwe suchat i mir net grad aus! Überhaupts . . .«
Sie (verträumt): »Der Schegglin ihr Zimmerherr sagt, er is scho amal z' Indien drübn a Hirsch g'wesn.«
Er: »A Hirsch – des is er scho no. Da hätt er si gar net verwandeln braucha. Frißt ja heut no nix wia Gras und Kräutln. Siecht aber aa aus wia d' Henn unterm Schwoaf . . .«
Sie: »Des ewige Fleischessen is aa net gsund. – Er hat g'sagt, daß bei der Fleischnahrung de geistingen Saftln z'sammgenga wia a g'stöckelte Milli, koan Fluß mehr hams . . .«
Er: »Soll nur er aufschaugn, der Hirsch, der damisch, daß er net ausananderfallt. Wenn natürli a Fleisch an Stich hat, wie heut, kann scho sei, daß des . . .«
Sie (gekränkt): ». . . Hat gar koan Stich g'habt, sunst hättens d' Möwen net g'fressn.«
Er: »Möwen fressen alles. Des san Wuidsäu!«
Sie (wütend): »Mit dir red i überhaupts nix mehr.«
Er (unbetroffen): »Na redst halt net.«
Das Ehepaar wandelt schweigend in Halbmeter-Abstand isaraufwärts. Die Möwen schwirren noch ein Stück am Ufer entlang. Dann hebt sich die größte von ihnen mit einem resignierenden Schrei in die Lüfte, und wenn nicht zufällig ein Zimmerherr von der Frau Scheggl in ihr Wohnung genommen hat, so ist noch Platz frei für eine empfindsame und unverstandene Frauenseele.

JULIUS KREIS

Die Leut vom Viktualienmarkt

Wenn einer vom Petersbergl herunterkommt und je nach Alter und Geschlecht noch schnell einen scheuen, mürrischen, einen mit einem Seufzer des Glücks oder der Entsagung verbundenen Blick auf das kleine, gotisch verschnörkelte Standesamt geworfen hat, dann steht er plötzlich vor dem niederen Budendorf. Es gibt Münchner, die dort mit Vorliebe ihre Spaziergänge machen, vor den Blumenständen sich dem Feuerwerk der Farben hingeben, vergnügte und stumme Zuschauer bei temperamentvoll geführten Kaufgesprächen sind und selig schnuppernd ein Rüchlein von Thymian, Dill und Wacholder bei den Gewürzkramern mitnehmen. In den Schaufenstern der Marktmetzger hängen, rot und weiß marmoriert, gewaltige Keulen und Fleischviertel, und dann genügt eine Kehrtwendung, ein paar Schritte über die Straße, um dem Geflügel in die lockende Brust zu greifen, den Vorgeschmack von Hasen und Rebhühnern genießerisch auf der Zunge zu spüren.

Die Leut vom Markt, die Obstler und Standler, hatten schon immer ihr besonderes Renommee. Papa Geis hat sie schon besungen, ihre kernhafte Art, ihr Gradaussein, die Marktfrauen, wetterhart wie alte Krieger, die Herz und Mundwerk am rechten Fleck haben. Nein, hier wird nicht durch die Blume gesprochen, sie sagen, wie sie es sich denken, und unzählige Witze verherrlichen ihre Schlagfertigkeit und ihre Wortgewalt. Die ganze literarische Skala von den Münchner Komikern bis zum richtigen Dichter hat hier schon ihre Anleihen gemacht, wenn es nämlich darauf angekommen ist, dem Volk auf das Maul zu schauen und jene Gespräche niederzuschreiben, die den berühmtesten Handelsvölkern aller Zeiten noch zur Ehre gereichen würden, den Phöniziern, den Griechen, den Luchsgesichtern in orientalischen Basarstraßen. Südliche Beredsamkeit in geiserartigen Ausbrüchen mischt sich mit dem richtigen, klug berechnenden Trumpfausspielen. Geglüht im Feuer der Beredsamkeit, knallen sie heraus, und der Gegner, meistens eine Gegnerin, die irgendwas dumm gemacht hat, der angebotenen Ware mit Geringschätzung begegnet, ihr mißtraut, eine »Gschupfte« ist, mit Wenn und Aber und nichts als Nörgelei, kann nur ihr Tascherl nehmen und verschwinden.

Es gibt berühmte Ganserldialoge, klassische Stilgespräche: Da also ist die Marktfrau mit den Gänsen, ein Prachtexemplar unter Prachtexemplaren, und hier kommt die »Gnädige«. Sie ist, um die Spannung im vorhinein zu erhöhen, mit einem langstieligen Lorgnon ausgestattet. Sie hält es in knochigen Fingern, hebt es jetzt vor die Augen und nähert sich gebückt dem Ganserlstand. Das Gespräch beginnt mit der aufmunternden Frage: »Geht was ab, foit was – prima Ganserl hätt ma heit!« Die Gnädige antwortet nicht, und das ist schon schlecht. Sie schnuppert. Wer vor Gänsen schnuppert, will damit eine bestimmte Befürchtung zum Ausdruck bringen; die Nase soll bekräftigen, was der Geist schon ahnt oder doch zu ahnen glaubt. Leider sieht die Gnädige nicht die rasch aufsteigende, schnell den ganzen blauen Horizont überziehende am Rand mit gelben Nebelfetzen gesäumte Gewitterwolke im Auge der Marktfrau. Sonst könnte sie nicht noch betasten, was sie vorher nur beroch. Es ist eine Art Trompetenstoß, der schnell wieder endigt, ein Windstoß, die Schwalbe, die noch keinen Taifun macht: »Was wolln S' denn mit Eahnene Klupperl? Für Fingerabdrück is fei d' Polizei zuaständig!« Das war bisher nur halblaut hingesprochen, und die Kauflustige (oder -unlustige, wie man will) ist eine schlechte Psychologin. Sie beginnt jetzt die Gans abzubeuteln, abzutatscheln, sie von vorn und rückwärts zu besehen, herumzuklopfen, um schließlich ihre lange, spitze Nase in die Bauchhöhle zu bohren. Dann sagt sie »noin« und legt den Vogel auf den Tisch zurück und, mit dem Zeigefinger auf ihn deutend, »düse Gans ist nücht mehr früsch!« – O je, das hätte sie nun nicht sagen sollen, aber es ist eine mutige, schon fast den trojanischen Helden verwandte Frau. Sie steht für den Geruch oder doch, was sie für ihn hält, gerade. Sie sagt, wie sie 's riecht. Tief holt der Sturm jetzt Atem, sein Zentrum jagt daher auf ungezäumten Rossen, das Barometer fällt, durch nichts mehr aufzuhalten, ins Bodenlose. Die Gnädige schließt das Ölzeug enger um ihre hagere Gestalt, wendet den Bug ihres Schiffes, beginnt abzudrehen, aber dieser Trumpf, diese As-Sau ist schneller als ihre Flucht. »Bei Eahna hat der Herr Gemahl a net so lang umanandagriffn, bis er Eahna g'nomma hat!«

Ja, da ist schnell eine natürlich-naive Beziehung zwischen dem Tierreich und dem Menschen hergestellt. Manche solcher Zwischenfälle, die dann doch noch kurz vor Torschluß unter Dach, das heißt zum Kaufabschluß gebracht werden können, enden mit einem versöhnlichen »Nix für unguat«, und das für den Fremden zum mindesten Erstaunliche tritt ein: Was unter den Blitzschlägen riesenhafter Beleidigungen endgültig auseinanderzuklaffen drohte, ist schnell wieder ein Herz und eine Seele. »B'suacha S' mi wieda – hab die Ehre!« Die Gnädige ist zur »Gnä' Frau« geworden. Man sieht, die Gemütsaffekte hier haben was vom aprilischen Wetter.

Einmal – es ist schon mehrere Jahrzehnte her – will eine Frau auf dem Viktualienmarkt Porree kaufen. Die Gärtnerin verlangt 20 Pfennig. 20 Pfennig war der Porree-Freundin nun wieder zuviel. Kurz entschlossen nimmt sie vom Stand noch ein Büschel Grünzeug und will nun für beides 20 Pfennig zahlen. »Was foit Eahna ei, dees kost jetzt achtazwanzg Pfennig!« Da sagt die Marktbesucherin, und es geht um ganze acht Pfennig: »Oes seids ja Raiber!« Wie schon aus dem Plural hervorgeht, ist das eine Art Sammelbeleidigung, eine Attacke gegen den Stand. Die Marktfrau tut nun zunächst so, als hätte sie nicht verstanden. Sie fragt, das heißt es ist wohl nicht als Frage gemeint: »Waas, i waar a Raiber!« Und nun laut zu den Kolleginnen gewandt: »Mir waarn Raiber!«

Die Frau mit dem Porree spürt inzwischen, was sie angerichtet hat, aber da sie eine Hiesige ist, kennt sie die Gebräuche besser. Sie nimmt nicht etwa die ehrenrührige Räubersache zurück, sondern erwidert: »I hob mei Goid aa net g'stoin!« Das ist nicht logisch, aber in dem »aa« liegt doch schon ein gewisser Rückzug. Trotzdem geht die Schlacht zunächst noch weiter. »Zwegn was kaffts nacha an Porree, wenns koa Goid net habts!« Auch hier geht aus der Mehrzahl schon hervor, daß es gar nicht so persönlich gemeint ist. Der Münchner sagt in solchen Streitfällen als letzte Notbrücke vor dem endgültigen Abbruch der Beziehungen: »Moana Sie vielleicht mi?« oder »Woin S' persönli wern?« – Also so »persönlich« ist es gar nicht, und die »Räuber« wenden sich auch bald wieder anderen Kundinnen zu. Es ist für den Ausgang der Geschichte auch ganz gleichgültig, ob der Porree überhaupt und zu welchem Preis gekauft wurde.

Festschmuck
»I bring einfach koa Weihnachtsstimmung an meine Krautköpf hi!«

ERNST HÜRLIMANN

Solche Streitfälle können aber auch fast ins Metaphysische gehen, und Seelenkundler mögen hier nicht verfehlen, ihren Bleistift zu zücken. Wieder geht es mit Suppengrün an, aber wo es endigt, in welchen Sphären, in welchen Schichten, ist gar nicht zu schildern. Ein Fräulein gräbt im Suppengrün herum, sehr, sehr unschlüssig, zu welchem Bund sie sich entschließen soll. Da wird die Standinhaberin hantig. Es hat bei ihr geschnackelt. »Mir san fei koa Tandlmarkt net – da müassen S' scho in d' Au gehn« – und jetzt kommts: »Wenn Sie vom Suppengrün nix verstenga, genga S' in Lohengrin – da kenna S' umanandaschnüffeln und braucha S' nix kaffa!« Die Käuferin möchte ich sehen, die jetzt noch zum erfolgreichen Gegenstoß anzusetzen in der Lage wäre. Hier gibt es nur einen schnellen, schweigenden, suppengrünlosen Rückzug.
Solche Geschichten sind ohne Zahl fortzusetzen, und wer Ohren hat, kann sie heute noch hören. Aber wir sagten es schon, es ist nur eine rauhe, vom Wind, vom Regen und der Sonne der oberbayrischen Hochebene gegerbte Schale; was darunter liegt, ist oft genug jenes Münchnertum, das Gemüt mit Herzlichkeit, warmes Empfinden mit der Freude an den spaßigen Regungen des menschlichen Lebens zu verbinden weiß. So stehen die Marktfrauen, die Leut' vom Viktualienmarkt, vielfach schon seit Jahrzehnten vor ihrem Stand, verkaufen Rüben und Meer-

rettich, Kohlrabi und Kraut, stehen im Frühling mitten unter den ersten Veilchen, haben im Sommer den Strohhut tief in die Stirn gezogen, riechen nach Harz und Tannen, wenn sie im Advent die Kränze winden, und trotzen den Winterstürmen, eingehüllt in riesige Strohschuhe, in die Schichten von Röcken, Hosen und Kapuzen. Es sind Brueghelsche Gestalten von einer saftigen Lebenskraft und robuster Daseinsfreude, die dann alles in den Schatten stellen, wenn sie die Fesseln des Alltags einmal sprengen können, was am Faschingsdienstag nach altem Brauch der Fall zu sein pflegt. Wer das nicht kennt, dem fehlt ein Stück – und nicht das schlechteste – von München.

ROLF FLÜGEL

Finstere Zeiten oder Der Leberkas

Volksschauspiel in einem Aufzug

Der alte Eckmaurer
Xari
Schorschi } seine Söhne
Beni
Zenzi, Xaris Ehefrau
Zwei Kinder
Ein Volksredner

Spielt in einem Wirtsgarten in Giesing (nach dem 1. Weltkrieg) an einem sonnigen Montagnachmittag. Man hört eine Ziehharmonika aus der Ferne.

Der alte Eckmaurer (traumverloren): Dös war selbigsmal, wie mir no zehn Schtund g'arwat hamm ...
Xari (aufschreiend): Zehn ... Schtund?!
Schorschi: G'arwat?!
Der alte Eckmaurer: Ja ... ja ... wenn i 's sag ... zehn Schtund ...
Der Volksredner (zornig aufschnellend):

Zehn Stunden Sklavenfron! Zehn lange Stunden!
Blutrünst'ger Sklaverei! Die harten Hände
von Schwielen übersät und so erlahmt,
daß keine Faust sich ballen konnt ... o Volk!

Schorschi: Lassen S' an Vater verzähln ...
Zenzi (ruft hinter die Szene): Pepi! Nanni! Da kommts her! Da

kommts eina! *Die Kinder kommen.* Gehts zum Großpappi her, er verzählt von der bä ... bä Arbeit ... horchts no zua ... daß 's beizeitn an Abscheu kriagts ... *Die Kinder umdrängen den Eckmaurer.*
Der alte Eckmaurer: Glei ... glei. Wo hab i denn mei Brisilglasl? ... Ah ... so ... Da waar i jetzt beinah mit 'n Arm drauf g'sessen ... *öffnet mit zitternder Hand das Brisilglas und haut sich eine Prise auf die Hand* ... Ja ... meine liabn Kinder ... dös Brisilglasl da ... dös war oft mei Trost im Unglück ... in der Gschlaverei ... Also dös war selbigsmal. Von sechsi in der Fruah bis um sechsi auf d' Nacht war i am Bau ...
Beni: Dös san ja zwölf Stund!
Schorschi: Herrgottsaggera ... wenn ma so was hört ... heut derfat i koan Balier begegna ... is guat, daß 's Montag is ...
Volksredner:

O Sonne! Kaum entstiegst du deinem Bette,
o Tag, kaum bleichtest du nach müder Nacht,
da schleppt sich dieser Märtyrer der Arbeit
Zu neuer Qual ...

Xari: An Vater laß redn ... Zwölf Stund ... Vata?
Der alte Eckmaurer: Zwoa Schtund hamm ma Mittag g'macht, aber de ander Zeit ... ja, Leut, wenn ma so dran denkt ... um sechsi steigt ma nauf, ziahgt an Janker aus, ziahgt an Schurz o, suacht sei Lattn, legt sei Brisilglasl auf an Stoa, derwei hat ma sein Hammer vagessn, steigt oba und holtn, richt sei Kelln her und wart auf d' Mörteltruchn ... Endli is simmi worn. Ja, Leut, da lernt ma, wia hart 's Wartn is ... um simmi kommas mit der Biertragn, no, da nimmt ma sei Maß und trinkt amal, na nimmt ma an Stoa, dös hoaßt also an Ziagelstoa, und haut dro rum, bis der Genosse kimmt, der wo neben oan arwat, und was wissen möcht. Na haut ma an Mörtelbatzen ani und setzt an Stoa auf und ruckt hin und ruckt her und will messn, aber daweil hot der Genosse sei Lattn vagessn und hat de dei z'leichn g'numma. No, na holt ma sei Lattn bei dem Genossen, und da fallt oan was ei, was ma wissen möcht, und na geht ma z'ruck und nimmt sein Stoa, nämli an Maßkruag, und trinkt amal. Und na nimmt ma d' Lattn und meßt ... no und mit dera Arwat is langsam halwi neuni worn. Da is de erste Brotzeit g'we'n; da sans mit der Biertragn komma ... de hat a halbe Stund dauert, de Brotzeit.
Nachdem hat ma si wieder zu der Arwat g'richt, stellt sei Lattn zuawi, legt sei Brisilglasl auf an Stoa und fangt wieder o. Ja Leut, aber dös war net dös härteste. Heute habts ös de Betriebsrät, de wo bloß Obacht gebn, daß d' Arwat rechtzeiti aufhört, selbigsmal hats Aufpasser gebn, de beobacht hamm, daß d' Arwat rechtzeiti o'fangt ...

Schorschi, Xari, Beni (erregt): Ja ... ja! Ja ... Bluat von da Katz!
Der alte Eckmaurer (mit erhobener Stimme): Balier hamm ma g'habt, Balier, de san g'we'n, wia sag i denn glei? Wia de Hyänen; de san um oan rum g'schlicha, hamm de g'schlitztn Augn auf oan g'richt, san nimmer weg, hamm oan nimmer aus de Augn lassn, und zählt hamms, wia oft daß ma si schneizt, und aufg'schrieben hamms, wia oft daß d' mit Reschpekt nunter g'stiegen bist zu dein Bedürfnis. *Sehr aufgeregt.* »Dös möcht i derlebn«, hat amal zu mir a Balier g'sagt, »dös möcht i derlebn, daß Sie in der Brotzeit d' Hosn umdrahn.« ... in da Brotzeit, sagt er. »Sie«, sag i, »Herr Balier«, sag i ... »d' Natur laß mar i von Eahna net vorschreibn, und von da Natur«, sag i, »laß i mir mei Brotzeit net verkürzn ...«
Der Volksredner:

Werktätig Volk, im innersten Empfinden
gekränkt, beleidigt, vergewaltigt oft,
wie mußte sich der Zorn in deinem Herzen
zur Lava ballen, bis sie glühend dann
von keiner Schranke mehr gehalten wurde
und rauchend, Flammen speiend, fürchterlich
hernieder stürzte ...

Schorschi: Jetzt lassen S' an Vater redn ...
Der kleine Pepi: Großbabbi, wann bis denn in Dino danga?
Der alte Eckmaurer: Was sagt da Bua?
Zenzi: Er moant, wann du ins Kino ganga bist, weil i allaweil um vier Uhr einigeh ... dös woaß der Bua.
Der alte Eckmaurer (wehmütig): O mei Bua, zu derselbigen Zeit da hats koa Kino geben für den armen Mann aus 'n Volk ... Also, daß i weita verzähl ... Im Nachmittag nach 'n Essa is dös gleiche g'we'n. Bloß daß ma allaweil härter g'wart hat, je näher da Feierabend kumma is. O meine Leut, wenn da wo a Kirchenuhr g'we'n is, wia oft hab i da de Zeiger zuag'schaugt, wia s' oan Rucker um den andern macha, fünf Minutn ... no amal fünfi ... no mal ... Jessas! Jessas! Werds denn gar net sechsi? Und endli is as worn ... endli ...
Xari: Daß si de Menschheit dös g'fallen hat lassen!
Schorschi: Und ausg'haltn ... Daß du so a Leben ausg'haltn hast, Vater!
Der alte Eckmaurer: Ja no ... wiar i sag, mei Brisilglasl ...
Beni: Und daß halt aa was Richtigs zum Essen geben hat ...
Der alte Eckmaurer: Und a Bier. Mit dem Schäps da, mit dem g'farbtn Wassa, hätt ma de Arwat net leistn kinna. Mir hamm a Bier g'habt, was a Bier hoaßt. Und zu da Brotzeit an Leberkas, an warma, notabeni, und so groß wiar a Ziaglstoa. Da hat ma si sei Kraft wieda g'holt.
Der kleine Pepi: Großbabbi, was is denn a Lebadas?

Zenzi: Was a Leberkas is, fragt a.

Der alte Eckmaurer (tief erschüttert): A Leba ... Ja so ... Du arma Bua! Dös Kind hat no koan Leberkas net g'sehgn ... Es kimmt oan vor, als kunnt so was net sei ... an de Unmenschlichkeit denkt ma net ... O mei Bua ... Was a Leberkas is? Es is halt a Kas, woaßt, aber koa solchena Kas, wia der Kas, den wo du kriagst ... es laßt si net beschreibn ... du arms Kind, du woaßt ja nix von da guatn altn Zeit ...

Schorschi: Jetzt hoaßt as du a so?«

Der alte Eckmaurer (barsch): Brotzeit moan i natürli. Ös habts allerdings de besserne Arwatszeit errungen, aber de besserne Brotzeit hamm mir g'habt ...

Der kleine Pepi (heulend): I mecht an Lebadas!

Der alte Eckmaurer (erschüttert): I glaab dir's, du arms Kind ... i mecht ja aa wieder oan. Mir alle mechtn oan. Wann ma 's richtig o'schaugt, waars ma glei liaba, a guats Bier, a Trumm Schwartnmagn oder a Surhaxn und an Kabidalismus dazua ...

Xari: Gegen de zehnschtündige Arwat hätt i mir scho helfa kinna ...

Schorschi: Und gegen de Unterdrückung ...

Beni: Hättn ma halt g'suffa, bis ma 's g'spürt hättn.

Der alte Eckmaurer: Der alte Seehauser Ferdl hats allaweil g'sagt. Hörts mir auf, hat a g'sagt, mit enkern G'schroa nach der neuen Weltordnung! I will de alte, wo 's blau macha lustig is und wo mi a jede Viertelstund freut, um de i an Balier b'scheiß ... Jetzt hamm ma d' Freiheit ...

Schorschi: Und de achtstündige ...

Beni: Und an Plempi ...

Xari: Und koan Leberkas ...

Der Volksredner:

> O Fluch der Menschheit, daß es nichts Vollkommnes,
> daß es kein wahres Glück gibt auf der Welt.
> O elend Schicksal aller Erdgebornen!
> Bedenk ich's recht, so war umsonst der Kampf,
> der heiß und lang geführte um die Freiheit ...
> Wir feiern unsern Sieg mit diesem Bier,
> das keiner unsrer Väter je getrunken ...
> Sind wir nicht tiefer noch als sie gesunken?

Der alte Eckmaurer, Xari, Schorschi, Beni unisono: Himmi ... Herrgott ... Bluat ... Himmi ... Herrgott ...

Der kleine Pepi: I mecht an Lebadas ...

Der Vorhang fällt über der trauernden Gruppe.

Die Trambahnritzenreinigungsdame

geschrieben für Ida Schumacher

Warum schauts ihr denn so frech? Habts ihr noch nie eine Dame von meiner Berufsgattung g'sehn? Merkts euch dees: mei Beruf is schwierig – aber abwechslungsreich. Da hab ich amal an Wechsel g'habt, kommt da so a neumodisch Automobil daher und da hockt a so a junger Strizzi drobn und hupt mi an. »Na«, schreit er, »haben Sie noch nie ein Auto gesehen, Mütterchen? Machen Sie Platz.« Sie, da bin i gängig wordn. »Mei, Büaberl«, sag i, »damals werst ja du noch mit am Röckerl der Blechmusi nachg'laufen sein, wia i scho mit 'm ersten Auto ins Versatzamt hi'g'fahrn bin. Ja, wennst mi net derbarmen taatst, dann taat i di jetzt nunterblasen, daß d' moanst, der Wind fahrt dir durch d' Rippen.«
Dees is ihm momentan scho auf d' Niern ganga. Wissens, drobn g'loant is er wia a Pfund Salz. I frag 'n: »Warum fahrst denn jetzt nicht weiter? Du werst dein Führerschein wahrscheinlich in der Lotterie g'wunna ham. Geh zua«, hab i g'sagt, »hau dein Gang eini, ziag deine selberg'strickten Ohrwascheln wieder drüber.« Is ja wahr! Der mit sei'm Sparofeng'sicht! »Oder«, hab i g'sagt, »wartst vielleicht auf dein Bruader?« – »Bruder?« mag er mi fragn. »Ja«, sag i, »alloa kann oaner doch net so dumm schaun.« Jetzt, i muaß Eahna sagn, mit der Trambahn, da kimm i recht gut aus. Naa, da komm i prima aus, da kann ich wirklich net klagn. Bloß oaner is dabei, oaner, der fahrt auf der Zwölfer. A ganz a Alter is er scho; Diriegl hoaßt er sich. Naa, der hat was gegen mi. Wenn i grad im schönsten Räumen bin und er kimmt daher, dann verlangt er von mir, daß i glei auf d' Seitn spring wia a Gummiball. Schreit er net neilich von der Plattform runter: »Kannst jetzt du net aus 'm Gleis rausgeh, alte Gurgel!« Sag i: »Ja, i scho, aber du net, du damischer Rollwagerladmiral!« Na sind noch a paar Wörterl g'falln. Aber das Schöne war: Am andern Tag bin ich scho nauf beordert wordn in d' Personaldirektion. Stelln S' Ihnen vor! Sie, was der Mensch an gemeinen Hinterfotzigkeiten über mich gesagt hat, das war unglaublich. Der Direktor hat mir's selbst vorg'lesen. »Ich weiß schon«, soll i g'sagt ham, »i weiß scho, daß d' vom Land rein bist. Da wo du her bist, da müssens ja die Küah ins Wasser nei'stelln, daß ihnen d' Milli net sauer wird, und du moanst, du kannst frech sein, gell, weils d' jetzt im Dienst bist, weil dich daheim dei Alte jeden Tag mit 'm Putzlumpen hintern Kleiderkasten nei'wischt, daß d' mit die Mäus Fangermandl spieln kannst. Und du bildst dir ein, daß d' so g'scheit bist! Jaja, du bist scho so hell auf der Plattn, daß deine Läus im Stehn einschlafn,

und du meinst vielleicht«, soll i g'sagt ham, »gell, du meinst vielleicht, weil du bei der Pferdebahn ang'fangt hast, jetzt kannst du d' Roß für dich denkn lassn, weils größere Köpf ham. Mei, wenn du so lang waarst, wia du blöd bist, dann könnst ja glatt kniend aus der Dachrinna saufen. Und wenn du auf d' Uhr naufschaust, dann bleibt der große Zeiger stehn vor lauter Schreck.«

Sie, das soll i alles g'sagt ham. I glaub, i bin ganz blaß wordn vor lauter Schreck über eine solche Gemeinheit. »Herr Direktor«, hab i g'sagt, »es ist nur ein Glück, daß ich eine Dame bin; weil solche Auswüchse sind mir vollständig fremd. Die hat sich der Herr Oberfahrer Diriegl wahrscheinlich selber aus seinem Belli herausg'suzelt. Also meiner Anschauung nach hams dem in der Suppenschul an Mehlpapp ins Hirn nei'g'spritzt und hams Umrühren vergessen. Aber das sag ich Ihnen, Herr Direktor: den wenn ich jetzt erwisch, auf dees hinauf, da hat er nichts zum Lachen; den treib ich mit meinem Instrument so an die Mauer hin, daß ihn die Maurer von Heile und Litte mit der Spachtel abkratzen müssen. Is ja wahr, ein solcher gehört in der Luft zerrissen und stückweis an d' Handwerksburschen verschenkt.«

Ja, der Herr Direktor, der hat sofort erkannt, wen er vor sich hat. »Frau Meier«, hat er g'sagt, »Sie sind ein Original, ich werde dafür Sorge tragen, daß Sie mit dem Diriegl nicht mehr auf einem Geleise zusammenkommen.« – »Ja«, hab i g'sagt, »san S' so guat; der hat ja wirkli a Massl g'habt, daß er mit mir zusammeng'ruckt ist! Ja, was meinen Sie, wenn der eine andere derwischt hätt – die hätt ihn ja beim großen Platzregn über d' Plattform nausg'hängt, bis ihm die Zehennägl verrostet wärcn.«

Ja, von da ab bin ich dann in einen anderen Bezirk kommen. Sie, das ist ein Revier, das kann ich Ihnen sagen! Ein Wechsel nach dem andern. Mir sind da fünf Damen, soweit man von meinen Kolleginnen von Damen reden kann. Ich möcht da keiner weh tun, aber da san fei scho G'scherte dabei. Unser Hauptarbeit beginnt so in den frühen Morgenstunden – gell, da laufen einem dann meistens die B'soffenen übern Weg. Mei, was ich da schon lachen hab müssen, glauben S' dees aa. Der eine, der möcht si glei zwischen d' Gleis nei'legn zum Schlafen, der andere, der singt dir ein schönes Lied vor und dann kimmt oaner, der möcht gleich selber das Räumen probieren. Aber neulich, da ist mir was passiert, dees möchten S' aa net glauben. Da kummt a B'soffener daher und macht mir einen Heiratsantrag. Na, gwiß wahr! Der hat eine Fahne dabei g'habt bis hinein zum Marienplatz. Der macht mir einen Heiratsantrag! Mei, glaubn S' dees aa, ich hab grad a so g'schaut, und dabei war er so zutraulich. Sie, der wär so frech wordn, daß i mi bloß noch mit Diplomatie wehrn hab könna: »Dees taat dir so passen, du b'soffenes Waagscheitel. Eine städtische Angestellte heiraten und mein Gehalt versaufen. Einen solchenen wie dich möcht ich ja net amal vom Christkindl g'schenkt. Is nur schad, daß i kein Spiegel dabei hab, sonst taat i di nei'schaun lassen, wie dir dein Fetzen-Rausch von deinem Antlitz heraushängt. Das, was du im G'sicht hast, da sitzen ja andere Leut drauf!« Dann hab ich g'sagt: »Jetzt bist so frei und schleichst dich, sonst gibts einen Schlag, eine Staubwolke, und deine Schuah stehn alloa da ...« Sehen Sie, in solchen Fällen, da ist es wirklich ein großes Glück, wenn man eine Dame ist!

EMIL VIERLINGER

ERNST HÜRLIMANN

Spätherbst
„Soll'n ma desweg'n no wart'n ...?«

Der Lucki

Am Auer Mühlbach oder am Feuerbachl stand seine Wiege, überschattet von den mahnenden Zinnen des Untersuchungsgefängnisses Neudeck. Mit drei Jahren unterschied er bereits die drei »Kritischen« beim Watten, die vier Gspusi seiner großen Schwester und sämtliche Kriminaler seines Reviers namentlich. Mit vierzehn Jahren war er ein anerkanntes Früchterl, rasierte sich täglich, trug lange Koteletten und gelbe Shimmy-Schuhe. Wenn er abends mit den andern am Hydranten stand und die Firnkäs Marie vom Bierholen kam, versprach er ihr das Heiraten, wenn sie ihn einmal trinken ließe. Später, als der Lucki auf dem Bau arbeitete, bog er sein Mützenschild aufwärts, trug eine »Spreitzn« hinterm Ohrwaschel und befestigte vorne am Bünderl des kragenlosen Hemdes einen Bierflaschlgummi. Die tätowierten Arme hielt er athletenhaft vom Körper weg. Als der »Akkord« ausbezahlt wurde, mietete der Lucki zwei Fiaker. In dem hinteren Wagen saß er selbst, auf dem Polster des vorderen aber lag in der Mitte des Sitzes sein Kragenknopf. Heute ist die Lucki-Dynastie ähnlich wie die der »Trambahnritzenreinigungsdame« und der »Mörtel-Zenzi« ausgestorben.

SIEGFRIED SOMMER

Der schöne Kare

Münchner Volkssänger-Couplet

I bin von rechts der Isar her,
in Giesing bin i z' Haus,
im schönsten Teil der Münchner Stadt,
da steht mein Vaterhaus.

Mei Vater war a Maschkera,
mei Muatter geht in d' Wasch,
mei Bruader, der fahrt Ziegelstoa,
mei Schwester Equibasch.

Mei Onkel sitzt in Stadelheim,
in Wasserburg mei Tant,
mei Vetter, der is hi'g'richt worn,
wie allgemein bekannt.

A feine Blasn san mir scho,
Kreuzdeixl sakradi,
doch 's größte Früchtl, meiner Seel,
von alle, das bin i.

Refrain:
I bin der schöne Kare,
i bin beim Heil und Litte,
beim Soller drunt im Tal,
da is mei Stammlokal.

I mag a zerme Musi,
an Schmai, a Bier, a Gschpusi;
gibts Schmirgl, bin i mittn drin,
weil i der Kare bin.

AUGUST JUNKER

Das Gansessen

Wie war es früher schön in der Münchner Herzogspitalgasse! In diesen Ruf könnte mancher heute ausbrechen, der gewöhnt ist, seine Gegenwart schon als vergangen zu betrachten, was sie ja im Handumdrehen auch ist. Schön war es wirklich am Martinitag des Fünfundsechzigerjahres zwischen diesen stuckverzierten Häuserzeilen, die freilich keinen Vergleich mit ihrem jüngstvergangenen Zustand aushielten.

Ein Hauch von Vergangenheit umwehte die beiden engbrüstigen, steildachigen Häuser mit dem klassizistischen Zierat, die erst in unserem Jahrhundert zu einer inneren Einheit zusammengewachsen waren, hergestellt aus Mauerdurchbrüchen, unterschiedliche Geschoßhöhen überbrückenden Trepplein und Türen, was man den beiden Häusern beileibe von außen nicht ansah. Gleich ins Auge dagegen sprang die lange, keiner Häusertrennung unterworfene Reihe blitzblanker Schaufenster – ein Tribut an unsere Zeit – mit der Überschrift »Johann Baptist Angermeier, Devotionalien, Krippen, religiöse Bücher«. Darunter häuften, türmten sich Kirchen- und Andachtsgegenstände aller Art, Weihwasserkessel aus Zinn und Kupfer, Kruzifixe, von Lindenholz und Elfenbein geschnitzt, auch kleine Sterbekreuze, Rosenkränze jeder erdenklichen Länge und Dicke nebst Heiligenbildern, Kunstbüchern, liturgischen Nachschlagewerken und allen gebräuchlichen frommen Schriften.

Im Laden drängten sich zu jeder Tageszeit die Kunden, denn weit und breit war das beliebte Fachgeschäft mit seiner umfangreichen Versandabteilung das einzige in seiner Art.

Während der Aufgang des Ladenhauses als eisengeländerte Wendeltreppe nur bis zur darüber gelegenen Wohnung des Geschäftsinhabers und nicht weiter führte, leitete das Stiegenhaus des Nachbargebäudes bis unters Dach und bot allen durch beide Häuser reichenden Wohnungen Zugang.

Hinter der Tür des ersten Stocks war an diesem Martinitag schon in aller Herrgottsfrühe zwischen Flaschen, Tiegeln, Zubern, Näpfen und Töpfen, zwischen Weingeist, Butterschmalz, Majoran, Muskatnuß und Estragon, zwischen Bergen von Erdäpfeln, Blaukraut und Selleriesalat die Köchin Crescentia Weilbuchner am emsigen Werk. Sie war beleibt, ledig und, wie man zu sagen pflegt, vom guten alten Schlag. Auf jedes »Vergelts Gott« wußte sie ein »Gsegn's Gott« und Pflegemutter zahlreicher Basen, Vettern und Godenkinder war sie obendrein, die ihre Tante Zenz gern in der Minkerner Stadt heimsuchten. Kein Reim, den sie nicht aufzusagen wußte, »Hansdampf Nudeldrucker, um a Fünferl Bärenzucker«, kein Spiel, das sie nicht mitmachte, mit dem Trallawatsch oder mit dem buntscheckigen Kasperl, kein Familiengeheimnis, das sie nicht treulich in ihrer Brust vergrub. »Auf die Tante Zenz ist einfach ein Verlaß«, hatte ihr Geschwisterkind Stasi, die das Münchner Lehrerinnenseminar besuchte, einmal gesagt, »sie kann schweigen wie das Grab.«

Wo sie aufgewachsen war, auf dem Kammerlehen, was ein schöner alter Hofname ist, gab es zu ihrer Kinderzeit noch kaum Hörndlbauern, die jetzt so überhand nehmen, weil die Milchwirtschaft mehr abwirft.

»Mogst auf Minka sehng?« hatte der ältere Bruder Wast seine Schwester Zenz, als sie noch ein zopfiges Dirndl war, gefragt und, als sie nickte, an beiden Ohren in ungeahnte Höhen gezogen, was recht schmerzhaft war. Nun konnte sie die Minkerner Stadt tagtäglich sehen, ganz ohne bei den Ohren genommen zu werden.

Den weiten Blick über die Äcker ihres Vaters allerdings, braun, grün und gelb, je nach der Jahreszeit, die abends den roten Sonnenball schnell und immer schneller schluckten, mußte sie schon lange missen, aber die Kreidebuchstaben K+M+B auf dem Türstock wurden immer noch an Lichtmeß abgewischt, ganz wie daheim. Wenn von der nahen Herzogspitalkirche oder auch von der Damenstiftskirche die Wandlungsglocke herübertönte, bekreuzigte sie sich, und mittags wie abends betete sie den »Engel des Herrn«. Für diesen Herrn und sonst für keinen arbeitete sie. »Omnia ad maiorem Dei gloriam«, sagte sie zuweilen, denn sie war gut und gern zwanzig Jahre die Köchin des Pfarrers von Buchbach gewesen. Nicht nur die Praefatio der Dreifaltigkeit, die sie am meisten liebte, war in ihrem neben dem Bett auf einem Kästlein griffbereiten Schott eingemerkt, das schwarze, goldgeschnittene Buch war mit Lesezeichen, Wallfahrtsbildern von Tuntenhausen und Altötting, gespickt.

Mit einem Wort, die gute alte Crescenz gehörte zur Einrichtung des Hauses.

Kein Wehdam plagte sie an diesem Martinimorgen, aber mit dem Seufzer »D' Trud hat mi druckt« war sie aus einer schlechten Nacht in einen noch schlechteren Tag gestolpert. Zuerst fand sie ihre Augengläser nicht, und als sie das Nickelgestell über die Ohren endlich klemmte, hatte sie die Brennschere verlegt. Denn an einem Festtag, der im Hause Angermeier seit alters hochgehalten wurde, ließ sie ihrem Äußeren alle nur erdenkliche Pflege angedeihen.

Jedes Jahr war es dasselbe. Mit dem Glockenschlag zwölf trippelte und trappelte es auf der gußeisernen Wendeltreppe, und im Nu waren alle Plätze an der langen Tafel im Eßzimmer eingenommen. Dank einer Schar von sieben Kindern, bis hinauf zum vierundzwanzigjährigen Geschäftsnachfolger, konnte Johann Baptist Angermeier einem Familienbetrieb vorstehen. Auch seiner Frau, der die Buchhaltung oblag, stand er vor, denn er war noch ein Patriarch im guten und schlechten Sinn, ein Mann von imposanter Leibesgestalt, mit gewaltigem, wallenden Haupthaar, der zu befehlen wußte und von der Liturgiereform nichts hielt, was er freilich aus Geschäftsinteresse nicht verlauten lassen durfte. Immerhin sprach er betont-eigensinnig von der Epistelseite und der Evangeliumseite an der Speistafel. Aber auf die Tante Zenz war ein Verlaß, sie konnte schweigen wie das Grab.

Eines bedauerte Johann Baptist Angermeier zutiefst, nämlich, daß das braungebratene, fettglänzende, wohlduftende Gansvieh, mochte es auch von beachtlichen Ausmaßen sein, das nun die Tante Crescenz durchs Wohnzimmer über fünf Stufen ins Speisezimmer – eigentlich von einem Haus ins andere – trug, nicht imstande war, mit dem Wachstum der Familie Schritt zu halten.

Über ein Ding aber konnte er in Wut geraten, und dieses Ding ging leider die brave Tante Zenz an: Wenn der Kater Leo, dem sie als struppigem Streuner einst mitleidig Asyl gewährt und zu stattlicher Statur mit glänzendem Fell verholfen hatte, auf die Stuhllehne der Frau sprang, mit den Pfoten ins Essen tappte und aus den Lefzen trenzte. »Wo das Essen zugerichtet oder aufgetragen wird, hat der Kater nichts zu suchen, in der Küche, in der Speis und im Zimmer!«

Seitdem hatte der unglückliche Leo ein Roßhaarkissen und einen Blechteller auf dem Gang und durfte sehen, wo er in Hof und Garten blieb. Sie wollte das Katertier nicht neuem Zorn des Herrn und obendrein sich selbst seiner Ungnade ausliefern.

Das Gansessen gestaltete sich zu einer Zeremonie. Nach dem wie üblich stehend und allgemein zum Herrgottswinkel gesprochenen Gebet intonierte Vater Angermeier mit wahrhaft donnernder Stimme den in Hexametern gehaltenen Cantus »Anser Martinianus«, der schon vor gut dreihundert Jahren vor den Fenstern draußen, schräg vis-à-vis, aus hellen Knabenkehlen im Gregorianum erklungen war. Erst dann setzte sich die Familie, und der Festschmaus hob an.

Vater Angermeier, der gern zu erkennen gab, daß er einige Semester Medizin studiert hatte und in der Anatomie nicht unbewandert war, zerlegte die Gans wie ein Chirurg. Das breite Tranchiermesser wurde unter seinen bedächtig zirkelnden Fingern zum Skalpell. Die sogenannten Pfaffenschnitzel, wie man beide Brusthälften nennt, die Flügel, die Schlegel, Halsansatz und Rücken, alles teilte er mit lustig blitzenden Augen aus. Den Berzel, diesen spitz auslaufenden, sehr saftigen Steiß behielt er für sich. Galt ihm die Gans ohnehin als königlicher Braten, dieser Berzel war ihm der Genuß aller Genüsse.

Keineswegs die neugotischen, steinernen Krüge, die in ihren gegen das Licht gehaltenen, durchscheinenden Böden, wenn man sie austrank, leichtgeschürzte Marketenderinnen und ungeniert zugreifende Landsknechte zeigten, hatte die Crescenz vom altdeutschen Büffet im Wohnzimmer geholt (sie stammten wie das Möbel selbst vom verblichenen Johann Baptist Angermeier senior, der ein großer Witzbold war), sondern feingeschliffene und geätzte Gläser, die sich gut zum Feiertagsgeschirr und Festtagsbesteck fügten. Nun langte der Hausherr nach dem Stopselzieher, und alsbald perlte der geliebte Würzburger Stein. So sollte es auch heute wieder kommen. Aber noch immer suchte die arme Crescenz verzweifelt nach ihrer Brennschere.

Endlich hatte sie den eisernen Wuckerldreher gefunden, zuunterst in einem Fach des Nachtkastls, das eigentlich ganz anderen Gegenständen vorbehalten war. Als sie aber die heiße Zange abwechselnd in alte Zeitungen und in ihre graue Haarpracht knitschte, stieg es ihr wie eine Blutwelle in den Kopf, daß sie ja auf dem Markt noch frischen Beifuß, Petersil und Rosmarin besorgen mußte. Ihr Geschwisterkind, die Stasi, sollte mit dem Sechs-Uhr-Zug von Landshut kommen und auf dem Weg zur Lehrerinnenschule die Gans mitbringen, ein feistes Tier, bei dem man, wie Vater Angermeier sagte, den weiten niederbayrischen Auslauf schmeckte. Als sie um dreiviertelsieben Uhr noch immer nicht erschienen war und die aufgeregte Crescenz schnell zum Viktualienmarkt hinunter laufen wollte, kam zu allem Überfluß der Rauchfangkehrer und hielt sie auf. Es war ein schlechter Tag.

Wie sie gegen acht mit dem notwendigen Grünzeug vom Markt zurückkehrte, war ihr Geschwisterkind inzwischen da gewesen und schon wieder fortgegangen. Die Gans hatte sie zum Glück gebracht, ein gut zehnpfündiges Vieh, gerupft, gepechelt, gebrüht und ausgenommen, wie die jüngere Angermeiertochter Gertraud berichtete. Sie habe es der Stasi abgenommen und in das zweitürige Kastl in der Speis gelegt. Tante Crescenia, umgeben von den Früchten ihres Fleißes, zentnerweis in Gläsern eingeweckten Fisolen, Birnen, Pfirsichen und Zwetschgen, sah gleich, daß beide Türen besagten Kästleins sperrangelweit offen standen. Blasser Novembersonnenschein warf das Fensterkreuz aufs Linoleum. Für solch reizendes Licht- und Schattenspiel allerdings hatte Tante Zenz kein Auge, sondern nur für die gähnende Leere des Kästleins.

Von schlimmen Ahnungen gepeinigt, hetzte sie ihren Blick umher. Und so kam alles, wie es kommen mußte: In einer Ecke überraschte sie den Kater Leo, der das schwere Gansvieh fortzuschleppen versucht und nicht weiter gebracht hatte. Das hintere Ende war schon weggefressen, vom Berzel nichts mehr vorhanden.

Crescenz war wie versteinert. Was half es, wenn sie den schrecklichen Leo am Davonspringen hinderte, prügelte und bei den Haaren beutelte. Den Berzel konnte er nicht mehr herausgeben. Sie trug das angefressene Federvieh schleppenden Schritts zur Küche und war am Weinen. Was konnte sie machen? Der Herr wollte ja tranchieren und seinen Berzel sehen! Die Angst trieb ihr den Schweiß aus allen Poren. Da kam ihr der rettende Einfall. –

Sie legte das Schwarzseidene mit den silbernen Sauduttnknöpfen an wie an jedem Martinitag. Sie trug die braungebratene, wohlduftende Gans, garniert mit Brokkoli, Maroni, Äpfelkoch, Preiselbeeren und Petersil über die fünf Stufen ins Eßzimmer hinauf, und noch an keinem Martinitag war das Lied vom »Anser Martinianus« aus der sangeskundigen Kehle Johann Baptist Angermeiers donnernder erklungen. Was war geschehen?

Die findige Zenz hatte Fleisch und Haut vom Hals des zehnpfündigen Vogels sowie auch Nadel und Faden zur Hand genommen. Dann modellierte und flickte sie einen Berzel an das verkürzte Ende der Gans, wie ihn die Natur nicht echter bildet. Kaum rückte sie die Bratreine aus dem Rohr, zog sie die Fäden aus den Narben der geglückten Operation und trug, gleichwohl vor Ängsten am ganzen Leibe schlotternd, auf. Aber der gelernte Chirurg roch den Braten nicht, das heißt, er roch keinen anderen Braten als an jedem anderen Martinitag auch, und die gerettete Zenz – Gott verzeih ihr die Notlüge – hatte nach wie vor allen schuldigen Respekt vor ihrem Herrn, nur nicht mehr vor seinem Gaumen.

Vergessen konnte sie dieses Gansessen nie mehr. Und wenn sie vor dem Andresel, was der jüngste Angermeierbub war, das beliebte Spielzeug, den beinernen Rest dieses Tages, den sogenannten Hupfhainzl springen ließ, überkam sie wieder ein gelinder Schüttelfrost. Aber auf die Tante Crescenz war ein Verlaß. Sie konnte schweigen wie das Grab.

WOLFGANG JOHANNES BEKH

D' Münchner Rass

De Münchner Rass hat, alls in all'm
zwar Köpf und Füaß wia überalln.
Bloß *was* für Köpf und *was* für Haxn
rund um as Petersbergl wachsn!

Zum Beispui eahm schaugts o, an Zwick:
Er is net mager, is net dick.
Guat unterwachsn kaannt ma's nenna,
sei Typ fallt unter »gstandne Männa«.

Sei Ruah, sei Bier, sei Fuaßball-Gspui,
an Ausflug nach da Hinterbrui,
und allwei kritisch, oft aa granti,
und diamal z'vui Gfui, diamal hanti!

Sei Alte is a guate Haut,
draaht Knödl zu Salat und Kraut,
macht gern an Ratsch, schwärmt für Romane
mit Grafen, Mord und Liebeswahne.

As Deandl kimmt jetz bald in d'Lehr
und steigt scho wiara »Fräu'n« daher.
Do vorderhand fecht si no 's Lenerl
schö kloaweis ihre Kino-Zehnerl.

Da Kloa, da Pepperl, hat de Säck
voll Nägl, Schusser, Bärendreck.
A Radlrutsch wünscht er si heier,
o mei, kimmt so a Lauser teier!

Ihr kloana Liebling hat vier Füaß,
a Freind von Wurst, a Feind von Gmüas.
Da Waldi is's, halb Mops, halb Pudl,
»obsd' hergehst jetz, du dicke Nudl?!«

D' Bavaria und 's Isarbett
alloa macht Münchn no net fett!
De Münchna san scho aa no dada,
mit Hund und Kinder, Weib und Vada!

HERBERT SCHNEIDER

Münchner G'schicht'n

Am Odeonsplatz steigt eine Dame, die sichtlich Familienzuwachs entgegensieht, in die Straßenbahn ein – zufällig gleichzeitig mit einer anderen, der es genauso geht. Der Wagen ist voll, und beide müssen stehen. Der Schaffner bemüht sich mit Erfolg, der einen der beiden Damen einen Sitzplatz zu verschaffen. Als er jedoch die andere anscheinend nicht bemerkt und weiter das Geld kassiert, meint diese erstaunt und vorwurfsvoll: »Na, und ich? Meinen S', mich hat a Weps gestochen?«

Im Münchner Leben spielen die Kellnerinnen eine große Rolle. Kommen sie in die Jahre, wenden sie ihre mütterlichen Gefühle oft Akademieschülern oder Studenten zu. Als es einmal in einem Gartenlokal hieß: »Na, Zenzi, wie geht's mit dem Verdienst? Schlechtes Jahr heuer mit all dem Regen seit Juni«, antwortet die Kellnerin: »Na, so weit, daß i oan studieren lassen ka, langts immer noch.«

Ein Münchner läßt im Hofbräuhaus seinen Sprößling in kräftigen Zügen aus dem Maßkrug trinken. Regt sich ein Norddeutscher auf: »Aber Mann, wie können Sie dem Jungen eine ganze Maß geben!« – »Mei«, sagt der Münchner, »was woaß denn der Bua scho, wieviel a Maß is!«

Ein Wiesbadener besucht eine alte, verräucherte Bierwirtschaft und bestellt sich ein Mineralwasser und eine Zeitung dazu. Die Bedienung glaubt nicht recht zu hören und vergewissert sich durch eine Rückfrage. »Ja, ein Mineralwasser, ein Soda, ein Apollinaris oder was Sie halt haben«, bekräftigt der trinkfeste Gast mit erhöhter Lautstärke. Da schleicht die Bedienung stirnrunzelnd zur Wirtsstubentür hinaus. Nach einer Weile kommt sie wieder, stellt einen Sprudel vor den Wiesbadener, legt daneben eine Zeitung, fein säuberlich in handliche Blätter zerschnitten, und obendrauf einen großen Schlüssel. »Die letzte Tür hint is 's«, sagt sie giftig.

Beim Wiesenbauer im dörflichen Münchner Stadtteil Feldmoching ist seit Jahren der Zaun so kaputt, daß sich die Passanten die Kleider daran aufreißen. Eines Tages kommt der Revierpolizist zum Wiesenbauer und sagt: »Herr Wiesenbauer, ich habe Sie zu fragen, lassen Sie Ihren schadhaften Zaun freiwillig in Ordnung bringen oder wollen Sie, daß man Sie zwingt?« – »Wanns Ihnen nix ausmacht, dann tun S' mich bitte zwingen!«

Der Lokalpatriot

Auf dem Fußballplatz aufgenommen

Grod brüll'n mächst vor lauter Wonne, host g'hört! Spuin tean dee heut wieder wia junge Götter – und schnell san s' wia der Teife! Da kimmt d' Provinz nadierle gor nimmer mit! Bis dee zwoamal schaug'n, ham die unsern dreimal g'schoss'n!
Also, der Linksauß'n muaß rein a Raket'n verschluckt ham, so schnell is der! Überhaupts, glaab i, ham s' dee alle vorher mit Rizinus g'impft! Wenn dee in dem Tempo weiterspuin, braucha s' zu die erst'n fünfavierzg Minut'n koa halbe Stund!
Aber jetz, moan i, stinkt's vorm Tor! Dee wer'n doch net – halt, abseits – hot scho pfiffa! Ja, dem Schiedsrichter kimmt nix aus – an Sehnerv hot der Mo wiar a Luchs!
Sie, Herr, Sie san fei a bißl arg aufdringlich da hint! Wos? Ja mei, für dees konn i aa nix, daß Sie in Eahnam Wachstum so z'ruckblieb'n san! Aber sehgn S', i bin gor net aso – Sie derfa Eahna ruhig a weni o'loahna, daß S' aa wos sehgn! Schaugn S' no grod amal dees butterwoache Zuaspui o, wo dee kultivier'n! Ein Fingerspitzengefühl ham dee in die Füaß, daß d' grod aso schaugn muaßt! Aber ob'n san dee scho aa wach! Ham S' den Kopfball grod g'sehgn? Ja, dee ham eb'n wos drin im Hirn – dees san Köpf! Und nei'geh tean s' wia Blücher bei Waterloo! Sagt oans, wos 's mag – dee spuin 's heut wieder tutti!

Die Gäste kommen auf

Wos s' no grod ham auf amal?! Ja, san jetz dene d' Füaß ei'g'schlafa? Jetz baut der Linksauß'n aa no ab! Ja, wer soll denn nacha überhaupts die Türln schiaß'n – kimmt aso scho der ganze Sturm auf die Knia daher!
Sie, Herr, tean S' Eahna a bißl beherrsch'n da hint – Sie verbiag'n mir ja die ganze Wirbelsäul'n! I hab Eahna 's O'loahna erlaubt, aber vom Kreuzaushänga hab i nix g'sagt, gel!
Mein Gott, der Linksauß'n wann an Ball hat – faul, himmikreuzkruzitürk'n, faul!! Ja, hat denn der Schiedsrichter Dreck in die Aug'n? Gibt's dees aa – der Linienrichter winkt a halbe Stund lang, daß eahm der Arm scho steif werd – moanst, der taat amal nei'huast'n in sei Pfeiferl?! I glaab, daß der mit an Hausschlüssl schiedsrichtert, der wo koa Loch hat! Sie, Herr, Sie wer'n allwei aufdringlicher da hint'n! Tean S' Eahnare Nas'ntröpferl amal wo anders hi'stroafa als ausg'rechnat allwei an mein Mantlkrag'n, gel! Ein unappetitlicher Zuschauer, ein unappetitlicher!

Mir tuat bloß dees Spuifeld leid! Dees is ja a Graus, wia dee umanandackern da drin – die reinste Rasenschand is dees! An 'n Ball traut si vo dene überhaupts koaner mehr hi – dee tean grod, wia wenn 's a Stinkbomb'n waar! Wos? Anfeuern? Ja freili, heiser schrei'n wer i mi aa no wega dene Niat'n! Wia moana S'? Dee wer'n scho no guat? Ja, danach – beim Saufa! Mi reut ja bloß mei Geld! I hab mir doch net desweg'n a Maß Bier vom Mäu abg'spart, daß i siehch, wia ma in a'm Altersheim Fuaßball spuit!

Die Gäste gewinnen

. . . weil dees ganz wurscht is, wer d' Türln macht – d' Hauptsach is, daß si wos rührt! So, wieder oans – ruckzuck – hauts es eahna nei, daß 's schäwwert! Also, der Linksauß'n is z'faul zum Umfall'n! Wenn's dem d' Füaß vom Bod'n wegziahgn, na bleibt er mit'm Bauch in der Luft steh, dee Wurz'n, dee g'stinkata! Und d' Verteidiger heb'n aa d' Hax'n bloß mehr, wenn eahna oaner auf d' Henna-Aug'n steigt! Bumm – hat scho wieder g'schnacklt! So mag i 's! Dees Schütz'nfest tuat oa'm sauwohl auf dees Trauergspui nauf! Kruzitürk'n, der Dicke rammt auf! Guat bist, Peppe! Er, der ganz ander, mächt hi'tupfa! Zoag's eahm, Peppe – misch'n auf! Geh weiter, du werst di doch vo dem net abfiesln lass'n! So is guat – schüttl eahm sein' Rahmabau amal richti durchananander – jawoi – stemm an naus über d' Seit'nlinie, daß er 's Eckfahndl für a Feldstandart'n o'schaugt!

Schlußbilanz

Also, mit'm Lokalpatriotismus und die Heimatgefühle bin i ja net ganz auf mei Rechnung kemma – aber ma is ja schließli aa Sportler, netwahr! Und vom sportlich'n Standpunkt aus betracht' war dees Spui ganz groß! I moa, zehn Türln in oa'm Spui – da kimmt 's Stück auf a Fuchzgerl – ja, mehra ko mo vo a'm Länderkampf aa net verlanga!

WILLY VIERLINGER

Stadtplaner Pirckholzer

Der brave Mann, von dem hier die Rede ist, hatte gleich vielen Münchner Bürgern die Stadtplanung zu seinem Hobby gemacht – sah seine Ideen jedoch kläglich scheitern, kaum daß er sie am Stammtisch verkündete.

Es war ganz harmlos angegangen. Man saß beisammen, bekrittelte nach Gebühr den Stachusumbau, und jeder wußte alles besser, bis Schorsch Pirckholzer mit fester Stimme erklärte, daß alles reiner Blödsinn wäre, weil er einen Plan habe, nach dessen Ausführung München nicht mehr »an« der Isar liegen würde, sondern der grüne Karwendelstrom mitten »durch« die Stadt zu fließen hätte ... Aber freilich, ein einfacher Bürger werde ja nicht gefragt.

Zweifelnde Blicke trafen ihn, und mitleidig hielt man ihm entgegen, daß er doch nicht die ganze Isar umleiten könne. Schorsch aber tippte an die Stirn: »Nur nix überlegn, meine Herrn! Nur net denkn! Ihr könnts euch in einer Reih mit den andern sehn lassn, mit den ganz G'scheitn von der Städtischen Baukommission! Die ham genausowenig Ahnung, was man aus München machen könnte!«

»Ja, und? Dann sags halt, was man machen könnte!«

Unwillkürlich war man zusammengerückt, und vor den gespannten Mienen sagte Pirckholzer ein aufatmendes »Alsdann«, und breitete seine Vorstellungen über ein neues, schöneres München aus. Ein Märchenbild entstand. Nach seinen Worten: »Eine Vision, kühn, einfach und logisch.«

Sein Plan war, die gesamten Anlagen am rechten Isarufer zu bebauen und oben auf dem Plateau zügig weiterzubauen. Eine neue Stadthälfte würde er hinzaubern, verstanden? Über die Isar aber würde er eine ganze Serie von breiten Brücken ziehen – und dann würde diese Isar ganz von selber und pfeilgrad »durch« München fließen, net wahr!

»Aber die schönen Isaranlagen«, wurde er ermahnt. »Schorsch, man kann doch die Natur net zerstören! Denk an die Natur!«

»Natur!« lachte er auf. »Seit der Isarregulierung is bei uns die ganze Natur zum Teufel gangen. Außerdem is die Natur was anderes als ein paar Anlagenwegerl und ein paar ausg'sparte Bäum! Meine Herrn, ich denk vor allem an das Stück, wo 's nach Bogenhausn auffi geht. Dees is doch sowieso nur ein langweiliges Villnviertel, wo überhaupts net zu München g'hört. Aber ich tät ein Museum draus machn! Ein Museum, das keinen Eintritt kostet, weil lauter Straßn durchgehn, und was für Straßn ...«

Was waren denn das für umstürzlerische Reden? Man räusperte sich vernehmlich, andere wieder grinsten sich zu. Pirckholzer aber hatte sich

heißgeredet, und es bedurfte nur eines kleinen Anreizes, um ihn noch mehr aus sich herauszulocken. »Das is ein Bauprogramm, Reschpekt«, nickte einer hintergründig. »Da möcht man direkt mehrer davon hörn.«
»In großen Zügen kann ich es andeutn«, erklärte Schorsch gemessen und begann ein Panorama zu entwerfen, das den Atem verschlug. Alsdann, den steilen Isarhang würde er rein mittelalterlich bebauen. Unten ginge es mit ganz kleinen Häusern an, und den Berg hinauf würden sie immer größer werden, um schließlich oben, zwischen Friedensengel und dem Bogenhausener Kircherl, von einer wuchtigen, zinnengekrönten Burgsiedlung abgeschlossen zu werden. Aus dieser weiträumigen Bastion liefen dann verschiedene Straßen, deren Häuser jeweils in verschiedenen Stilen gebaut sein müßten. Da gäbe es zum Beispiel eine »Straße der Gotik«, eine »Straße der Frührenaissance«, die ihrerseits zu einem »Platz der Spätrenaissance« führen könne, und so weiter. Würdig der Kunststadt München, ja, diesen Charakter überhaupt erst realisierend, müßten sämtliche Baustile vertreten sein – was nicht ausschließe, daß die eine und andere Kunstrichtung gleich mehrere Straßen erhielte.
»Und alles ganz durcheinander?« wurde er unterbrochen.
Der Einwand wurde von ihm sofort zurückgewiesen. Seinerzeit habe ja König Ludwig I. auch ein paar griechisch-klassische Kästen irgendwo hingestellt, wo kein Mensch geglaubt hätte, daß sie hinpaßten – also könne man das leicht riskieren. Das würde alles mit der Zeit zusammenwachsen. Jedenfalls würde München um großartige Sehenswürdigkeiten bereichert werden, und keine Stadt habe Ähnliches aufzuweisen.
Es war ganz still geworden, und in diese Stille hinein betonte er mit erhobener Stimme, daß jede andere Stadtplanung ein Schmarrn sei und daß die Herren Stadtplaner mit ihrem Bierfilzlhorizont einen Dreck verstehen würden.
In diesem Augenblick beugte sich der Senior der Runde vor und rief schneidend: »Selber ein Bierfilzl! Hast schon bessere Witz g'macht, Schorsch!«
Beifälliges Murmeln ertönte. Pirckholzer wollte noch eine heftige Antwort geben, da aber legte sich des Nachbarn Hand schwer auf seine Schulter, und zugleich fiel das inhaltsschwere Wort: »Schorsch, halt di z'ruck!«
Pirckholzer verstand die Warnung, sah eisige Gesichter ringsum – und war sich mit einem Schlag seines unverantwortlichen Fehltritts bewußt. Wie hatte er nur so dumm sein können, eine ungewöhnliche Idee zu äußern! Das war »Ruhestörung«, was er da getan hatte!
Alle empfanden das, und ihr mißtrauisches Schweigen sagte genug. Das

war keine »Viecherei« mehr, die der Pirckholzer losgelassen hatte, das waren gemeingefährliche Reden. Mit dem »Bierfilzlhorizont« aber hatte er sich selber gekennzeichnet.
»Wissen möcht ich bloß, was das alles mit dem Verkehr zu tun hat? Mit einer Verkehrsplanung, mein ich«, wurde endlich eine Stimme laut.
»Gar nix«, höhnte man. »Vom Verkehr hat der Schorsch keine Ahnung, net amal, wenn er z' Fuß geht. Und mit seiner Bauerei, dees wär doch höchstens was für die Fremdn. An sowas denkt doch kein vernünftiger Mensch. Noja, es wird ihn halt der Föhn derwischt ham ...«
Es war eine gutgemeinte Entschuldigung, und weil man den Schorsch seit langer Zeit kannte, wurde ihr auch beigepflichtet. Trotzdem hatte

Selbstbedienungs-Ampel
»Geh, warten S' doch, bis a Auto kimmt ...«

ERNST HÜRLIMANN

er Glück, so glimpflich davonzukommen, und er wußte es auch selber. Kleinlaut war er von dannen gegangen, aber schon am nächsten Tag kam das Aufbegehren wieder über ihn. Eigentlich wollte er sich nur ansehen, wie weit die Verwüstung des Odeonsplatzes aufgrund des U-Bahnbaues schon vorgeschritten war – doch, ob er wollte oder nicht, mußte er zum Hofgartentor, in den Mauerwinkel vom Café Annast treten, der für ihn »Münchens schönste Ecke« war. Von dort ist die Pracht der Theatinerkirche am besten zu genießen, und wie jedesmal ging ihm der Anblick der weitgegliederten Fassade mit dem großen bayrischen Wappen oben, der kraftvollen Kuppel, den graziösen Türmen mit ihren Schneckenvoluten und den birnenförmigen Hauben darüber mitten ins Herz.

Von dieser Ecke aus kann man aber auch die Frauentürme sehen. Es genügen wenige Schritte nach links, dann tauchen sie auf. Im Vergleich zu der barocken Festlichkeit von Sankt Cajetan erschienen sie Pirckholzer jedoch immer wieder völlig unwichtig, dünn und vor Naivität geradezu hilflos. Trotzdem mußte er auch jetzt einen Blick darauf werfen, und schuldbewußt zuckte er zusammen. Verstohlen sah er um sich, niemand beachtete ihn – und da geschah es: blitzschnell hob er die Hand und visierte die Türme an. So aber, daß er mit dem Handteller ihre beiden Hauben verdeckte. Scheu sah er sich gleich darauf wieder um, löste sich hastig aus Münchens schönster Ecke und lief weg.

In der Residenzstraße lockte die Pfälzer Schoppenstube, und sicher war es gut, sich in ihr zu stärken und jene Ungeheuerlichkeit zu vergessen, die ihm bei seinen Plänen zu einer Neugestaltung Münchens in bezug auf die Frauentürme einmal ins Hirn hineingeflogen war. Die Stube war an diesem frühen Nachmittag fast leer. Pirckholzer fühlte sich in Sicherheit, hob feierlich sein Glas und sagte vor dem ersten Schluck zu sich selber: »Schorsch, halt di z'ruck!«

Wahrhaftig, er konnte dem Himmel dafür danken, daß er wenigstens von seiner zweiten Idee am Stammtisch kein Wörtchen verlautbart hatte. Das allerdings war ein Plan, vor dessen Vermessenheit er selber zitterte – wollte er doch die Hauben der Frauentürme, die berühmten Maßkrugdeckel, wegnehmen. Diese Hauben, die man einmal ganz schnell und nur als Notbehelf darüber gestülpt hatte, waren sie nicht zum Musterbeispiel aller Selbstzufriedenheit geworden? Für ihn war das typisch für so manches Provisorium, das ohne großes Aufheben zum Dauerzustand erklärt wird – und so wollte er ein Exempel statuieren, das Hoch und Niedrig im Nerv treffen und aufrütteln sollte. Es war ein Wahnsinnsplan, das wußte er, aber jetzt erst konnte er sich vorstellen, was passiert wäre, wenn er ihn hinausposaunt hätte.

Sein Name wäre mit Schimpf und Schande bedeckt worden. Mehr noch, man hätte ihn selber vernichtet. Mittelalterlicher Zorn wäre auf ihn herabgeprasselt, sogar im Rathaus wären sich bestimmt alle einig gewesen, und noch die humansten Stadträte hätten ihre Weißwürste versäumt, um nur ja durchzudrücken, daß der Frevler in einem Büßerhemd hundertmal auf den Knien um die Frauenkirche herumrutschen müsse. Wahrscheinlich wäre er anschließend in ein leeres Bierfaß gesteckt worden, das man bei Hochwasser in die Isar gerollt hätte. Hoch vom Hang herunter, denselben Bogenhausener Hang herunter, den er ja ebenfalls zu verunstalten sträflicherweise im Sinne geführt hatte.

Dem Ärmsten brach der Schweiß aus, zerknirscht bestellte er sich den zweiten Schoppen. Welch ein Wahnwitz! Pirckholzer, der Städtebauer! Der Stadtverschandler – das allein stand ihm als Beiwort zu.

Als wenn der Welfenherzog selig nicht genau gewußt hätte, warum er sein Munichen auf der anderen Seite des Flusses gründete! Schließlich ging es um das Einkassieren der Salzzölle und um nichts anderes. Der Diridari war bei dieser Gründung Pate gestanden, und die Salzstößler hatten das sehr gut begriffen. Rechts der Isar hatte kein rechtschaffener

Der Münchner RUDOLF WILKE

»Bin i froh, daß mei Haus auf der nämlichen Seit'n liegt wie's Bräuhaus! Mit dene Malefizautomobül kann ma gar nimma über d' Straß'n.«

Mensch etwas zu suchen, geschweige denn Häuser hinzustellen. Womöglich hätten die Salzkarrer ihr Geld da drüben versoffen. Nur schnell mit ihnen das Steilufer hinab und über den grünen Strom hinein ins bukolische Dorf! Wirte und Bäcker rieben sich die Hände. Die Leute kamen von selber, man brauchte rein gar nichts zu tun als zu warten, bis wieder eine Fuhre herüberkam.

»Und ist es etwa nicht so geblieben, Schorsch?« rief sich der Sünder

selber zur Ordnung. »Wo findet man denn noch einmal eine Stadt, die nichts zu tun braucht, und die Fremden kommen doch?«
Die Fremden! Gleich packte ihn neuer Zorn über die Zugereisten und über alle Touristen. Mußte das sein, daß die Dudelei der Stadt ewig weiterschäumte, gleich einem falsch angezapften Bierbanzen? Kruzitürken! Schon wollte er auf den Tisch hauen, aber in letzter Sekunde duckte er sich und murmelte ein gottergebenes: »Schorsch, halt di z'ruck!«

ANTON SAILER

Vergebliche Mühe

Wie müht der Münchner sich, den Gast –
obwohl es Landsverrat schon fast –
nach Schleißheim, Blutenburg zu kriegen,
ihm Schönes weisend, mehr verschwiegen.
Der Fremdling (eigentlich zum Glück!)
weist jeden Vorschlag schroff zurück:
»Noch nie davon jehört, ach nee,
da fahrn wa lieber Tejernsee!«
Der Münchner, selbst begeistert manisch,
rühmt ihm den Garten, der botanisch.
Dem Gast ist Grünzeug nur ein Graus:
»Da jehn wa besser Hofbräuhaus!«
Amalienburg! Ganz unerhört!!
Jedoch, wie er ihn auch beschwört,
er bringt ihn hin nicht mit zwölf Rössern:
Der fährt doch nach den Königsschlössern!
So liegt ein großer Trost darin:
Wo Fremde sind, gehn Fremde hin!

EUGEN ROTH

Im Zoologischen Garten

Billetteur: Bitte, die Herrschaften, Billetten vorzeigen!
Valentin: Was heißt: Billetten vorzeigen! Haben Sie noch kein Billett gesehn vom Zoologischen Garten?
Billetteur: Schon viele, aber die Ihren noch nicht.
Valentin: Die sind doch alle gleich.

Karlstadt: Dös is doch wegn der Kontrolle.
Valentin: I brauch koa Kontrolle, i bin koa Schwindler, oder glaubn Sie ...
Karlstadt: Geh zua, werst wohl net streiten wegn dene zwei Billetten! – Ah, da schau nüber, da is schon ein Riesenelefant.
Valentin: Wo?
Karlstadt: Da drüben.
Valentin: Dös is doch kein Elefant, dös is doch ein Nilpferd.
Karlstadt: Ja, ja, ich weiß schon, ich hab mich nur versprochen.
Valentin: Da schau her, Kunigunde, der wunderbare Tintenfisch da oben!
Karlstadt: Wo oben?
Valentin: Da oben!
Karlstadt: Dös is doch kein Tintenfisch, dös is ja a Steinadler.
Valentin: Ja, ja, Steinadler wollt ich sagen, ich hab mich auch nur versprochen.
Karlstadt: Ah, da schau her, sibirische Wölfe, und wie die unheimlich heulen.
Valentin: Ja, ja, dös sind auch unheimliche Raubtiere, die müssen auch unheimlich heulen, das würde sich dumm anhören, wenn die Wölfe zwitschern würden.
Karlstadt: Na ja, genauso blöd wäre es, wenn a Schwalbe heulen würde. – Käfig Nr. 5 »Das Nashorn«. Warum heißt das Nashorn?
Valentin: Weils auf der Nase ein Horn hat.
Karlstadt: Ja, wia is denn dös dann beim Elefant?
Valentin: Na ja, der hat eine Ele am Fant.
Karlstadt: Nein, der hat einen Rüssel am Kopf, der müßte eigentlich Rüsselkopf heißen!
Valentin: Sags ihm!
Karlstadt: Wem, dem Elefant?
Valentin: Nein, dem Zoologischen Besitzer. – Du, da schau her, die netten kleinen Affen, da sagen die Leut immer, wir gleichen den Affen *(Schreien)*, dös find i net, mir san doch viel größer!
Karlstadt: Da schau her, das ist eine Gemeinheit, da zahlt man 1 Mark Eintritt *(Zwitschern)* und da sieht man einen gewöhnlichen Spatz!
Valentin: Stimmt, das ist ein Spatz, vielleicht is der in Zoologischen Garten hereing'flogn. Wenn er nicht im Katalog steht, gehört er nicht herein. – Schau, Nr. 22 »Pelikane«.
Karlstadt: Und was sind das für kleine weiße Dreckhäufchen, die auf dem Beton liegen?
Valentin: Das ist der Abfall von de Pelikane, das Pelikanol, das wird in Tuben gefüllt und kostet dann 30 Pfennige.

Karlstadt: Hier ist ein Orang-Utan, ein Menschenaffe.
Valentin: Der schaut aber wirklich blöd. Alte, stell dich net so nah an das Gitter hin, sonst weiß der Aff net, bist du im Käfig oder er. *(Gebrüll).*
Karlstadt: Horch, was is denn das für ein Gebrüll?
Valentin: Das sind wahrscheinlich die Brillenschlangen. – Käfig Nr. 24 »Der Fuchs«! – Moanst, Alte, daß dös der Fuchs is?
Karlstadt: Was für a Fuchs?
Valentin: No ja, der wo damals die Gans g'stohln hat.
Karlstadt: Du fads Mannsbild, mit deine blöden Witz! – Ja, was is denn dös, dös is ja a Storch! Du, Alter, moanst, dös is der Storch?
Valentin: Was denn für a Storch?
Karlstadt: No ja, der wo die kleinen Kinder bringt.
Valentin: Du fads Fraunzimmer du, mit deine blöden Witz! *(Raubtiergebrüll).*
Karlstadt: Du, jetzt müass ma ins Raubtierhaus – um 4 Uhr ist Fütterung sämtlicher Raubtiere! – Komm!
Valentin: Nein, das mag ich nicht sehn.
Karlstadt: Warum nicht?
Valentin: Ich kanns auch nicht leiden, wenn mir wer beim Essen zuschaut.

KARL VALENTIN

Valentiniaden

Valentin begegnete auf einem Spaziergang einem Mann mit einer riesigen Dogge, die in einigem Abstand hinter dem Mann hertrottete. Valentin sah den Mann an und fragte ihn schließlich: »Entschuldigen S', g'hörn Sie dem Hund?«

Der Stadtrat Dr. S. und ein guter Bekannter von ihm hatten bei Valentin ihren Besuch angesagt. Auf dem Weg trafen sie einen gemeinsamen Bekannten und gingen nun zu dritt zu Valentin.
»Entschuldigen Sie, Herr Valentin, daß wir zu dritt kommen«, begrüßten sie Valentin. Gastfreundlich meinte dieser: »Ja mir macht dös nix aus – i hab halt nur für zwei Personen ein Feuer g'macht!«

Valentin steht an der Kinokasse, um eine Karte zu einem Film zu lösen, in dem er selbst mitspielt. Es gibt aber nur noch teuere Plätze. Valentin: »Was? Oa Mark fuchzig, na, dös bin i mir in dem Film net wert!«

Im »Gläsernen Eck«, einer altrenommierten Wirtschaft Münchens, sitzt Valentin mit Schauspielkollegen, als ein neu hinzugekommener Gast berichtet: »Jetzt regnets ganz fürchterlich!« Valentin fragt nur: »Draußen?«

Ein Kellner fragt: »Welches ist Ihr Mantel, Herr Valentin?« Dieser antwortet: »Der mit zwei Ärmel!«

Liesl Karlstadt und Valentin suchen eine bekannte Dame auf. Es wird ihnen gesagt, daß sich diese nicht zu Hause befindet. Worauf die Liesl meint: »Ja, dös is dumm, es wäre sehr wichtig!« Valentin schaltet sich, heftig mit dem Kopf nickend, ein: »Ja, wenns nämlich nicht so wichtig wär, wärs gar net so wichtig.«

Wenn sich Besucher bei Valentin wunderten, warum sein Namensschild innen an der Tür angebracht war, meinte er: »Ja, dort sei muaß oans, aber a jeder brauchts ja net lesen!«

Gesammelt von HANNES KÖNIG

Alles hat sein Ende

Hinterwimmers haben silberne Hochzeit. Längst hatten sie beschlossen, das soll ein Freudentag werden. In aller Stille wollen sie von allen Genüssen, die das Leben bietet, kosten. In der Früh hatte die treue Lebensgefährtin guten Bohnenkaffee mit Schlagrahm und Gesundheitskuchen aufgetischt. Als das Frühstück beendet, frug sie: »So Vatta, was tean ma jetzt?« – »Jetzt genga ma a bisserl in d' Kircha, mir brauchan ja net lang drinn bleibn, aber es g'hört se an an solchan Tag!« Sie gingen in die Kirche, aber bald spürte der Vatta das kalte Stoapflaster, er machte 's Kreuz und sie gingen. »So Vatta, was tean ma jetzt?« – »Jetzt kaaf ma uns a paar Weißwürscht beim Spöckmaier!« Nachdem jedes drei Paar Weißwürscht verschlungen, frug die Mutter wieder: »Was tean ma jetzt, Vatta?« – »Jetzt fahrn ma auf Starnberg auffi, mit 'n Dampfa auf Possenhofen ummi und tean dort Mittag essen!« Sie fuhren nach Possenhofen, ließen es sich dort gut schmecken und waren fidel. Nach der Mahlzeit frug sie wieder: »Also, was tean ma jetzt?« – »Jetzt genga ma z' Fuß nach Starnberg, daß ma a bisserl a Bewegung habn, nacha schmeckts uns wieder vui bessa, von Starnberg aus fahrn ma nach Minka und gengan in Ratskeller obi!« Das Jubelpaar saß im Ratskeller, leistete sich ein Hendl und ein paar gute Flascherl Wein, als sie dann die Rathaustreppe heraufstiegen, hat der Hinterwimmer schon fest g'schnauft. »Was tean ma jetzt, Vatta«, frug sie noch immer unternehmungslustig. »Jetzt fahrn ma hoam, Mutta!« Sie nahmen am Marienplatz ein Auto und fuhren heim, zogen die Festkleider aus und legten sich nieder. Der ungewohnte Weingenuß und die Aufregungen des Freudentages ließen sie nicht gleich einschlafen, und die Mutter, immer noch rüstig, frug: »Was tean ma jetzt?« – »Jetzt«, sagt da Vatta, »jetzt tean ma d' Füaß weh!«

WEISS FERDL

Weiß-Ferdl-Witze

Zwei Provinzler kommen nach München und schauen sich eine Revue an. Wie sie die vielen hübschen Mädchen sehen, die ihre Reize nicht verstecken, sondern offen zeigen, gehen den beiden vor lauter Schauen die Augen über. Erschüttert sagt der eine: »Gell Wastl, da siagt ma's erst, was mir dahoam für a Glump habn!«

Während des Oktoberfestes fragt ein Herr in einem kleinen Hotel nach einem Zimmer. »Alles besetzt, nur eine Dachkammer ist noch frei, aber das muß ich Ihnen gleich sagen, da sind Mäus drin!« – »Das macht nix, i nimms – i bring aso a Katzerl mit!«

Ein Mann steht sichtlich gerührt vor einem Grab, nickt traurig mit dem Kopf und murmelt: »Daß d' jetzt grad du so früh hast fort müssen von der Welt, grad du!« Eine neugierige Frau hört zu. Sie kann es nicht überwinden und fragt: »Wer liegt denn da drin?« – »Der erste Mann von meiner Frau!«

»Du, Maxe, heut hätt i beinah dein Vatern g'sehn!« – »Red do net so dumm daher. Wieso beinah?« – »Dein Vater ist doch Dienstmann Nr. 50!« – »Ja, dös is er!« – »Und i hab an Dienstmann Nr. 49 g'segn!«

Eine junge, lebenslustige Frau ist gestorben. Der Gatte steht traurig, aber gefaßt vor dem Grab, aber der Hausfreund ist untröstlich, er schluchzt laut, und die Tränen kollern ihm über die Wangen. Der Gatte, ein guter Mensch, sagt voll Mitleid: »Komm, Fritzl, hör auf, tröst dich – schau, i heirat ja wieder!«

Blasius bei den Schwabingern

Blasius geht nach Schwabing. Er will eine jener Stätten besuchen, an denen der Expressionismus, der Kubismus und die freie Liebe wuchern sollen. Man weist den Spaziergänger in eine dämmrige Seitenstraße. Dort versammelt sich in einer Gastwirtschaft allabendlich die Hoffnung von Schwabing und des übrigen Abendlandes. Blasius öffnet die Wirtschaftstür und glaubt im ersten Augenblick, auf das Deck des Ozeandampfers »Titanic« kurz vor dessen Untergang geraten zu sein. Auf dem Parkett bereitet sich scheinbar schon alles auf das Jüngste Gericht vor. Ein paar Figuren verrenken ihre gesamte Anatomie und stoßen wimmernde Schreie aus. Es sind Schwabinger Maler. Sie vermuten wohl mit Recht, daß sie für die von ihnen gemalten Bilder eine empfindliche Strafe erwartet.

Blasius staunt die Wände an, von denen ihn die unruhigen Mansardenträume der Schwabinger Bohemiens in Ölfarbe, Kohle und Pastell anstarren. Besonders die Komposition »Entzündeter Blinddarm« und das Kolossalgemälde »Schellfisch in Untersuchungshaft« beeindrucken ihn sichtlich. An einem Tisch, an dem sich der Spaziergänger angstvoll niederläßt, sitzt ein Jüngling. Er trägt um den Hals einen seit elf Monaten nicht mehr gewaschenen Mullverband, der sich jedoch bei näherer Betrachtung als Hemdkragen erweist. Sein Handgelenk umschließt ein dünnes Kettchen, von dem sein in Gold gefaßter Milchzahn in die vor ihm stehende Kaffeetasse hängt.

An einem Nebentisch breitet ein Malerjüngling, lang und einförmig wie ein Flakrohr, mit einer Davoser Mütze als Mündungsschoner, eine Kohlezeichnung aus. Blasius meint, es wäre vielleicht der Entwurf zur Verbreiterung der Kaufingerstraße, aber der Jüngling erklärt den ergriffen zuhörenden Kollegen, dies sei eine »Analyse von Stalins Sexualeros«. Er, der Schöpfer dieses Kunstwerkes, habe dabei, um in die nötige Stimmung zur Herstellung dieses Kunstwerkes zu kommen, in drei verschiedenen Münchner Hausgängen jeweils ein Glas Develey-Senf ausgeschlürft und dazu drei gelbe Teerosen zerkaut. Verständnisvoll nicken die anderen Künstler.

Dann kommt eine junge Dame auf Blasius zu. Bisher hat sie an der Schenke gestanden und eine lange Glasperlenkette durch die Zähne hin und her gezogen. Sie baut sich vor dem Spaziergänger auf und sagt mit tiefem Obsthausierer-Baß: »Ich bin der Nabel der Welt«, und dann ganz unvermittelt: »Zoi an Schnaps.« Eine andere Dame, die von ihrer Begleitung Mungo genannt wird, rezitiert weithin hörbar: »Auf der Suche nach Lastern habe ich Kakteen geküßt, Glasscherben hab' ich mir ins Bett gestreut.« Dann trinkt sie Blasius' Bier aus.

Dieser ist schon im Gehen, aber er hört gerade noch, wie ein kegelförmiger Bildhauer mit einer Kartoffelnase der Wirtin erklärt: »Wenn man aus meinem Geist eine Essenz pressen könnte, dann würde davon ein einziger Tropfen genügen, um die untergehende Menschheit zu retten. Und do woin Sie mir ned amoi zwoa Portionen Bandnudln mit Soß aufschreiben, das find i unerhört.« – »Des is wirklich allerhand«, murmelt Blasius kopfschüttelnd vor sich hin, als er auf die Sechser wartet

SIEGFRIED SOMMER

Teirer Freind unt Schbäzi

Besden Dank fir deinen geschtrigen Brif. Daß du miech frägst, ob ich auch in die Kohlgörl-Afäre ferwikelt bin, is eine Umpferschemtheid. Du weist genau daß ich mier als Schtadrat sowas nichd leisten kan. Bal du noch mal so fräche Anziglieckeiten fallen laßt, krigst du keine Brife nichd mehr fon mir, indem daß ich es mier nichd leisten kan mit einem Brofintzmentschen zu ferkeren wo so schmuzige Gedanken eißert. Wie du sicher aus der Minghardinger religjonzschtunde weist ist die Fleuscheslust aler Laster anfang. In inserner gelibten Landeshaubtschtad Minchen ham mir nichd nur Laster wo auf der Schtrasen herumfaren und greißlich schtinken, sontern auch die andernen. Auch selbige schtinken und zwar zum himel wie du in der Zeidung geläsen hast. Frühers haben gewiese Dahmen ihr gewerbe auch in der Inenschtad ausüben derfen. Glaubst nichd wie es da zugangen is, wie im Hennaschtal wann der Gokel rufd und seine filen Gemalinen komen anmarschirt oder umgekert. So ist es gewest bis mir im Schtadrat mit schtarker hand zugeschlang haben und einen Schperbezirg gemachd ham wo es keine Unkeischheiten mer geben derf indem daß es ins folxfertretern ein Dohrn im aug war. Seit disem sind die keiflichen medchen, beziehunxweise schon eher frauen, weiter draust wie zum Beischpil in Schwaping oder in der nimpfenburger schtrase. Indem dise Schtrasen ser breit sind, wirt der Ferker nichd geschtört bal einer der wo im Auto forbeifährt anhelt und intereße an der Fleuscheslust zeigt. Wegen dem Schperbezirg ist das Zändrum gozeidank wieder eine Freude fir den unintereßirten Birger und ein Hort der Mohral. Auch zu Lebzeiden fon mein Vatter selig dem keniglichen Lantagsabgeorneten Jozef Filser war das sogenannte Zändrum ein Hort der Mohral reschpektife die baierische Folkspardei und liber Schpezl sind das die gröseren geschichtlichen Zusammenhänge die wo man ferschtehn mus.

Leider mus ich dihr aber berichden daß es auch eine Fleuscheslust gibd die im ferborgenen blüt. Auser der ehelichen Fleuscheslust sin das die Kohlgörls. Bei ins zu haus in der Brofinz had es keine Kohlgörls nichd gegebn sontern höxtens Krautkeniginen. Aber dises ist nichd das selbe. Filmehr sind Kohlgörls Medchen wo nichd auf der Schtrase in der Kelten schtehen müsen, sontern zu haus auf der warmen Kautsch sizen und warten ob es tellerfonirt indem die libe Buntespost Ihnen fir einen Anschlus gesorgd hat werent die brafen Birger kein Tellerfon nichd krigen. Und wann es klingeld, sagen die Kohlgörls hello und tschüsbißgleich und schprizen sich mit Otto Kolonne an damid daß sie beßer riechen und dann ziegen sie scheene Kleider an damid daß es mer kostet.
Dises Kohlgörl-Leben is ein ser ferwerfliches indem daß nur die Groskopfeden so fil Geld haben um siech solchene Genüße leisten zu können. Mir können das nichd, aber teurer freind, du siegst daran wider wie es is im mentschlichen Leben: die einen haben das Geld und die anteren, wo es nichd haben, dafir die Mohral. So is ales scheen ferteilt.
Übrigenz weil du fragsd: ein bairischer Minisder is nichd bei den Kohlgörls gewest. Der wo in den Bolizeiakden aufgezält worn is hat gar nichz fon seinem Glük nichd gewust indem daß ein Kunde wo änlich ausgeschaugt had zu der Kohlgörlmutter gesagd hat: Jaja libe frau ich bin schohn der Minisder aber ferzälen sie es bite nichd weiter. Dises sind rauhe Schpäse indem daß dadurch ein berimter bairischer Minisder bei der Bolizei in Ferruf komen is. Alz Schtadrat inserer kristkadollischen Landeshaubdschtad schwöre ich dier aber daß nemlicher unschuldig is. Doch so get es bal man ein Gesichd hat wo jeder kent, dann komen solche frächen Scherze for. Da is es schon beßer man is ein Minisder der nichd fil tut und keinen Karakterkobf nichd hat, dann wird man auch nichd fil fotergrafirt und kent einem kein Mentsch und kan drum auch keine schlächten Scherze nichd machen. Hofentliech schteh ich nichd auch fersehendlich in den Bolizeiakden indem daß ich auch einen Karakterkobf aufhabe wie der Her Minisder und könt ein Saubähr sagen Jaja i bin der Filser junor aber ferzälen sie es nichd weiter.
Liber Schpezl da bist du fil beßer dran, Deinen Kohlrabi kent niemant nichd und braugst du darum keine Anxt for Kohlgörls haben.
Es grüst diech dein Filser junor, Schdadrat

ADOLF ALTHEN

Warnung an die Mägdchen

im Fasching 1780

Liebe Mägdchen! laßt euch sagen,
trauet nur den Knaben nicht,
sollt euch einer jemal fragen,
saget nur: ich liebe nicht.

Will euch einer Treu versprechen,
trauet seinen Reden nicht.
Sagt: er möcht sein Glücke schwächen;
kurz, mein Herr! ich liebe nicht.

Trägt er euch Geschenke an,
saget nur: ich liebe nicht,
wenden Sie sie besser an;
denn mein Herr! ich brauch' Sie nicht.

Will er euch mit Bitten zwingen,
saget nur: ich liebe nicht;
wollt er euch Gezeugen bringen,
saget nur: das brauch ich nicht.

Sollt er euch gar nicht verlassen,
saget nur: ich liebe nicht;
oder endlich gar umfassen,
so ist Fliehen eure Pflicht.

Münchner Faschings-Ballade

Dös war a so: i war a Ritter
und sie war oane aus Hawai.
Und außerdem war no a Dritter
als Kaiser Nero aa dabei.

Mir ham uns recht schö z'sammag'fundn,
ham tanzt und busselt, g'sunga, g'lacht.
Na san dö zwoa ganz schnell verschwundn,
und furt bliebn sans die halbe Nacht!

Aus lauter Wuat hab i na g'soffa. –
Wia s' kemma san, pack i s' beim Kragn!
Sie hab i g'watscht (und net schlecht troffa!).
Den Nero hab i halb derschlagn.

Sie hat mirs gar net übi g'numma
und hat si wieder zuawig'setzt.
Der ander, der is nimma kumma.
(No ja, er war ja hübsch verletzt.)

Na is erst richti zünfti worn!
Koa Faschingsfest war so vui schö!
I war verliabt bis über d'Ohrn! –
Auf oamal kann i nimma steh!

Sie hat si bei mir einig'hacklt,
denn i, i war ja restlos blau!
So san ma mit'nand hoamzuag'wacklt,
und heut is sie scho lang – mei Frau!

Mir lebn recht guat und aa vergnüagt z'samm!
Blos druckt mi: i woaß net ganz gwiß,
ob unser Bua, den mir na kriagt ham,
net doch vom Kaiser Nero is!

HANS FITZ

Das Ohr am Münchner Fasching

Der Herr am Nebentisch

»Sie! Herr ...! Alls was recht is! Was habn denn Sie in mei'm Sektkübel z' suacha?« dröhnt eine Baßstimme am Tisch nebenan.
»... d' Finger wer i mir doch no einitaucha derfa?«
»Wenns di waschen willst, na hättst dir a Badwanndl mitg'nomma!«
»Humor hast du scheinbar koan, da drübn?«
»Mehra allaweil no, als wia du! Und grad weil i an Humor hab, versteh i koan G'spaß net!«
»Eahm schaugts o. Warst dahoam bliebn und hättst dir an Bierwärmer auf'n Bauch g'legt!«
»Sie ...! Gelln S' ...! Vorschriften laß i mir von Eahna überhaupts koa macha! Da hört si scho Verschiedenes auf! Z'erst tanzt er mit mei-

ner Dame und druckts her, daß wia zum Aufbügeln ausg'schaut hat, und dann –«
»Weilst eben koan Humor hast!«
»Da geh rüber, reschpektive darf ich Sie auf dö Toalettn bittn, dann zoag i Eahna, was i für an Humor hab!«
»Da hab i mir scho g'nua g'sehgn davon!«
»Aber scheinbar no allaweil z'wenig!«
»Aufstellen zur Frahsäh . . .!« erschallt die Stimme des Tanzmeisters. Der Herr von drüben und der Herr von herüben erheben sich von ihren Plätzen, verschwinden im Gedränge des Saales. Ein Humor versucht den andern über Reichweiten hinaus zu fliehen. Da erschallt wiederum die Stimme des Tanzmeisters: »Noch ein vis-à-vis gesucht!«
Und der Herr von drüben schnauft mit einer Tänzerin an und sieht sich dem Herrn von herüben gegenübergestellt.
Die ersten Takte wellen über die gewichste Tanzfläche. Die Fledermaus fliegt durch jedes Herz. »Das ist nun mal so Sitte . . .!« singen tausend Lippen.
»Herrensolo!« ruft der Tanzmeister. Und der Herr von drüben und der Herr von herüben verneigen sich gegeneinander. Nach der vierten Runde schwitzen sie bereits um die Wette.
»A Hitz hats da herin«, bemerkt der eine.
»Pfeilgrad zum Umfalln«, antwortet der andere.
»Und an Durscht tanzt ma si her.«
». . . daß's höher nimmer geht!«
»Da wenn ma koan Humor hätt!«
»Ja, der halt uns z'samm. Da fehlt si nix!«
»Und daß wir zwoa uns so g'fundn habn!«
»Dös muaß g'feiert werdn! Du setzt di ganz einfach zu mir . . .!«
»Na du gehst an mein Platz! Oder mir rucka dö Tisch direkt z'-samma!«
»Freind! Mir zwoa und die Damenwelt nicht zu vergessen!«
»Bruader! Daß du an echten Humor hast, dös hab i mir scho glei denkt!«
»Und, laß dir sagn: i aa! Dir hab i's direkt ang'sehgn, daß du no mei Freind wirst!«

Im Hofbräuhaus

In der hintersten Ecke der Schwemme sitzt der Loichinger dem Anzensberger gegenüber. In der Aquariumluft schließt sich der Stromkreis ihrer Gefühle. Draußen tobt der Fasching durch die Säle. Seine Wellen verebben im Gemüt der beiden Männer. Und wovon ihr Herz voll ist, das mahlen ihre Lippen . . .

»Nix als wia lauters Fasching hört ma!«
»Recht habn S', Herr Nachbar. I bin froh, wenn dö Gaudi vorbei is!«
»Und alle Jahr dösselbe. Wissen S', was i Eahna sag?«
»Sehr richti! Agrad dös gleiche sag i aa.«
»Vor zehn Jahr, da is mir was passiert – und seitdem is's bei mir aus und gar.«
»Dös Jahr vor zehn Jahr, dös war überhaupts a unglückliches –«
»Und lassen S' Eahna vazähln! Da fliagt mir nämlich, mir nix, dir nix, da . . .«
»Dös aa no! I sags ja!«
». . . Da fliagt mir also auf oamal a Konfetti in mei Leberspatzelsuppen . . .«
»Gibts denn so was aa?«
»Göi, da schaugn S'! Ja, es war nur a oanzigs, aber mir hats g'langt!«
»D' Welt war scho allaweil schlecht, Herr Nachbar!«
»I sitz ganz staad da und, versteht sich, denk an gar nix, net an dös geringste – und schon fliagt also . . .«
»Da versteht ma's, daß oam da Fasching auf Lebensdauer am . . .«
»Und glaabn S', i hätt den derwischt, der dös Konfetti g'worfa hat? Gar koa Idee! Jetzt is's also zehn Jahr, und heut woaß no koa Mensch, woher . . .«
»Aber vergessen S' dös net, Herr Nachbar – da Kruag geht so lang zum Brunna, daß es besser wär, man würde ihm einen Mühlstein um den Hals hängen, bis er bricht . . .«
»Dös hab i aa zu meiner Frau g'sagt. Laß d' Finga weg von dem Fasching, hab i g'sagt, denn es glänzt net alles, was Gold is!«
»Braawooh!«
»Und so ziahgt ma sich halt zurück und macht nur dös mit, was unbedingt zum Leben nöti is.«
»Ganz meine Meinung!«
»Am Samstag hab i an Schützenball, am Mittwoch muß i auf d' Redoutn aus dem einfachen Grund – weil i alle Jahr dort war, am Sonntag drauf is der Faschingstanz von dö Harzerzüchter, dö ander Woch komma noch vier Hausbäll dazu und wenn i no dö karnevalistischen Abende vom G'sangverein ›Abendrot‹, den Trachtenball vom Radfahrerclub dazua rechna, nachher werds bald gar sei . . .«
»Ja, mei! Was sei muaß, dös muaß sei.«
»Jessas, den Walzerabend vom Sterbekassenverein Fidelitas hätt i bald vergessen!«
»Recht habn S'! Für was lebt ma denn nur oamal!«
»Dös bisserl Gaudi mach i mit – aber sonst kann ma da ganze Fasching g'stohln werdn . . .«

»Mir aus der Seele g'sprocha, Herr Nachbar!«
»Und, wia g'sagt, seit mir vor zehn Jahr dös Konfetti in mei Leberspatzelsuppen g'flogn is, seitdem is mir d' Freid an dem ganzen Blödsinn verganga.«
»Unterschreib i, Herr Nachbar!«
»Denn so dappat bin i net, daß i dö andern an Deppen mach!«
»Und somit ein Prost, auf daß dö ganze Gaudi bald wieder vorbei is!«
»Prost!«

In der Loge

Ein Schneewittchen löst sich aus der Umarmung eines Cowboys. »Jetzt is mir schon die ganze Freud verdorbn!« faucht das Märchen.
»Hättst halt besser obacht gebn!« tröstet sie der Sohn der Wildnis.
»Wenn i nur wüßt – wia ma am besten dö Weißwurstflecken aus Damastseide außibringt?«
»Geh zua, jetzt tanz ma an Walzer!«
»Und wenn i dös g'wußt hätt, war i net als Schneewittchen ganga!«
»Hörst jetzt net bald auf? Magst an Luftballon oder a Tafel Schokolad?«
»A Fleckensoafa brauch i, an Salmiak oder ...«
»Schatzi, geh zua! Jetzt red ma wieder von was anderm! Wia lieb hast du mich?«
»Wart a wengerl! A Benzin wenn i kriagat oder ...«
»Schatzi! Und wie lang bist du mir treu?«
»Wenns mir einigermaßen mögli is – auf ewig! Aber jetzt wenn i a warms Wasser hätt, dann ...«
»Holde Fee! Paß auf! I bin Fachmann!« ertönt eine fremde Männerstimme über die Logenwand.
»Laßts ma alle mitananda mei Ruah!«
»Na, laß dir sagn ...! I bin vom Fach! In fünf Minuten bring i dir dö Weißwurscht aus dein'm Schneewittchen außi!«
»Das wär aber zu liebenswürdig!«
»Wenn i dir sag ...! Auf dös G'schäft hab i g'lernt!«
»Das kann i aber gar net verlanga, daß Sie sich um mi bemühen ...?«
»... in fünf Minuten sans heraußen, auf Ehr und Seligkeit! Mir genga bloß auf d' Galerie!«
»Josef, entschuldigst mi scho ... i komm glei wieder –« lispelt das Märchen dem Cowboy ins Ohr, verschwand und ward nicht mehr gesehen.

Fasching
mit Ernst Hürlimann

Endspurt
»Alsdann – bis Mittwoch!«

Maskenzwang
»I moan, jetzt derfa s' boid an Bekleidungszwang ei'führn.«

Heimkehr
»Schimpf net – es war ja eh so fad ...«

Begegnung im Morgengrauen
»Mir gangst!«

Faschingszug
»Is des heuer wieda a Gaudi ...«

Das Münchner Umgangslied

(über die Fronleichnamsprozession)

Schö is mit 'm Umgang gehn,
Umgang gehn, Umgang gehn,
wenn das Wetter ist recht schön –
mit dem Umgang gehn.
Z'erst kommt oana ganga,
a recht a langa, tragt d' Fahnastanga,
derweil is grad a Winderl ganga,
die Fahn, des Riesentrumm,
– die reißt 'n um.

Veterana, Feuerwehr,
Militär und noch mehr
kommen strammen Schritts daher
mit und ohne G'wehr!
Dann die kloanan Madln
mit g'stärkte Kladln und magre Wadln;
wenns regnt, schauns aus als wia die Fadln,
na schimpfts die Muatta z' Haus
– unbandi aus!

Oana tuat die Pauken schlagn –
glei derschlagn, muaß ma sagn,
sollt ma den, weil der ganz gwiß
sternhaglbsuffn is!

Dann erst der Trompeter,
a recht a fetter, a ganz a netter,
und blasen tuat der Attentäter,
daß's oam glei reißt vom Fleck
– d' Ohrwaschln weg!

Pilger kumma, jung und alt,
weils eahna g'fallt, sie wern ja zahlt,
sie habn an Huat, an langn Rock
und in da Hand an Stock.
Aber in Palästina –
des sag i Ihna, war koana drinna,
nach 'n Umgang gehns zum »Augustina«,
da zuzelns d' Weißwürscht aus,
– na wacklns z' Haus.

Und das Fräulein Cäciliäh,
Kopf in d' Höh, wia(r) a Fee,
(siacht ma die im Neglischee,
wirds oam ach und weh!)
Dagegen das Fräulein Fanny,
ja, des is oane, a nette klani,
die macht 'n Umgang zwegn ihrm Schani,
denn der steht heut Spalier
als Kürassier!

Nebn an Himmel gehn d' Hartschier,
stolz als wia! – Sporngeklirr!
Verwünschn 'n ganzn Umgang schier,
möchtn lieber a Bier!
A Schusterbua, a kloana,
a rechter Plana, a Lump wie koana,
wie der d' Hartschier siacht, muaß er woana,
weils habn die Sporn so groß
– und koane Roß!

Und dann kommt der Prinzregent,
Prinzregent, Prinzregent
mit der Kerzn in de Händ,
die scho nimma brennt.
Und d' Musi spielt das Fischerlied,
daß oam ganz damisch wird
und daß ma 's G'hör verliert.
's letzt Jahr sand glei drei Hund krepiert,
weil so a saudumms Liad
jeds Viech ruiniert!

Monolog auf der Auer Dult

So Leit, kommts näha her heit, i will nix verkaufn, bloß vaschenkn tua i mei War aa net. 's Anschaugn müaßts net zahln, bloß 's Mitnehma kost was. Sehgn S' amal den Märchentraum von einer Spitzn, wenn S' de an Ihran Unterrock hinmachn, na san S' zwanzig Jahr jünger. Aufgepaßt! I sag: einmal, zweimal, dreimal, viermal, fünfmal, sechsmal, siebenmal und no amal und no amal und no amal – da ganze Kilometa net zwei Mark, net a Markfuchzg – a Markl de ganze Bescherung. Und gehts her Leit, weils es koa Geld habts – weils Armenhaus Ausgang hat heit – 99 Pfenning. Is niemand da? Geh her Muatterl, den Kilometer schenk i dir, gratis und ganz umsunst. Aber weil i net alles vaschenkn konn, drumm zeig i eich jetzt was anderes. Bittschön, 's Parkett is no frei, bleibts net alle auf da Galerie oben, näha, näha, no näha. So und jetzt zeig i eich was, die neue praktische Hemdnspitzn für den, der übahaupts a Hemd tragt, bei Freud und Leid und jeder Gelegenheit. Nehma Sie 's amal in d' Hand Frau, da ganze Lastwagn a Fuchzgerl, wer soichane Hemdn tragt, bei dem gibts überhaupts

koa Ehescheidung mehr. Waas – da muaß eich ja 's Goid grad so elektrisch aus da Taschn rauskugln. Sehgn S' diesen wunderbaren Kisseneinsatz, für den der auf Rosen gebettet sein will – ganz ohne Dornen – echt Mokka – oder Makko, direkt vom Umtausch ausgeschlossen. So – dankschön Frau, i habs ja g'wußt, daß Sie an Kennerblick ham. Papier? Dees bringt die Jakobine 's nexte Mal wieder mit, für heit schiam Sie's in Taschn, wenn S' so guat warn. –
Gehts weg Kinder von de Loschnplätz, daß das kaufende Publikum net so abg'hoitn is. –
Und jetzt schaugn S' her, Frauen, was sagn S' zu dem Schmuckstück von einer Vorhangspitzn, wenn S' de an Ihre Gardinen hinmachn und Sie laden am Sonntagnachmittag Ihre vafressene Verwandtschaft ei, da vagessns vor Neid und Staunen 's Zugreifn und Sie ham a billigs Mittagessen am Montag.
Ja, wer da net zuagreift Leitl, der vasteht von da heutigen Kosmetik überhaupts nix.

Das teure Wiesnhendl

Mein Onkel Benno war ein gestandener Mann. Neben einem Doppelkinn und silbernen Ohrringen besaß er drei Hausstöcke, die frei von Hypotheken und Ungeziefer waren.
Und als wiederum das Oktoberfest mit seinem Zauber vor meinem jugendlichen Gemüt stand, wurde ich von Onkel Benno zu einem Wiesnbesuch eingeladen.
Der Onkel war noch damit beschäftigt, sich aus einem Pappdeckel neue Fußeinlagen zu schneiden, und die Tante füllte in der Küche zwei leere Bierflaschen mit Zitronenlimonade und wickelte je ein Fünftel Leoniwurst und Kartoffelsalat ins Zeitungspapier ein. Ihr Mund war wie eine Nelke. Zu dieser Arbeit zog sie ihn noch mehr zusammen – aus Angst, ein Blatt davon verlieren zu können.
Auf der Straße ging ich sogleich auf die Haltestelle der Trambahn zu.
»Bis ma drei Minuten warten und amal umsteign, derweil sind mir z' Fuß in a guaten Stund aa auf der Wiesn ...«, schlug der Onkel vor, und die Tante nickte dazu mit den künstlichen Veilchen ihres Hutes.
»Ja, ja, Bua, du hast es schön ... du hast koane drei Hausstöck und keine Sorgn!« sprach der Onkel.
»Ja, und wenn du dei Sach alls herschenken tätst ...?«

»Du Depp, dann könnt i jetzt net mit dir auf d' Wiesn gehn und dich freihaltn«, schloß mein Onkel den Kreis der Unterhaltung.
Und wir gingen still nebeneinander, bis die ersten Orgeltöne und Schüsse hörbar wurden und der Duft der Steckerlfische und Brathendl uns von der Festwiese her entgegen kam.
»So ...! Jetzt kauf ich dir a Paket Honigkucha!« sprach der Onkel so laut, daß es wie der Ausruf von einer Raubtierschau gehört wurde.
»Das freut mich aber wirklich ...«, antwortete ich tonlos.
»Dafür mußt dich aber auch amal dankbar zeign«, fügte die Tante hinzu.
»Undankbar werde ich nie sein!«
»... Vor allem, daß d' guate Noten heimbringst und im Lebn amal was G'scheits wirst!«
»Alle auf einmal brauchst ja net essen ...«, warf die Tante ein und setzte hinzu: »Solche Honigkuchen kann man lang aufheben, wenn ma zum Beispiel a feuchtes Tuch nimmt und ...«
»... Und wenn wir amal g'storbn sind, dann g'hört sichs, daß d' noch an uns denkst, an dein'n Onkel, der dir ...«
»... A feuchtes Tuach nimmst und die Honigkucha wickelst damit ein – bis über Weihnachten und noch länger hast na was ...«
»Vergessen tu ich nichts, lieber Onkel und liebe Tante ...!«
»Ja, no – mitten im Vergnügen kann man leicht was versprechen – und Undank is der Welt Lohn ...!« verfiel die Tante in Trauer und schnaufte so tief ein, daß man die Korsettstangen sich biegen hörte.
Hinter einer Zeltwand brüllte eine Menagerie. Peitschen knallten, und das Fauchen der wilden Bestien war deutlich zu vernehmen.
Der Onkel blieb stehen: »Stundenlang könnt i da zuhören ... Wer was g'lernt hat, der kennts schon am Schreien, was dös für a Viech is ...«
»Aber Onkel, einen Leoparden hätt ich gern einmal gesehen, wie er ...«
»Paß auf! A Katz hast doch schon amal g'sehen? Jetzt multiplizierst so a Viech mit hundert oder tausend, dann hast an Leoparden vor dir ... und zwanzig Pfennig Eintritt sind gespart.«
»Ja, ja, da hat dei Onkel schon recht ...«, ermahnte die Tante.
Gegenüber war das Zelt des Kapitän Cook mit seinen »Zwanzig dressierten Eisbären« aufgebaut. Der Onkel deutete mit der Spitze seines Spazierstockes nach diesem Wunder der Natur: »Da hast dieselbe G'schicht ... Wennst in unser Schlafzimmer gehst, nachher siehgst vor jedem Bett so an Bären liegn. Und so reißen dö ihr Maul auf, daß i eahna meine Schlappschuah zwischen d' Zähn einilegn kann!«
»Ja, Onkel, aber lebend sind doch Tiere viel schöner ...?«
»Was hoaßt lebend? Dö mein san aa amal lebendig g'wesen – und dö in dem Zirkus werdn aa amal a Bettvorlag. Dös is g'hupft wia g'-

Wies'n-Freuden
»Derf i a Momenterl stör'n . . .?«

ERNST HÜRLIMANN

sprunga! Dös is a Glücksfall, daß man da grad den Augenblick derwischt, wo sie sich noch rühren und doch no net im Schlafzimmer liegn.«
Während dieser Belehrung kamen wir an eine Bude, vor der in allen Größen die Steckerlfisch im offenen Feuer bräunten. Man konnte es sehen, wie sie von Minute zu Minute immer knuspriger wurden – und mir lief schon das Wasser im Munde zusammen.
»Da geh her, Bua . . .! Da schmeck amal. Spürst du's raus, wia jeder an andern G'ruch hat . . .? Da kann ma in der Nasen scho dö Preislage feststellen! Und beim Riachn brauchst net auf d' Gräten obacht gebn!«
Es wurde Abend und meine Verwandten hatten in einer Bierbude hinter Föhren und Daxen einen versteckten Tisch gefunden, an dem nur ein Herr saß. »Da kannst di jetzt ausruhen von all dem, was d' g'sehgn hast . . .«, sagte der Onkel zu mir, indes die Tante ihre Pakete auspackte. Anstelle einer Bestellung bekam die Kellnerin zehn Pfennig Trinkgeld als Entschädigung für die benützten Plätze. Dann wurden fünfzehn Hausbrote durch drei geteilt.
»D' Wurscht ißt z'letzt, nachher moanst, du hast lauter Fleisch g'habt«, schlug die Tante vor und zapfte die erste mitgebrachte Limonadenflasche an.
»Sie, Herr Nachbar, habn Sie heuer auf der Wiesn scho a Hendl probiert . . .?« begann der Herr am Tische ein Gespräch.
»Na – mit dene Hendl hab i's net!« knurrte der Onkel.
»Sie . . . dö solln aber fein sei . . . nur prima Milchhendl!«
»Dö san ja wia Fliagn . . . a Schluck und a Druck – und drunt sans. Da müaßt ma ja drei auf oan Schlag essen, bis ma merkat, daß . . .«

»Sie, dös könnten Sie net, da wett i mit Eahna, was S' wolln!« ereiferte sich der fremde Herr.
»Drei auf oan Sitz pack i!« rief der Onkel.
»Was wett ma? Zehn Mark und dö drei Hendl?«
»Beni, sei g'scheit ... Laß dich in nix ein!« wurde die Tante lebhaft. Der Onkel stieß sie heimlich unter dem Tisch – als Zeichen, daß er die Wette todsicher gewinnen würde.
»Also, was is's ...? Wenn Sie jetzt drei Hendl essen, zahl i dö Zech und zehn Mark dazua. Wenn net, kriag i dös Geld und Sie müssen dös Geflügel selber begleicha!«
»Eing'schlagn! Gilt schon!« schrie der Onkel und sah im Geiste den Preis der gewonnenen Wette ausbezahlt und die drei Brathendl in seinem Magen liegen ...
Die Kellnerin schwankte wie ein Perpendikel nur mehr zwischen der Küche und unserem Tisch hin und her. Das zweite Hendl war schon serviert, als das erste nur zur Hälfte verspeist war – und das dritte kam, als mein Onkel das zweite erst tranchierte.
Der Onkel saß wie ein Fakir da, stierte ein Loch in die Luft und biß und schluckte. Die Tante machte die Gebärde des Kauens mit, in der Hoffnung, ihren Mann durch eine Art Vorturnen anzufeuern. Aber, nichts half. Im Eifer der Wette hatte er vergessen, daß schon fünf Hausbrote, die Wurst und der Inhalt einer Limonadenflasche in seinem Bauch lagen. Beim Anblick des dritten Hendls erbleichte er und sprach ohne Akzent: »Jetzt kann i nimmer ...«
»Benno, vielleicht gehts doch no! Denk an die zehn Mark und dö teure Zech!« rief ihm meine Tante zu und bekam im Gesicht eine anfeuernde Röte.
»Na – mir is gar net guat ...«, hauchte der Onkel, legte zehn Mark und die Zeche für die drei Hennen auf den Tisch – und schob der Tante das dritte Geflügel zu. Der aber schien durch den katastrophalen Ausgang der Appetit vollkommen vergangen zu sein. Und am Ende der Reihe kam ich doch noch zu meinem resch gebräunten Wiesnhendl.
Während ich es verspeiste, schob der Herr das Geld ein und ging erfreut grüßend von dannen. Auch er war so ganz umsonst auf Kosten meines Onkels zu einer Brotzeit gekommen.
Der Heimweg war still und stumm. Erst vor der Haustüre fand mein Onkel die Sprache wieder: »Dafür laß i jetzt ganz einfach in mein'm Haus in der Goethestraße dö Abortfenster net streicha ...«
»So machst as, Beni!« gab ihm die Tante aufatmend recht.
Und ich ging mit meinem Paket Honigkuchen sorglos und voll des Wiesenzaubers nach Hause –.

Oktoberfest KARL ARNOLD

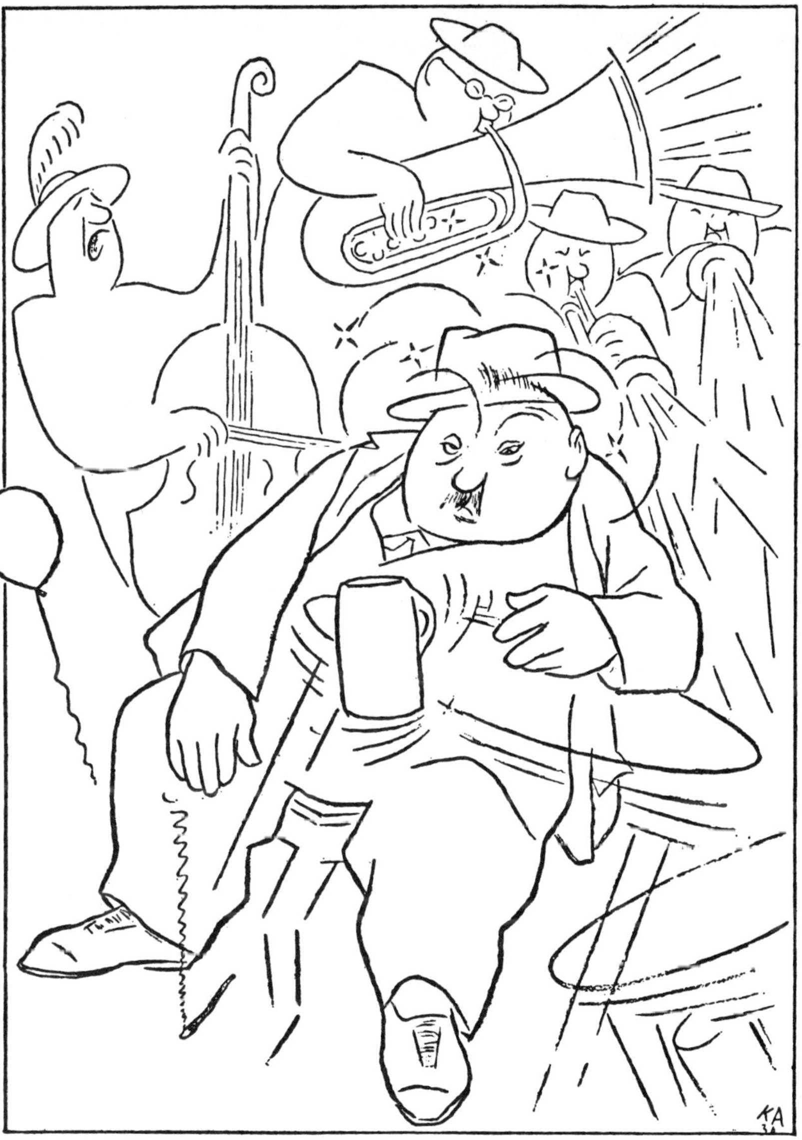

»Jetzt, wann mi oaner frag'n tat, was für a Partei i g'wählt hab, i kunnt's wirkli net sag'n!«

Oktoberfestbild

Maßkrüag und Musi
und Bretzn dazua,
schwarzaugats G'schpusi
und Leichtsinn grad gnua.
G'schroa und Spektakl,
Maschina und Vieh,
rennats, g'scheerte Lackl,
und – 's Gerschtl is hi!

WILHELM DUSCH

Fürsten, Künstler, Originale

Berühmte Leute in München

Bei einem Festessen im »Bayerischen Hof« vor über hundert Jahren sprach auch der bayrische Kriegsminister. Er hob sein Glas und rief aus: »Gott erhalte die bayrische Armee!« Der Finanzminister Johann Ritter von Aschenbrenner flüsterte ihm erfreut zu: »Herr Kollege, das ist aber ein Glück, wenn der liebe Gott die bayrische Armee erhält, ich kann sie ohnehin nicht mehr erhalten!«

Im Franziskanerkloster im Lehel wurde früher auch selbstgebrautes Bier ausgeschenkt. Nach einer längeren Sitzung wurde einmal der berühmte Hofopernsänger August Kindermann von einem Franziskanerbruder durch eine Hintertüre hinausgeführt. »Das ist also das geheime Hintertürchen, wo die schönen Mädchen hereingelassen werden?«, erkundigte sich der angetrunkene Sänger. »Nein«, erwiderte der Bruder, »das ist die Pforte, wo die besoffenen Säu hinausgelassen werden!«

Begeisterte Studenten hatten einer Opernsängerin die Pferde ausgespannt und zogen selbst den Wagen. Einer der Studenten wurde verletzt und zu dem Chirurgen Johann Nepomuk von Nussbaum gebracht. Nussbaum ließ sich den Vorgang berichten und sagte zu dem Studenten: »Ja, was wollen S' denn bei mir? Sie müssen doch in d' Veterinärklinik!«

Der Kammersänger Heinrich Vogl verwaltete mit Leidenschaft sein großes Gut am Starnberger See. Einmal wollte er auf einem Viehmarkt einen Ochsen kaufen, der Preis war ihm aber zu hoch. »Geh zu, Herr Kammersänger«, beruhigte ihn der Viehhändler, »da machst im Hoftheater a paar Plärrer, dann hast den Ochsen scho beinand!«

Die berühmte Wagnersängerin Marie Lehmann glich auch äußerlich einer Walküre. Als sie am Stachus in die Trambahn einsteigen wollte, hatte sie wegen ihres Umfangs große Mühe. »Vielleicht können Sie mich hineinschieben?« bat sie den Schaffner. Dieser sah sich die Dame an und meinte: »Alles auf oamal?«

Ludwig Ganghofer war übermüdet und mußte trotzdem eine Vorstellung im Hoftheater besuchen. Er schlief so fest, daß er nicht einmal durch den Schlußbeifall wach wurde. Schließlich weckte ihn der Logendiener auf und bat ihn: »Bittschön, jetzt müssen S' gehn. Länger als wia a Stück dauert, darf ma im Hoftheater net schlafa!«

Enrico Caruso, der berühmte italienische Tenor, wurde bei einem Gastspiel im Hoftheater durch ein herabfallendes Holzstück der Kulisse am Kopf verletzt. Alle Theaterleute waren vor Schreck sprachlos. Nur der Portier sagte tröstend zum Intendanten von Speidel: »Herr Baron, wann jetzt der Caruso invalid worn war, dann hättn ma eahm no ganz daschlagn müassn. Des hättn ma no zahln kenna, aba a lebenslängliche Rente hätt uns ruiniert!«

Ein Freund des Malers Franz von Lenbach besaß ein nichtsigniertes Bild des Künstlers, das er verkaufen wollte. Lenbach aber weigerte sich hartnäckig, das Bild zu signieren. »Das tu ich nicht«, sagte er bestimmt. Als sich der Freund verärgert zur Tür wandte, rief er ihm noch nach: »Und was du jetzt denkst, das tu ich auch nicht!«

Ein junger Komponist durfte einmal Richard Strauss vorspielen. Als er den Meister um sein Urteil bat, riet ihm Strauss, das Komponieren aufzugeben und einen anderen Beruf zu ergreifen. Verärgert wollte der Anfänger schon das Zimmer verlassen, da rief ihm Strauss versöhnlich nach: »Wenn ich Ihnen noch einen Rat geben darf: Machen Sie sich nichts aus meinem Urteil! Mir hat man früher auch genau dasselbe gesagt!«

Bei einem Konzert Max Regers staunte eine Dame über die dunklen, satten Töne des Fagotts, sie konnte gar nicht begreifen wie dieses Blasinstrument so klingen konnte. »Bringt diese Töne der Musiker wirklich mit dem Mund hervor?« erkundigte sie sich bei Reger. »Ich will es hoffen, gnädige Frau!« entgegnete dieser ungerührt.

Die Schauspielerin Clara Ziegler ging nach der Abendvorstellung immer gern allein nach Hause. Ein sehr kleiner Herr sprach sie einmal an und bat sie, sie begleiten zu dürfen. Die große Tragödin blickte zu ihm hinunter und fragte: »Warum? Fürchten Sie sich allein?«

Josef Geis, der berühmte Bassist der Münchner Oper, machte eine Spazierfahrt im Stellwagen. Nur noch ein Reisender befand sich bei ihm im Wagen. Beide Herren rauchten Zigarren. Geis wollte die Ruhe genießen, sein Gegenüber versuchte aber immer wieder ein Gespräch mit dem Sänger anzuknüpfen. Besonders eifrig wurde er, als Zigarrenasche auf Geis' Weste fiel. Nun wurde dieser aber ungemütlich: »Können S' mich net in Ruh lassen? Schon seit einer Viertelstund schau ich zu, wie Ihr Rock brennt, und ich hab Sie doch aa net g'stört!«

Lenbach war ein großer Verehrer Tizians, der italienische Meister war sein ideales Vorbild. Bei einer Unterhaltung mit dem Prinzregenten Luitpold meinte dieser: »Wenn ich die Bilder Tizians und Ihre Bilder nebeneinander sehe, dann gefallen mir die Ihren am besten.« Lenbach, der absolut kein Höfling war, erwiderte trocken: »Königliche Hoheit! Das kommt davon, weil Sie nichts davon verstehen!«

Prinz Alfons von Bayern wollte sich in Florenz einen Hut kaufen. Als er sich nach dem Preis erkundigte, sagte der Verkäufer: »Sessanta otto!« (68 Lire). Der Prinz hatte nicht richtig verstanden: »Naa, mei Lieba, i bin der Alfons und net der Otto!«

Von dem Lohnkutscher und Pferdehändler Xaver Krenkl, einem stadtbekannten Münchner Original, wurden unzählige Anekdoten erzählt. Auch mit der hohen Obrigkeit hatte er einen Zusammenstoß. An einem Regentag betrat er ein Amtszimmer, sofort forderte ihn der Vorstand auf, den Hut abzunehmen. »Ja, mit was denn«, schrie Krenkl, »in der rechten Hand hab i meinen Regenschirm, mit der linken Hand hab i d' Tür zug'macht, mit dem Fuß kann i do net den Huat runtertun!«

Der Auer Stadtpfarrer Simon Knoll war ein liebenswertes Münchner Original. Bei seinen berühmten Predigten und Grabreden sagte er seine Meinung völlig unverblümt im schönsten Münchner Dialekt. Bei dem Begräbnis eines im Streit erstochenen Händlers warnte der Knoll Simmerl: »Do graust ma scho, wenn i oan seh mit an Pemsl (Gemsbart) am Huat. Dös is nix G'scheits, dös is nix Guats! Hätt der, den wir jetzt der ewigen Ruah übergebn ham, koan so an Huat g'habt, na war er vielleicht net in die Rauferei nei'kemma und stand jetzt wohl bei uns.«

Zum Dampfnudelessen ging Knoll gern zu einer Auer Bürgerfamilie. Als die Frau starb, hielt er die Gedenkrede und sagte dabei: »Leut, i sag euch, dös war a Weiberl, wia nöt glei wieda oane kimmt. Sparsam und häusli wars, ihrn Herrgott hats nia vergessn, und Dampfnudel hats macha könna wia koane im ganzen Bayernland!«

Ein Auer Maurer erklärte seinen Kirchenaustritt. »Herr Pfarra, i glaab an koan Herrgott mehr«, rief er aus. Knoll sagte nur: »No ja, is scho recht! Deinetwegen steckt unser Herrgott aa koan Trauerflor an sein Zylinder!« Da mußte der Maurer lachen: »Du bist a zünftiga Pfarra! Woaßt was! I bleib wieda!«

Kurfürst Max Emanuel kam bei einer Fahrt zu seinem Schloß Schleißheim an einem Bauernhof vorüber. Eine ganze Schar gesunder Kinder sprang herbei und begrüßte den Kurfürsten. Dieser ließ halten und unterhielt sich mit dem herbeigeeilten Bauern; ganz besonders aber lobte er das frische und kräftige Aussehen der Kinder. Schließlich klagte er: »Die Kinder meiner Hofleute sind alle blaß und schwächlich! Sag mir doch, wie macht denn ihr das?« – »Wir machen das selbst, gnädiger Herr Kurfürst!«

Vor versammeltem Hofe wurde einmal der Kurprinz, der nachmalige Kurfürst Max III. Joseph, von seinem Vater, Kaiser Karl VII., feierlich geprüft. Auf die ernsthaft gemeinte Frage, warum das weibliche Geschlecht früher volljährig werde als das männliche, folgte die rasche Antwort: »Weil halt das Unkraut allweil geschwinder wachst.« Die Damen des Hofes sollen sich unverzüglich zurückgezogen haben, der Herr Vater aber hat gelacht.

König Ludwig I. war in seinen persönlichen Ansprüchen von größter Einfachheit und Sparsamkeit. Bei einer Feier wollte er sich schon bald wieder zurückziehen und verlangte seinen Hut. Im Gewirr des Empfangs der hohen Herrschaften war aber der königliche Hut verlegt

Alles für den König J. B. ENGL

»Reizend, reizend, mein lieber Bürgermeister! Sogar Ehrenjungfrauen haben Sie zu meinem Empfang aufgestellt!« – »Nur ungeniert, Hoheit, bal Eahna oane g'fallt.«

worden. Die Lakaien suchten nun aufgeregt alle Räume durch. Der ungeduldige Monarch, dem das Warten zu lange dauerte, erblickte in der aufgeregten Menge seinen Flügeladjutanten und rief ihm zu: »Suchen Sie doch auch meinen Hut, es ist der schlechteste, der allerschlechteste!«

Die Zeitschrift »Münchener Punsch« vom 23. April 1848 berichtet über eine Audienz bayrischer Bauern bei ihrem König in München. Als bereits alle Wünsche gewährt waren, gestanden sie, daß sie noch einen Wunsch auf dem Herzen hätten. Auf die Frage des Königs meinte ein Bauer: »Ja, eine Republik hätten wir halt gar so gern!« – »Dann müßt ihr mich ja fortschicken«, erwiderte der erstaunte König. Der praktisch veranlagte Bauer wußte aber Rat: »Warum net gar! Unsern König b'halten wir, aber daneben möchtn wir a Republik, nur daß die Steuern wegfalln.«

Die verdammte Leutseligkeit

Wenn ich einmal im Gespräch den Prinzregenten erwähne, schauen mich jüngere Leute fragend, doch nicht neugierig an. »Ein alter bayrischer Serenissimus oder so was?« – Was soll man darauf antworten? Eure Rede sei: Ja, ja; nein, nein. Also sage ich: »Ja, ja.« Mehr sage ich nicht. Ich weiß schon, ein Prinz, von dem es keine Skandalgeschichte gibt, der keine Kriege gewonnen hat und nicht einmal reich war, ist uninteressant. Daß er beim tragischen Scheitern Ludwigs II. 1886 Bayern aus einer schweren Staatskrise rettete und es ein friedliches Vierteljahrhundert lang mustergültig – auch als großer Förderer der Künste – regiert hat, zählt bei den Menschen von heute kaum mehr.
Nur gut, daß es bei uns noch Menschen gibt, die nicht von heute sind, sondern – aus der Zeit des Prinzregenten. Sie haben persönliche Erinnerungen an den greisen Herrn mit dem stattlichen Oberförsterbart und halten den Sterbetag des Einundneunzigjährigen, den 12. 12. 1912, für den Sterbetag des alten gemütlichen und vornehmen Bayern. Diese Zeitgenossen von vorgestern bewahren manchmal in einem Glaskasten eine Zigarre, wie sie Luitpold zu verschenken pflegte, in ihrem Gedächtnis aber das Bild des Regenten, wie er Schwabinger Künstler in ihren Ateliers zu ungebührlich früher Morgenstunde überrascht, beim Großen Umgang hinter dem Allerheiligsten schreitet »mit der Kerzen in die Händ, die scho nimma brennt«, unter 101 Artilleriesalven zum Oktoberfest auf die Theresienwiese fährt und dann wieder auf der

Jagd die Einfachheit selber ist. »Wöller ischts?« fragt da einmal irgendwo in den Allgäuer Bergen ein Treiber, der den hohen Jagdherrn noch nicht kennt, einen Kundigen. »Der sell dort mit der schiachen Joppen«, lautet der Bescheid.

Diese schiache Joppen ist fast ein Symbol. Luitpold, rüstig bis ins höchste Alter, liebte die Natur seines schönen Landes und die Jagd unendlich. Er paßte sich ganz seiner jagerischen Umgebung an. Nicht umsonst ist die bekannteste Prinzregenten-Anekdote die von dem Wildmeister, der im Kreis der Jagdgenossen die Königliche Hoheit auf ihre vorn nicht zugeknöpfte Kurze hinweist: »Wia waars etzda, meine Herrn, wann mir alle mitananda inserne Hosentürl zuamachatn?« Dahinter steckt freilich noch Diplomatie. Es gibt auch Fälle von unpolitisch unpolierter Offenheit. »Prost Bichler!« ruft der Regent abends im Forsthaus mit erhobenem Maßkrug dem Jäger zu, der ihn auf den Anstand begleitet hat. »Dank schö, Königliche Hoheit«, erwidert der, »i ho grad trunka!« – Auf der Rodelbahn in Vorderbrand fährt der Holzersepp mit dem Hornschlitten den Regenten im vorsichtigsten Tempo zu Tal; das paßt dem alten Herrn gar nicht, und am Ende der Strecke fragt er den Schlittenlenker sehr energisch, warum er so langsam gewesen sei. »Ja mei, Königliche Hoheit, wenn was passiert waar, dann saget der Forstmeister: Sepp, do hättst do du der G'scheidere sein könna.«

Die meisten Histörchen zeigen Luitpold passiv. Er hat es offenbar gut vertragen, wenn die Leute redeten, wie ihnen der Schnabel gewachsen war. Doch ist er nicht unbegrenzt duldsam gewesen. Das hat der Redner bei einem Schützenfest in Gmund erfahren müssen, der ihn immer wieder einen Sproß des erhabenen Hauses Hohenzollern nannte. Beim dritten Mal erklärte der alte Wittelsbacher: »Jetzt ist's aber genug!« Stieg in den Wagen und fuhr davon, während die Zurückbleibenden anfingen, den Festredner zu verprügeln.

Daheim, in Luitpolds Münchner Residenz, wehte keine so freie Luft wie draußen auf dem Land. Gleichwohl sollten die Gäste an seiner Tafel sich wohl fühlen. Er behandelte alle höchst taktvoll. Dabei sprach er selber gern. Namentlich im Rauchzimmer, wo nach dem Essen zu Kaffee und Schnäpsen Witze – auch ganz kräftige – serviert wurden, ging dem Hausherrn oft vor lauter Reden die Pfeife aus. Am Ende ließ er jedem der Geladenen Konfekt für Frau und Kinder daheim reichen, »damit sie auch was von der Hoftafel haben«, wie er sagte. Das Reizvollste waren die Soupers in Nymphenburg. Da wurde vorher, auch spät im Jahr noch, im Freien gebadet. Dann maß sich der Regent mit seinen Gästen im Ringkampf. Er blieb immer Sieger. Nur der Bildhauer Hermann Hahn, damals noch ein Neuling in dem Kreis, hätte beinahe einmal die Oberhand bekommen. Aber noch rechtzeitig flüsterte ihm der Maler Franz von Stuck zu: »Du mußt dich schmeißen lassen.«

Nicht selten wurde der Bildhauer Wilhelm von Rümann in der Hofkutsche mit nach Nymphenburg genommen. Wobei der Künstler einmal bemerkte, daß Luitpolds Zylinder vom vielen Grüßen schon ziemlich abgegriffen sei. »Königliche Hoheit«, meinte er, »ich glaube, es wäre wieder eine neue Kopfbedeckung fällig.« – »So? Is der Hut auch schon wieder abg'wetzt? Das kommt von der verdammten Leutseligkeit.«

Einen Augenblick hat da der Regent spüren lassen, daß ihm die dauernden Wohlwollensbeweise nicht immer leicht gefallen sind. Sie haben eben zu seinem großen Pflichtenkreis gehört und sollten helfen, beim Volk das Staatsbewußtsein zu erhalten. Die Leistung, die in solchem persönlichen Einsatz Stunde um Stunde und Tag um Tag liegt, traue ich keinem Witzblatt-Serenissimus zu. Eher möchte ich, weil ich ja auch nicht von heute bin, in unserem alten Prinzregenten eine Erscheinung sehen, wie sie Plato vorschwebte, als er forderte, daß im Staat »der weise und gute Mann die Verhältnisse der Beherrschten ordnet«.

LUDWIG SCHROTT

Zweimal Oskar von Miller

An Oskar von Millers Popularität scheiterten einmal die Dispositionen des großen Psychiaters Oswald Bumke, als dieser, Rektor der Münchner Universität, mit seiner Frau im Studentenhaus einen Empfang gab. Alles war auf das beste vorbereitet, für Speis und Trank gesorgt. Lediglich den Ausschank von Schnäpsen hatte der Gastgeber untersagt. »Ich bin nie Abstinenzler gewesen, habe aber immer beim Schnaps die Psychiatrie anfangen lassen.« So Bumke. Auf einmal kommen die Kellner mit großen Tabletts in den Saal, auf jedem Tablett gefüllte Schnapsgläser. Die Begeisterung ist groß, nur nicht beim Gastgeber. Erklärung am nächsten Tag: Oskar von Miller war ans Büfett gekommen. »Was ist denn das für a Saustall, gibt's hier keine Schnäpse?!« Dieses Machtwort galt den Kellnern mehr als das Verbot Bumkes. – Einige Zeit darauf saßen sich die beiden in einer Gesellschaft schräg gegenüber. Plötzlich sagte Miller: »Ich habe erst heute erfahren, daß ich schuld bin an dem fortschreitenden Vermögensverfall meines lieben Freundes Bumke.« Miller hatte damals nicht gewußt, daß an dem »Saustall« Bumkes Verbot schuld gewesen war.

Oskar von Miller, der Vater des Deutschen Museums, war geschätzt – und gefürchtet wegen seiner Gabe, für den Aufbau des Museums Spenden zu sammeln. Er konnte alles brauchen – Ziegelsteine, Weißblech, Fensterglas, kostenlose Handwerkerstunden, Schaustücke und natürlich bares Geld. Wer ihm in die Hände fiel, mußte dran glauben, ob Minister, Industrieller oder Handwerksmeister. Zahlreiche Witze und Anekdoten gehen heute noch um den selbstlosen »Bettler und Räuber« im Dienste seines Museums. Ein Witz, den man sich erzählte, nachdem Miller Mexiko besucht hatte: Er fährt im Eisenbahnzug durch Mexiko. Der Zug wird von Räubern überfallen, Fahrgast um Fahrgast ausgeplündert. Einer der Räuber entdeckt in Millers Brieftasche dessen Reisepaß: »Miller? Entschuldigung! Von Kollegen nehmen wir nichts.«

WILHELM LUKAS KRISTL

Karl Valentin erzählt aus seinem Leben

Was meine Geburt betrifft, so möchte ich vorausschicken, daß ich mir über das Wort »geboren« schon oft Gedanken gemacht habe.
Bekanntlich benutzt man zum Bohren einen Bohrer. Um Petroleum zu bekommen, müssen erst Bohrtürme geschaffen werden, in denen sich ein Riesenbohrer befindet, welcher ein tiefes Loch in die Erde bohrt, aus dem dann das Petroleum herauskommt. – Bohrt ein Schreiner in ein Stück Holz ein Loch – was kommt heraus? Späne. – Der Schreiner bohrt aber nicht das Loch, um Holzspäne zu bekommen, sondern er bohrt, damit er das Loch erhält. Geboren hat er dieses Loch nicht, sondern er hat das Loch gebohrt. Es handelt sich also dabei um eine Bohrung, nicht um eine Geburt. Der Ausdruck Geburt wäre hier nur am Platze, wenn der Schreiner das Loch buren statt bohren würde.
Überhaupt wäre betreffs der »Bohrerei« noch manches zu erwägen, aber ich will wieder auf das Thema meiner Geburt zurückkommen.
In München selbst bin ich nicht geboren, wenigstens nicht in der Altstadt, sondern in der Vorstadt Au. Schon wieder haben wir hier ein Wort, welches ich genau erklären möchte. Was heißt Au? – Es ist dies die Abkürzung von auweh, die zweite Silbe von auweh heißt weh – die Mehrzahl ist wehen. Was sind Wehen?
Und schon wieder sind wir bei der Geburt eines Menschen angelangt. Wehen sind schmerzhaft. Der Schmerzensschrei ist bekanntlich auweh. Eine Mutter hat vor der Geburt Wehen, die Wehen tun weh, der Schmerzensschrei ist au – und noch keine Mutter wird in dieser Situation statt Au: Giesing oder Haidhausen geschrien haben.

Nun entsteht weiter die Frage: was hat die Vorstadt Au mit weh zu tun?
Die Auen sind freie Flächen, unbebaute Gegenden, und man nimmt an, daß die Au in der Vorzeit unbebaut war. Die Vorstadt Au soll die älteste Vorstadt von München sein, und es ist urkundlich nachgewiesen, daß dort im Jahre 1100 nur einige kleine Häuser gestanden haben. Wenn in einigen Jahrzehnten die Trümmer und Ruinen unseres unseligen Krieges weggeräumt sind, dann schaut die Au genau wieder so aus wie im 11. Jahrhundert.
Die Au gehört heute, wie so vieles, der Vergangenheit an. – Daß die bedeutendsten Maler unzählige Bilder von ihr geschaffen haben, ist ein Beweis von ihrer einstigen Schönheit. – Und ich bin selig, an diesem Ort geboren zu sein.
Bei Falk und Fey, Möbeltransportgeschäft in der Vorstadt Au, Entenbachstraße 63 im ersten Stock links, erblickte ich, Valentin Ludwig Fey, das Licht der Welt. Mit vier Jahren absolvierte ich den Kindergarten, mit sechs steckte man mich widerspenstig in die Volksschule an der Klenzestraße. Meine Schulzeit war für mich eine siebenjährige Zuchthausstrafe, so gern ging ich in die Schule.
Später kam ich in die Lehre, in die Möbelschreinerei von Joseph Hallhuber in Haidhausen, und hobelte, sägte, leimte und nagelte – bis ich Geselle wurde. Als solcher verdiente ich mir dann fünf Jahre lang wöchentlich zwanzig bis fünfundzwanzig Mark. Nachdem ich auch noch bei verschiedenen anderen Münchner Schreinern Gastspiele gegeben hatte, entwendete ich bei dem letzten Meister einen Nagel, schlug ihn in die Wand und hing daran das goldne Handwerk der Schreinerei für immer auf.

Münchner Originale

München war schon immer ein fruchtbarer Boden für Käuze, Sonderlinge und harmlose Spinner. Und durch die ganze Stadtchronik wandern diese sanften Irren, belächelt, beschmunzelt und der Nachwelt durch ihre seltsamen Taten, Aussprüche und ihre skurrile Lebensweise überliefert. Noch heute ist es bei manchen alten Isarstädtern beispielsweise der Brauch, wenn sie um irgendeine seltsame Auskunft gefragt werden, zu antworten: »Des woaß höchstens no da Peter Fleckerl vom Rindermarkt.« Gemeint ist damit ein kleines pfiffiges Männchen, das den ganzen Tag nur unterwegs war, um die letzten Neuigkeiten zu erfahren und die lieben Mitmenschen auszurichten. Damit man ihn aber überall gleich erkennen sollte, hatten ihm seine Widersacher einmal ein rotes Fleckerl auf den Rücken geheftet, wovon er dann auch seinen Namen bekam.

Der ewige Hochzeiter, ein stadtbekannter Freier, dem die Braut am Abend vor der Trauung weglief und der dann jahrzehntelang mit einem Blumenstrauß durch die Straßen der Stadt stolperte und alle Leute fragte: »Habts ihr mei Fannerl net g'sehn?«, gehörte auch zu den ganz alten Originalen. Ebenso der Finessen-Sepperl mit seiner Freundin, dem Zwerglenerl, die zusammen nur ganze einhundertfünfundachtzig Zentimeter groß waren. Ferner das »Lokomotiverl«, ein lächelnder Einfaltspinsel, dessen Solonummer es war, um ein Fünferl mit angewinkelten Armen zischend und fauchend um einen Häuserblock zu laufen.

Und dann war da auch noch ein gewisser »Natur-Ingenieur« Werner. Der besaß eine kleine Pillendreherei in der Kreuzstraße. Hauptberuflich aber war er der gefürchtetste Biertester der Stadt. Denn vor seinem winzigen Laderl hing eine große schwarze Tafel. Und auf der war täglich die Qualität von zehn verschiedenen Biersorten zu lesen. Zum Beispiel stand da: »Wagnerbräu zu bitter«, »Spaten süffig, aber zu jung«, »Paulaner empfehlenswert« oder »Löwenbräu letschert« und so weiter. Doch trotz mancher herben Kritik beeilte sich jeder Wirt, dem gefürchteten Probesäufer unaufgefordert und kostenlos eine Halbe hinzustellen, wenn er in aller Herrgottsfrüh' schon angetrippelt kam.

Als letzte Vertreter dieser liebenswerten Eigenbrötler kannte Blasius noch persönlich den Hofbräuhaus-Lenbach, das Taubenmutterl, den Naturapostel Gräser, die Frau mit der Gans, die auch heute noch ihren Kinderwagen mit dem schläfrigen Kirchweihvogel durch die Straßen schiebt, den Mundharmonikaprofessor, der unter den alten Stadttoren selbstkomponierte Weisen bläst, sowie den Mann mit dem Kettenhund, dem sein struppiger Lebensgefährte leider nur die eiserne Kette zurückließ, und das »Zittermanderl«. Dieser witzige Lebenskünstler bewegt sich fast immer auf seiner Hausstrecke in der Theatiner- oder Dienerstraße mit der Geschwindigkeit eines Stundenzeigers auf und ab. Dabei zittert er mit kindlichem Einfaltslächeln leise vor sich hin und hat die linke Sakkotasche durchgehend für Kleingeldspenden geöffnet.

Nun braucht man natürlich nicht gerade ein »Klinkenputzer«, ein Schnorrerkönig oder tot zu sein, um als Original zu gelten. Und drum möchte Blasius hier auch noch einen anderen Spaßettlbruder erwähnen, der sonst durchaus auf dem Boden der Tatsachen steht, aber trotzdem ein »vareckta Hund« ist, wie so einer bei den einfachen Münchnern heißt. »Baule, den Hendlbrater« vom Augustinerkeller. In der Schwanthalerhöhe wohlgeboren, erblickte der Baule in einer Wirtshausküche den frisch geweißelten Himmel einer kleinen Hinterhauswelt. Noch bevor er richtig »aa« sagen konnte, kannte er aber schon die drei »Kritischen« im fliegengesprenkelten Kartenspiel besser wie die Heiligen Drei Könige. Und so wuchs er halt auch mit der alten Vorstadtweisheit auf: Man solle die Kirchen von außen anschauen, die Berge von unten und die Wirtshäuser von innen. Später wollte der Baule dann Tenor werden. Aber der Vater sagte: »Du wirst ein Kaminkehrer, da kommst du auch hoch hinauf.« Schließlich verlegte sich jedoch der Stolz von der Ligsalzstraße schon in frühen Jahren aufs Hendlbraten.

Eine runde Million von diesen stummen Brotzeitnachtigallen hat er bis heute aufgespießt. Aber nicht nur in seiner Eigenschaft als Hendlwürger ist der Baule ein Schlitzohr. Wenn er an einem schlechten, bewölkten Tage vor seiner eigenen rastenden Rosteria sitzt und sich sechs bis zwölf Maß genehmigt, dann erzählt er aus jenen Tagen, »als die Spatzen noch Wickelgamaschen trugen«. Und schließlich beginnt der Holzkohlen-Caruso mit Gewißheit auch noch zu singen. Lieder aus dem Gefängnisleben, vom fahrenden Volk und der bayrischen Räuberchronik. Das Kneissl-Lied vielleicht, die Ballade von der Unglückszeche Anna II oder die rührend-kitschige Weise vom verkauften Zigeunerkind, den verratenen Brüdern und seiner eigenen armseligen Kindheit. Und dann sind alle ganz still ringsrum, der Herr Professor, der alte Ringkämpfer und der Doktor mit den vielen Mensurnarben. Und der Baule näselt mit wiegendem Kopf das Schicksal vom traurigen Biaberl in die laue Abendluft hinein: »A Handvoi Schtoana – des war mei Schpuizeig.«

Und da schaut es dann manchmal direkt aus, als würden dem alten Hallodri die eigenen Augen vor Rührung ein bisserl überlaufen. Wer ihn aber so gut kennt wie der Spaziergänger, der weiß natürlich ganz genau, daß das höchstens das helle Bier sein kann.

SIEGFRIED SOMMER

Der Schichtl

»Bitte, treten Sie näher, meine Herrschaften, hier sehen Sie etwas Exquisites, eine Delikatesse, wo Jahrhunderte nicht wieder sehen werden und für das der Maharadscha von Indien den feurigsten Juwel aus seinem Kronschatz geboten hat: Hier sehen Sie für zwanzig Pfennige

Angtreh die ›Dame ohne Unterleib‹, Militär und Kinder die Hälfte ...« »Zur Kassa, Kassa, Kassa, zu ›Miracula‹, das Mädchen mit den zwei Köpfen ...« – »John, der Elektromann, der Mann, wo sich hunderttausendundzweiundzwanzig Volt durch den Körper jagen läßt ...« – »Kommen Sie herein zu ›Anatolia‹, der türkischen Schönheit, zu dem Weib, das nachts, verfolgt von wilden Ferden und Tigern, dem Harem entwich, kommen Sie zu ›Anatolia‹, die Schönheit, die wo zweihundertvierundfünfzig herrlich kolorierte Tätowierungen auf ihrem weißen Alabasterkörper trägt. Bitte, überzeugen Sie Ihnen selbst ...«

Aber was waren alle Schönheiten des Orients und Okzidents und alle Wunder der vierten Dimension, was war selbst »Johanna, das Affenmädchen« gegen Michael August Schichtl, gegen »den Schichtl« und sein Zaubertheater? Wenn der Schichtl ausrief vor seiner Oktoberfestbude, da war München da und Bayern, der Herr Kommerzienrat ebenso wie der Bauer und der Lausbub, der wegen der Wiesn und dem Schichtl die Schule schwänzte. Am Budeneingang machte zu Beginn des Haupt- und Galaprogramms der Zwergkapellmeister mit seiner kleinen Blechmusikkapelle einen großen Krach, dann stellten sich die Nummern vor; der Dumme August schnitt mittlerweile Gesichter. Nun kam der Schichtl selbst, zylinderbekrönt, die goldene Uhrkette mit dem goldenen Zwanzigmarkstück an der weißen Weste, darüber den roten Frack.

Der Schichtl schlug die kleine Trommel, während der August die Baßgeige bearbeitete, trat vor und begann, die Menge, die sich mit Windeseile vergrößerte, mit ausgesuchter Höflichkeit anzureden. Aber diese Höflichkeit ließ das Publikum kalt; man wußte, daß er es anders besser konnte. Schichtl streckte denn auch bald die Zunge heraus und schrie:

»Ähh, da schaugt er iatzt da hintn, der verehrte Landmann, der Herr Ökonom, da geh rei, nacha siehgst wos, geh rei, mir fressn deine Kartoffin aa!« Kunstpause. »Jawoi, die Wunderdame, die Hinrichtung am Schafott, die Zaubereien, die Geister, die Gespenster, brrr, die Totengerippe ... Nur rein da, herein, hochgeschertes Publikum, rrrein ihr wohlriechenden Landbewohner, herein! I zeig enk den schwarzen Elefanten unserer kugelrunden Erde, den Jumbo, er wird vor euren Augen auf mein Kommando ein Ei legen, und zwar ein ebenso großes Riesenei, wie er es vorige Wochn in der Sahara in Gegenwart des Vaters Abraham ausgegackert hat. Er wird es sogleich ausbrüten, und das Elefantinnerl kriegt derjenige, der sich im Vorbeigehen bei mir ein bisserl hinrichten läßt. Hereinspaziert! Die Stehplätze sind zwar längst vergriffen, aber i laß enk Dachsköpf heut um a Zehnerl auf die Sitzplätze, da könnt ihr enk auf Plüschfoteller so woach wia auf einer Dampfnudel hinhocken mit eurer blechernen Hinterfassad und die Mäuler und Augen aufreißen ...«

Schichtl hatte in seiner bajuwarischen Derbheit, die ihm niemand übelnahm, keine Schablone und verstand es, die Tagesereignisse mit drastischer Komik, die das Publikum so sehr an ihm liebte, auszunützen. Als einmal in der Presse die Höhe der Eintrittspreise für die Festspiele kritisiert wurde, schrie er: »Wos habts ös Krautköpf denn im Prinzregententheater? Da zahlts zwanzig Mark und vastehts do nix davo! Bei

FRANZISKA BILEK

mir zahlts a Zwanzgerl und habts wos für eier Geld. Da schaugt iatz der g'scheert Hammi! Rei geh tua! Jessas, reißt der da hint sein Brotladn auf! Machn zua! Da kunnt ma si ja fürchtn! Den muaß i angaschiern! Wenn i amal in meim Theater koan Platz nimmer hab, in dem sein Mäui genga allaweil no a paar ›nei‹! Also ›rei‹ da zu mir, bevor i belzi wer, sunst könnts mi alle mitanand fünferln, nacha habts um Sechse Feierabend!«

Die unvergleichliche Schichtl-Attraktion war die »Hinrichtung einer lebenden Person mittels Guillotine«. Auf einer schwarzverhangenen Bühne sah man in der Galavorstellung ein Blutgerüst mit einem blinkenden Fallbeil, einen Tisch für den Delinquenten und einen Korb, offenbar für den rollenden Kopf. Der August fragte das Publikum, wer sich hinrichten lassen wolle, und Schichtl setzte für den Mutigen gönnerhaft eine Belohnung von drei Mark aus. »Es tut nicht weh«, sagte er, »schließlich müssen wir alle einmal sterben, die einen im Schlachthaus, die andern auf dem Kanapäh.« Aber niemand wollte sterben, wenigstens jetzt noch nicht. Es war recht gruselig.

Immer wieder, bei jeder Vorstellung, trat aus den letzten Reihen des zum Teil doch etwas aufgeregten Publikums der gleiche Jüngling hervor, mit offenem Hemdkragen und wirren Locken und sichtlich zum Letzten entschlossen. Er ließ sich zunächst seine drei Markl geben, dann einen groben Sack über den Kopf stülpen und recht umständlich auf das Kippbrett schnallen. Auf Kommando – »Eins, zwei, drei!« – sauste das Beil herab und der Kopf fiel in den Korb. Der August holte den Kopf heraus und zeigte ihn – wie die biblische Judith das Haupt des Assyriers Holofernes – auf einer Art Servierteller dem Publikum; dabei flossen einige Liter wässriges Blut. Der tapfere Jüngling ist auf diese Weise von seinem Brotgeber mehr als tausendmal geköpft worden. Schichtl war nicht grausam: zum Schluß wurde dem Hingerichteten der Kopf durch Drehbewegungen kostenlos wieder angeschraubt. Eine rote Linie um den Hals bezeichnete die Schnittwunde. Nach jeder Hinrichtung mußte der ewige Delinquent seine Belohnung von drei Mark wieder zurückgeben. Bei der nächsten Haupt- und Galavorstellung schenkte sie ihm Schichtl mit souveräner Geste von neuem.

Schichtl, der große Spaßmacher, ist nicht im Bett gestorben. Bei einer Hochzeitsfeier holte ihn Gevatter Tod jäh aus der fröhlichen Runde.

ALOIS HAHN

Ein Anwalt der Vogelwelt

Was uns der Vogeljakob war

Gäbe es ein objektives Register, das Politiker, Schauspieler, Geschäftsleute, Künstler und Wissenschaftler nach dem Grad ihres Wertes für die Menschen einstuft, dann stünde darin der Vogeljakob für die bayrische Welt zweifellos unter den ersten Reihen eingeschrieben.

München hat nicht mehr viel an solchen Originalen wegzugeben, und wenn es nach den Münchnern gegangen wäre, sie hätten den Vogeljakob in alle Ewigkeit nicht ziehen lassen. Nur neunundfünfzig Jahre waren ihm geschenkt. Was aber hat er aus seinem Leben gemacht, das ihn einst zum Kellner ausersehen hatte, sich dann auf die Bretter der Kleinkunstbühne schwang, um sich endlich jahrzehntelang auf Jahrmärkten zu erfüllen.

Wir verraten kein Geheimnis, wenn wir sagen, daß es Lorenz Tresenreiters Pfeiferl schon in jeder Schreibwarenhandlung um die Jahrhundertwende gab, als der Vogeljakob noch in den Windeln lag. Aber dieses Pfeiferl führte ein Schattendasein, bis er es zu seiner Vogelflöte erhoben hat. In einer Zeit, die den Menschen fast ganz der stillen Töne entwöhnt hat, lehrte er von seinem wackligen Katheder herunter Klein und Groß, wie notwendig es für die Menschenseele ist, die sanften Stimmen der Natur in sich einzulassen, ihnen in ihren überbeanspruchten Gemütern wenigstens eine Membrane zu bewahren, die sie in Schwingung setzen. Das ist ihm tausendfach gelungen. Nie hat er sich angemaßt, mit seiner Gaumenflöte die Vogelstimmen ersetzen zu wollen; so echt ihm auch die Töne perlten, sein Rat war der eines Anwalts der Vogelwelt: »Gehts naus in der Fruah in Woid, Leut, nehmts euch eine Vogelflöte mit und horchts ... und dann probierts es.« – Dann kam die ganze Skala der Vogelstimmen: Amsel – Zeisig – Stieglitz – Lerche – und ganz hoch droben der Sperber – und der Bussard – die Elster –. Wahrhaftig, in der Lärmbrandung des Oktoberfestes unterhalb der Bavaria oder in der äußersten Südostecke des Mariahilfplatzes in Dultwochen hat er uns ein ganzes Waldorchester in die Luft gezaubert. Als Imitator wohl, dem es aber doch über alle Nachahmung hinaus darum ging, seine Zuhörer zu den Sängern aus erster Gotteshand hinzuführen.

Er kannte die Menschen besser als sie sich selbst kennen, darum traf sein Verkaufsgespräch, der »Schmus«, mitten in die verwundbare Stelle seiner Hörer: »Gestern war der Oberbürgermeister Wimmer bei mir und hat g'sagt: ›Vogeljakob, dein Schmus is hundert Mark wert!‹« Eine kurze Pause, dann eine Oktave tiefer, grollend: »Gebn hat er ma s' net.« Oder jene Vater-Sohn Szene, die sich im grünen Walde begibt mit endlosen Fragen des Buben: »Vadda, wos war jetzt dös für a Vogerl?« – »Dös???« fragt der Vater, »dös war a ... a ... a ...« Natürlich, der Vater weiß es nicht, das ist dem Buben ganz klar; um sein Unwissen zu bemänteln, läuft der Vater zur Haustyrannenform auf: »Jetzt hör doch amal auf mit deiner saudumma Fragerei!« Der Sohn schweigt. Für ihn hat der Vater ausgespielt. »Mei Babba is a Depp!« murmelt er in Gedanken.

Es war nicht Suggestion, was die Leute immer wieder zum Geldbeutel greifen ließ, wenn er wie ein Dirigent den Buben, die seinen Schragen umstanden, den Einsatz gab zum Vogelstimmen-Monsterkonzert. »Es ist ja so leicht, Leute, hinhören, probieren und Geduld haben . . . Wenns die können, könnts es ihr auch!«
Kein bloßer Spaßmacher, in vielen seiner Sprüche waren echte Goldkörner der Wahrheit. In eine andere Umwelt hineingeboren, wäre aus dem Vogeljakob vielleicht ein Denker und ein Deuter geworden. Das Schicksal hat ihn auf den Jahrmarktsschragen gestellt.

KARL SPENGLER

Von Lausbuben und Lausdirndln

's Gebet

A gar kloans Deandl mit der Muatta
hat in der Kirch in Sunnta bet't
und is halt g'west so voller Andacht,
als wanns es glei recht nöti hätt;
dees hat der Muatta gar guat g'falln,
und nach der Kircha sagts dazua:
»Du bist amol a recht a frummi,
du hast scho bet't in aller Fruah,
was hast jetzt bet't, dees muast ma sagn,
du Schatzerl du, so brav und nett?«
Und 's Maderl sagt auf ihra Fragn:
»Daß d' Kirch bald aus werd, hon i bet't.«

FRANZ VON KOBELL

Aus der Schule geplaudert

Eines Tages kam der Peterl voll Straßenschmutz in die Schule. Ich war entsetzt, wie die Joppe des Buben aussah. »Ja Peterl, wie schaut denn deine Joppe aus? Was hast du denn damit gemacht?« – »Ja mei«, sagte der Peterl, »sie is ma in Dreck nei'g'falln!« – »Aber Peterl«, meinte ich, »da hättest du die Joppe besser festhalten sollen!« Pfiffig sah er mich an: »Ja wissens, Freilein, ich habs ja ang'habt!«

Wendl hatte sich den Finger eingeklemmt. Der Nagel hatte sich blauschwarz gefärbt und ging ab. Wendl zeigte mir von Zeit zu Zeit die Verletzung. Eines Tages sagte ich: »Wendl, jetzt ist der neue Nagel schon recht schön nachgewachsen!« Zufrieden nickte Wendl: »Es fehlt nur mehr der schwarze Rand oben!«

Vor nicht langer Zeit kam das Reserl erheblich zu spät zur Schule. Das ahndete ich natürlich mit strengem Wort und Blick. Da sah mich die Kleine treuherzig bittend an: »Mir kriegn heit Kinda, zwoa san scho da!«

Marei war der besondere Liebling des Großvaters, des alten Stoffelbauern. Als wir einmal auf das Familienleben zu sprechen kamen, erzählte mir Marei auch vom lieben, guten Ahndl. Auf meine Frage, was denn der Großvater den ganzen Tag tue, huschte ein wissendes Lächeln über Mareis rundes Kindergesicht: »Der Großvater wart allaweil drauf, daß ihn dürst! Nachher geht er zum Bruckbräu nunter!«

Ich besprach mit meiner bunten Schar die vier Elemente. Zum Schlusse ließ ich sie mir nochmals aufzählen. Zu meiner Verwunderung sagte die Hofbauern Resi: »Luft, Feuer, Erde und Bier!« – »Ja Resi, wie kommst du denn auf Bier?« Resi: »Mei Mutta sagt allaweil, wenn mei Vata mit an rechten Rausch am Sonntag hoamkommt, itzt is er wieder in sein Element!«

Einmal war es auf dem Markt zu einer großen Rauferei zwischen Bauern und Händlern gekommen. Das berichtete Stockerl an mich weiter, und ich wollte wissen, ob die Rauferei lange gedauert habe. Stokkerl wußte genau Bescheid: »An Rosenkranz lang!«

LIA BRAUN-HILGER

Ferien
»Des hast nacha von an guat'n Zeugnis ...«

ERNST HÜRLIMANN

D' Fliagn

Drin in der Zwetschgenbrüah
krabbelt a Fliagn;
»Halt!« hat der Michl g'sagt,
»dö müaß ma kriagn!«
G'scheid is der Michl,
woaß überall Rat,
hörts, wiar er d' Fliagn
aus der Brüah rausto hat.
Sauft, bis eahm's Viech
auf der Zunga is bliebn.
»Gel«, sagt er, »habn mer di!«
und hats ausg'spiebn.

GEORG EBERL

D' Sau

In Mitterdinghausen ist Anschauungsunterricht. Laut Lehrplan ist auch das Schwein vorzuführen. Im Bilde. Daß es praktisch dieser Klasse mehr vertraut ist, als dem Unterrichtsminister selber, befreit den Lehrer nicht von seiner Vorführpflicht. Sein Zeigestecken klopft aufs Glanzbild: »Also, Kinder, hier haben wir –«

»– a Sau!« schreit die Klasse.

Der Lehrer überhört es. Ernst sagt er: »Dies hier, Kinder, ist ein Schwein.«

Die Klasse schaut ungläubig. Der Schnalzer Alois ist der mutigste. Er hebt den Finger: »Aber bei uns z' Haus, Herr Lehrer –«

»Was bei euch zu Haus ist, ist nicht in der Schule. Was ist das also, Alois?«

»A Sau.«

»Es heißt nicht Sau, es heißt Schwein.«

Das ist dem Schnalzer Alois doch zuviel. »Herr Lehrer«, fährt er in die Höhe, »i wer's do kenna, daß 's a Sau is, wo mir selber fünfe z' Haus hamm!«

»Ihr mögt Säue haben, in der Schule hat man Schweine – was ist das also, Kinder?«

»A Sau.«

Nun ist's der Lehrer, dem 's zuviel wird: »Wenn ich euch sage, das da ist ein Schwein, dann ist's ein Schwein – verstanden!«

Aus den Bänken nickt's. Sie kennen diesen Ton. Der Stecken steckt dahinter oder eine Stunde Dableiben. »Also nochmal, Schnalzer Alois, was ist das?«

»A – a – S-Schwein.«

»Na, siehst du, aber sprich im ganzen Satz.«

»Dö – dös –«

»Schriftdeutsch bitte ich mir aus: Dies –?«

»Dies – diese Sau ist ein Schwein.«

Dem Lehrer reißt die Geduld. Mit dem Zeigestab fuchtelt er: »Das ist ja doch eine – eine –«, er schwankt zwischen Sauerei und Schweinerei. Aber da geht die Türe auf. Der alte vergnügte Schulinspektor kommt herein: »Nix für ungut, Herr Kollega, i muß wieder nachschaun – 's ist halt Vorschrift – a Hitz hats heut, a Hitz –«, er fährt sich mit dem Taschentuch übers runde Landgesicht, – »a Sauhitz!« Die Klasse spitzt die Ohren.

Der Inspektor blinzelt lustig auf die Tafel: »Also, was nehmen S' heut durch, Herr Kollega? – Aha, d' Sau.«

»Herr Inspektor, wenn ich bitten dürfte, laut Lehrplan –«

»– sollten S' heut den Löwen durchnehmen, gell, oder den Ameisenbär oder den Kasuar –?«
»Doch nicht, Herr Inspektor, heute ist das Schwein hier fällig.« Er klopft bei dem betonten Schwein vernehmlich auf das Tafelbild.
Der Inspektor putzt die Brille, beäugt das dicke Tier und sagt anerkennend: »A schöne Sau. Na, Kinder, g'fällts euch, die – die –«
»Sau!« brüllt die Klasse fröhlich.
»Herr Inspektor, nehmen Sie's nicht übel, eben habe ich mit Müh und Not der Klasse hochdeutsch eingebleut, das sei ein Schwein.«
»Ah so, ah so – no ja, Kinder, der Herr Lehrer hat ganz recht, diese Sau ist eigentlich ein Schwein. – Na, was willst denn, Kleiner?«
»I – i hab nur fragn wolln, warum daß d' Sau zwei Namen hat?«
»Hm, wie heißt du denn?«
»Alisi.«
»Und noch?«
»Schnalzer.«
»Siehst es, du hast auch zwei Namen –«
»Aber, aber –«
»Und a Sau bist auch! Sonst hänget dir net so a Glockn an der Nasen! Glei putzst dir's ab, du Wildsau!«
Die Klasse ist befriedigt. Der Inspektor ist befriedigt. Nur dem Lehrer bleibt ein ungelöster Rest. »Herr Inspektor – ich finde – ein – ein Unterschied –«
»Finden? Unterschied? – Also, Kinder, der Unterschied ist einfach der: eine Sau ist ein Schwein für jene Leut, die was dabei finden. Und ein Schwein ist eine Sau für jene Leut, die nix dabei finden. Ich find nix dabei – und jetzt, Kinder, gehts schön heim, weil ich und der Herr Lehrer –«
Er und der Lehrer sind allein. Lachend schlägt der Herr Inspektor dem andern auf die Schulter: »Na, Herr Kollega, machen S' kein so z'widers G'sicht. Daß Sie mich als Inspektor habn, ist ja – ist ja –«
»– ein Sauglück, Herr Inspektor, ein Sauglück.«

FRITZ MÜLLER-PARTENKIRCHEN

Die Abc-Schützin Babette

Nun wurde es ernst mit der Schule. Der gefürchtete 3. September nahte heran. Putzi »erbte« von ihrem älteren Bruder Korbi den Schulranzen, weil dieser sich nun schon zu den Großen zählte und unbedingt eine Aktentasche haben wollte. Vorerst stand Putzi noch allem, was Schule

hieß, sehr mißtrauisch gegenüber. Um ihr diesen neuen Lebensabschnitt zu versüßen, brachte ihr der Vati von seiner großen Geschäftsreise zwar kein Schwesterlein oder Brüderchen mit, aber einen kleinen sechs Wochen alten Dackel. Putzis Freude darüber war unbeschreiblich. Sie rannte wie besessen mit dem verdutzten Wacki auf dem Arm zur Tante Scherbauer, zum Herrn Ganslmeier und zur Milchfrau. Alle mußten ihn bewundern und taten es auch nach Gebühr. Als aber ihre Freundin Sabine ahnungslos sagte: »Das ist aber ein netter Putzi! Du, Putzi, wie heißt er denn, dein neuer Putzi?« war's aus. Von Stund an war sie jedem böse, der noch Putzi zu ihr sagte, denn »i bin do koa Hund net!« Bei aller Liebe zum Wacki wollte sie doch einen Unterschied gemacht haben. Sie war nun ein Schulkind und hieß fortan Babette.
Sie kam in eine gemischte 1. Klasse, in der Buben und Mädchen gemeinsam unterrichtet wurden. Zufällig kam der Leopold Unterstöger, ein Metzgerssöhnlein aus der Landsberger Straße, neben Babette zu sitzen. Der Poldi war um einen halben Kopf größer als die ehemalige Putzi und hatte das ganze Gesicht übersät mit Sommersprossen. Lange und eingehend betrachtete sie ihren Banknachbarn. Plötzlich faßte sie nach meiner Hand, als ich durch die Bankreihen ging: »Sie, Freilein, warum is denn der Bua neben meiner so verrost?« Wenn der Poldi auch »verrost« war, so wurde er doch Babettes bester Spielkamerad, und sie setzte sich bereits nach einigen Tagen energisch zur Wehr, als ich ihr ein Mädchen zur Banknachbarin geben wollte. So saß sie fast ihre ganze Schulzeit hindurch neben Poldi, und ich glaube, daß sie sich auch später im Leben nie ganz aus den Augen verloren haben.
Doch zurück zu Babettes erstem Schultag! Während ich meinen Abc-Schützen eine Geschichte erzählte, beobachtete ich Babette und Poldi, wie sie geheimnisvoll miteinander tuschelten. Da gab sich das »Rottenberger Dirndl« einen Ruck und kam zu mir heraus: »Sie, Freilein, der Poldi möcht wissen, wo's da für ›Herrn‹ is?«
Nun ging Babette schon einen langen Monat zur Schule. Bis jetzt durfte sie jeden Sonntag früh zur Mami ins Bett hineinschlüpfen. Da sie nun aber schon so groß war, meinte die Frau Rottenberger, es schicke sich nicht mehr. Da kam sie aber schön bei ihrem Mädel an: »O, Mami, i komm no lang zu dir ins Bett und wenn i amal verheirat bin, nacha bring i a mein Mann mit, daß er a siecht, wia schön daß bei dir is!«
In der Pause stand einmal der Poldi wie ein kleines Häuflein Elend, sein Gesicht mit den Händen bedeckend, in einer Gangecke. Als er meiner ansichtig wurde, stürzte er auf mich zu: »Freilein, dö Babett spuckt mir immer ins Gesicht!« Ich wurde böse: »Was, ein Mädchen spuckt? Und ins Gesicht auch noch? Wie kommst du denn dazu, dem braven Poldi ins Gesicht zu spucken? Du bist ja ein ganz häßliches Mädchen!«

Babette verteidigte sich stichhaltig: »Weil der alleweil sagt, mir Weiber san z' dumm dazu und i triff ihn net!«

Kurze Zeit später hatte Babette einen schlechten Tag. Sie weberte ständig in ihrer Bank umher, hielt sich keinen Augenblick still und plapperte immer darein. Ich hielt ihr eine Strafpredigt: »... nur acht Tage lang möchte ich einmal deine Mutter sein!« Treuherzig sah sie mich an: »I frag an Vati am Sonntag, bal er hoamkommt, ob er mag!«

Wir hatten einen kleinen Schmutzfink in der Klasse, die Emma, die gerade vor Babette saß. Emma und ihre Mutter, die Frau Springer, hielten nicht viel von der Reinlichkeit. Frisieren, Zähneputzen und Waschen waren bei Springers überflüssige Dinge. Ich schenkte Emma ein Stück Seife, deren Verpackung einen schönen Frauenkopf zeigte: »Wenn du dich mit dieser Seife jeden Tag ordentlich wäschst, dann wirst du ganz bestimmt so schön wie die Frau auf dem Bild da!« Babette hatte eifrig zugehört: »Aber Freilein, warum waschen Eahna Sie net mit dera Soafa (Seife)?«

Eines Morgens mußte ich alle mir zur Verfügung stehenden Register ziehen, um Babette zu trösten. Ihr heißgeliebter Wacki war ihr entlaufen. Ich riet ihr: »Da mußt du zur Polizei gehen und deinen Verlust anmelden. Hat dein Wacki besondere Kennzeichen?« – »Na, bloß wenn ma Wacki schreit, und er kommt net, dann is bestimmt mei Wacki!«

Daß ich mann- und kinderlos war, beschäftigte sie sehr: »Freilein, warum haben Sie keinen Mann?« fragte sie mich eines Tages in der Pause. »Mich hat halt keiner mögen!« sagte ich ehrlich. Babette dachte scharf nach: »Sie sind aber so lieb, das kann ich gar nicht glauben. Haben Sie denn wirklich alle Männer gefragt, auf der Straße und in der Eisenbahn und überall?«

Nein, das hatte ich allerdings versäumt. Deshalb hatte ich wohl auch keine eigenen Kinder. Auch dieses Thema interessierte Babette sehr: »Freilein, warum ham Sie koane Kinder?« – »Weil mir der Storch keine gebracht hat!« wich ich aus. »Aber Sie könna do no oa kriagn! Gebens bloß obacht, daß Eahna der Storch nachher net alle auf oamal bringt!»

Groß war mein Erstaunen, als ich auf Umwegen erfuhr, daß sich Babettes sehnlichster Wunsch nach einem kleinen Geschwisterchen endlich erfüllt hatte. Sie hatte mir gar nichts von der Ankunft des neuen Brüderchens erzählt. Ich holte sie zu mir an das Pult: »Du hast ja ein kleines Brüderchen bekommen! Warum hast du mir denn das nicht erzählt?« Sie machte gar kein so erfreutes Gesicht, wie ich erwartet hatte: »O mei, Freilein, dös is a so a G'schicht! Wir wissn ja no net, ob ma 'n durchbringa, der Krippi (Krüppel) sauft net!«

 Daß man dafür, wenn etwas alt ist, auch sagen kann, daran hat der

Zahn der Zeit genagt, erklärte ich in einer der nächsten Stunden. Babette sah mich forschend und abwägend an: »Freilein, bei Eahna hat der Zahn der Zeit aber günstig g'nagt!«
Babettes Kompliment freute mich, denn schließlich ist auch eine Lehrerin ein weibliches Wesen, das wie jede andere Frau gerne für jünger gehalten sein möchte. Galanterweise wiederholte sie ihre günstige Meinung über mein Aussehen. Sie trug mir eine Tasche nach Hause, und ich nahm sie mit in meine Wohnung, um ihr ein Stückchen Kuchen als Dank zu geben. Da sah sie ein Bild aus meiner Jugendzeit auf dem Schreibtisch stehen. Lange, lange betrachtete sie das Photo von allen Seiten, ohne ein Wort zu sagen. Zwischendurch verglich sie mich verstohlen immer wieder mit dem Bild. Schließlich stellte sie es an den alten Platz zurück. »Mei Vati sagt allerweil, was amol a schöna Hafn war, dös siecht man no am Scherm (Scherben)!«
In der Pause spielte Babette mit dem Poldi ihr Lieblingsspiel »Vater und Mutter«, wie sie es im Rottal mit dem Hardi getan hatte. »Also paß auf«, sagte sie zum Poldi, »jetzt san mir verlobt, nacha heiraten mir und dann kriagn ma Kinda!« Der Poldi war anderer Ansicht: »Dös ist ja grundfalsch! Z'erscht kriagn ma Kinda und nacha heiratn ma!« Die »ungewaschene Emma« hatte zugehört und machte den Schiedsrichter. Sie hatte wohl schon einen tieferen Blick in das Leben getan als Babette und Poldi: »Geh, seids staad, alle zwoa habts recht! Amal is a so und amal a so!«
Meistens benützte ich in der Singstunde zum Einüben der Kinderlieder die Geige. Da im Turnsaal ein neuer Flügel stand, gingen wir zur Abwechslung einmal dorthin. Babette stellte sich dicht neben mich. Für ihre Ohren spielte ich wohl zu laut, denn ich sah es ihrem Gesicht an, daß sie mit meiner Begleitung nicht einverstanden war. »Na, Babette, du machst ja ein Gesicht wie sieben Tage Regenwetter. Gefällt dir das Lied nicht?« Babette schaute mich mißbilligend an: »Dös Lied is ganz schö, aber dö Musi net. I glaub, Sie gebn vui z'vui Gas!«
Es war an einem Mittwoch in der Frühe, als Babette vor dem Unterricht zu mir an das Pult herauskam und mich fragend ansah: »Freilein, wenn ma jemand auf der Straß siecht, mit dem ma z'kriagt ist, was tut ma da?« – »Das ist doch ganz einfach, Babette! Man geht vorbei, ohne ihn anzusehen!« Babette war sichtlich unzufrieden mit meiner Antwort: »Aber wenn er Eahna Zung rausstreckt und ›Depp‹ sagt?«
Von ihrem ersten Schultag an war Babette restlos von unserem Rektor begeistert. Sie bat mich immer wieder, etwas zu ihm tragen zu dürfen, und erzählte mir hernach, was für einen Spaß er mit ihr gemacht und wie gut das Bonbon war, das er ihr geschenkt hatte. Als sie wieder einmal aus dem Rektorat kam, wollte sie von mir wissen, ob der liebe

Herr Rektor schon verheiratet sei. Als ich das bejahte, senkte sie traurig den Kopf: »Jetzt bin i aber sehr enttäuscht!«
Babette durfte mit der Tante Scherbauer über den Sonntag einen Ausflug mit der Eisenbahn machen. Am nächsten Tag erzählte sie mir davon in der Schule: »In dem Zug is direkt neben meina a Herr g'wesen, der wo Zeitung g'lesen hat. Auf oamal is er umg'falln und war maustot. Der Schlag hat 'n troffa, direkt neben meina. Wia leicht hätt mi der Schlag treffn könna und net den Herrn!«
Der Opa aus dem Rupertiwinkel war gestorben. Babette war einige Tage sehr traurig, obwohl sie den Opa nur selten gesehen hatte. Als während des Nachmittagsunterrichtes ein Gewitter niederging, sah sie mich Teilnahme heischend an: »Gelln S', Freilein, heit donnert mei Opa zum erstenmal mit!«
Ich hatte eine Geschichte erzählt, in der von vielen schönen Engeln die Rede war. Hernach sahen wir uns ein Bild an, auf dem sie in prächtigen Gewändern abgebildet waren. Der Poldi wollte wissen, wer den Engeln denn im Himmel die schönen Kleider macht. Babette wußte das schon lang: »Na, sterm (sterben) do gnua Schneida!«

LIA BRAUN-HILGER

Besserung

Aus meiner Jugendzeit

Wie ich in die Ostervakanz gefahren bin, hat die Tante Fanny gesagt: »Vielleicht kommen wir zum Besuch zu deiner Mutter. Sie hat uns so dringend eingeladen, daß wir sie nicht beleidigen dürfen.«
Und Onkel Pepi sagte, er weiß es nicht, ob es geht, weil er so viel Arbeit hat, aber er sieht es ein, daß er den Besuch nicht mehr hinausschieben darf.
Ich fragte ihn, ob er nicht lieber im Sommer kommen will, jetzt ist es noch so kalt, und man weiß nicht, ob es nicht auf einmal schneit. Aber die Tante sagte: »Nein, deine Mutter muß böse werden, wir haben es schon so oft versprochen.« Ich weiß aber schon, warum sie kommen wollen; weil wir auf Ostern das Geräucherte haben und Eier und Kaffeekuchen, und Onkel Pepi ißt so furchtbar viel. Daheim darf er nicht so, weil Tante Fanny gleich sagt, ob er nicht an sein Kind denkt.
Sie haben mich an den Postomnibus begleitet, und Onkel Pepi hat freundlich getan und hat gesagt, es ist auch gut für mich, wenn er kommt, daß er den Aufruhr beschwichtigen kann über mein Zeugnis.

Es ist wahr, daß es furchtbar schlecht gewesen ist, aber ich finde schon etwas zum Ausreden. Dazu brauche ich ihn nicht. Ich habe mich geärgert, daß sie mich begleitet haben, weil ich mir Zigarren kaufen wollte für die Heimreise und jetzt konnte ich nicht. Der Fritz war aber im Omnibus und hat zu mir gesagt, daß er genug hat, und wenn es nicht reicht, können wir im Bahnhof in Mühldorf noch Zigarren kaufen. Im Omnibus haben wir nicht rauchen dürfen, weil der Oberamtsrichter Zirngiebl mit seinem Heinrich darin war, und wir haben gewußt, daß er ein Freund vom Rektor ist und ihm alles verschuftet.

Der Heinrich hat ihm gleich gesagt, wer wir sind. Er hat es ihm in das Ohr gewispert, und ich habe gehört, wie er bei meinem Namen gesagt hat: »Er ist der Letzte in unserer Klasse und hat in der Religion auch einen Vierer.«

Da hat mich der Oberamtsrichter angeschaut, als wenn ich aus einer Menascherie bin, und auf einmal hat er zu mir und zum Fritz gesagt: »Nun, ihr Jungens, gebt mir einmal eure Zeugnisse, daß ich sie mit dem Heinrich dem seinigen vergleichen kann.« Ich sagte, daß ich es im Koffer habe, und er liegt auf dem Dache vom Omnibus. Da hat er gelacht und hat gesagt, er kennt das schon. Ein gutes Zeugnis hat man immer in der Tasche, und sein Heinrich hat es in der Tasche. Alle Leute im Omnibus haben gelacht, und ich und der Fritz haben uns furchtbar geärgert, bis wir in Mühldorf ausgestiegen sind.

Der Fritz sagte, es reut ihn, daß er nicht gesagt hat, bloß die Handwerksburschen müssen dem Schandarm ihr Zeugnis hergeben. Aber es war schon zu spät. Wir haben im Bahnhof Bier getrunken, da sind wir wieder lustig geworden und sind in die Eisenbahn eingestiegen. Wir haben vom Kondukteur ein Rauchcoupé verlangt und sind in eines gekommen, wo schon Leute darin waren. Ein dicker Mann ist am Fenster gesessen, und an seiner Uhrkette war ein großes, silbernes Pferd. Wenn er gehustet hat, ist das Pferd auf seinem Bauch getanzt und hat gescheppert. Auf der anderen Bank ist ein kleiner Mann gesessen mit einer Brille, und er hat immer zu dem Dicken gesagt, Herr Landrat, und der Dicke hat zu ihm gesagt, Herr Lehrer. Wir haben es aber auch so gemerkt, daß er ein Lehrer ist, weil er seine Haare nicht geschnitten gehabt hat. Wie der Zug gegangen ist, hat der Fritz eine Zigarre angezündet und den Rauch auf die Decke geblasen, und ich habe es auch so gemacht.

Eine Frau ist neben mir gewesen, die ist weggerückt und hat mich angeschaut, und in der anderen Abteilung sind die Leute aufgestanden und haben herüber geschaut. Wir haben uns furchtbar gefreut, daß sie alle erstaunt sind, und der Fritz hat recht laut gesagt, er muß sich von dieser Zigarre fünf Kisten bestellen, weil sie so gut ist.

Da sagte der dicke Mann: »Bravo, so wachst die Jugend her«, und der Lehrer sagte: »Es ist kein Wunder, was man lesen muß, wenn man die verrohte Jugend sieht.«
Wir haben getan, als wenn es uns nichts angeht, und die Frau ist immer weiter gerückt, weil ich so viel ausgespuckt habe. Der Lehrer hat so giftig geschaut, daß wir uns haben ärgern müssen, und der Fritz sagte, ob ich weiß, woher es kommt, daß die Schüler in der ersten Lateinklasse so schlechte Fortschritte machen, und er glaubt, daß die Volksschulen immer schlechter werden.
Da hat der Lehrer furchtbar gehustet, und der Dicke hat gesagt, ob es heute kein Mittel nicht mehr gibt für freche Lausbuben.
Der Lehrer sagte: »Man darf es nicht mehr anwenden wegen der falschen Humanität und weil man gestraft wird, wenn man einen bloß ein bißchen auf den Kopf haut.«
Alle Leute im Wagen haben gebrummt: »Das ist wahr«, und die Frau neben mir hat gesagt, daß die Eltern dankbar sein müssen, wenn man solchen Burschen ihr Sitzleder verhaut. Und da haben wieder alle gebrummt, und ein großer Mann in der anderen Abteilung ist aufgestanden und hat mit einem tiefen Baß gesagt: »Loider, loider gibt es keine vernünftigen Oeltern mehr.«
Der Fritz hat sich gar nichts daraus gemacht und hat mich mit dem Fuß gestoßen, daß ich auch lustig sein soll. Er hat einen blauen Zwicker aus der Tasche genommen und hat ihn aufgesetzt und hat alle Leute angeschaut und hat den Rauch durch die Nase gehen lassen.
Bei der nächsten Station haben wir uns Bier gekauft, und wir haben es schnell ausgetrunken. Dann haben wir die Gläser zum Fenster hinausgeschmissen, ob wir vielleicht einen Bahnwärter treffen.
Da schrie der große Mann: »Diese Purschen muß man züchtigen«, und der Lehrer schrie: »Ruhe, sonst bekommt ihr ein paar Ohrfeigen!« Der Fritz sagte: »Sie können es schon probieren, wenn Sie eine Schneid haben.« Da hat sich der Lehrer nicht getraut, und er hat gesagt: »Man darf keinen mehr auf den Kopf hauen, sonst wird man selbst gestraft.« Und der große Mann sagte: »Lassen Sie es gehen, ich werde diese Purschen schon kriegen.«
Er hat das Fenster aufgemacht und gebrüllt: »Kontuktör, Kontuktör!« Der Zug hat gerade gehalten, und der Kondukteur ist gelaufen, als wenn es brennt. Er fragte, was es gibt, und der große Mann sagte: »Diese Purschen haben Biergläser zum Fenster hinausgeworfen. Sie müssen arretiert werden.« Aber der Kondukteur war zornig, weil er gemeint hat, es ist ein Unglück geschehen, und es war gar nichts.
Er sagte zu dem Mann: »Deswegen brauchen Sie doch keinen solchen Spektakel nicht zu machen.« Und zu uns hat er gesagt: »Sie dürfen es

nicht tun, meine Herren.« Das hat mich gefreut und ich sagte: »Entschuldigen Sie, Herr Oberkondukteur, wir haben nicht gewußt, wo wir die Gläser hinstellen müssen, aber wir schmeißen jetzt kein Glas nicht mehr hinaus.« Der Fritz fragte ihn, ob er keine Zigarre nicht will, aber er sagte nein, weil er keine so starken nicht raucht.

Dann ist er wieder gegangen, und der große Mann hat sich hingesetzt und hat gesagt, er glaubt, der Kondukteur ist ein Preuße. Alle Leute

OLAF GULBRANSSON

haben wieder gebrummt, und der Lehrer sagte immer: »Herr Landrat, ich muß mich furchtbar zurückhalten, aber man darf keinen mehr auf den Kopf hauen.«

Wir sind weitergefahren, und bei der nächsten Station haben wir uns wieder ein Bier gekauft. Wie ich es ausgetrunken habe, ist mir ganz schwindlig geworden, und es hat sich alles zu drehen angefangen. Ich habe den Kopf zum Fenster hinausgehalten, ob es mir nicht besser wird. Aber es ist mir nicht besser geworden, und ich habe mich stark zusammengenommen, weil ich glaubte, die Leute meinen sonst, ich kann das Rauchen nicht vertragen.

Es hat nichts mehr geholfen, und da habe ich geschwind meinen Hut genommen. Die Frau ist aufgesprungen und hat geschrien, und alle Leute sind aufgestanden, und der Lehrer sagte: »Da haben wir es.« Und der große Mann sagte in der anderen Abteilung: »Das sind die Purschen, aus denen man die Anarchisten macht.«

Mir ist alles gleich gewesen, weil mir so schlecht war.

Ich dachte, wenn ich wieder gesund werde, will ich nie mehr Zigarren rauchen und immer folgen und meiner lieben Mutter keinen Verdruß nicht mehr machen. Ich dachte, wieviel schöner möchte es sein, wenn es mir jetzt nicht schlecht wäre und ich hätte ein gutes Zeugnis in der Tasche, als daß ich jetzt den Hut in der Hand habe, wo ich mich hineingebrochen habe.

Fritz sagte, er glaubt, daß es mir von einer Wurst so schlecht geworden ist. Er wollte mir helfen, daß die Leute glauben, ich bin ein Gewohnheitsraucher. Aber es war mir nicht recht, daß er gelogen hat. Ich war auf einmal ein braver Sohn und hatte einen Abscheu gegen die Lüge. Ich versprach dem lieben Gott, daß ich keine Sünde nicht mehr tun wollte, wenn er mich wieder gesund werden läßt. Die Frau neben mir hat nicht gewußt, daß ich mich bessern will, und sie hat immer geschrien, wie lange sie den Gestank noch aushalten muß.

Da hat der Fritz den Hut aus meiner Hand genommen und hat ihn zum Fenster hinausgehalten und hat ihn ausgeleert. Es ist aber viel auf das Trittbrett gefallen, daß es geplatscht hat, und wie der Zug in der Station gehalten hat, ist der Expeditor hergelaufen und hat geschrien: »Wer ist die Sau gewesen? Herrgottsakrament, Kondukteur, was ist das für ein Saustall?«

Alle Leute sind an die Fenster gestürzt und haben hinausgeschaut, wo das schmutzige Trittbrett gewesen ist. Und der Kondukteur ist gekommen und hat es angeschaut und hat gebrüllt: »Wer war die Sau?«

Der große Herr sagte zu ihm: »Es ist der nämliche, der mit den Bierflaschen schmeißt, und Sie haben es ihm erlaubt.«

»Was ist das mit den Bierflaschen?« fragte der Expeditor.

»Sie sind ein gemeiner Mensch«, sagte der Kondukteur, »wenn Sie sagen, daß ich es erlaubt habe, daß er mit die Bierflaschen schmeißt.«

»Was bin ich?« fragte der große Herr.

»Sie sind ein gemeiner Lügner«, sagte der Kondukteur, ich habe es nicht erlaubt.«

»Tun Sie nicht so schimpfen«, sagte der Expeditor, »wir müssen es mit Ruhe abmachen.«

Alle Leute im Wagen haben durcheinander geschrien, daß wir solche Lausbuben sind und daß man uns arretieren muß. Am lautesten hat der Lehrer gebrüllt, und er hat immer gesagt, er ist selbst ein Schulmann. Ich habe nichts sagen können, weil mir so schlecht war, aber der Fritz hat für mich geredet, und er hat den Expeditor gefragt, ob man arretiert werden muß, wenn man auf einem Bahnhof eine giftige Wurst kriegt. Zuletzt hat der Expeditor gesagt, daß ich nicht arretiert werde, aber daß das Trittbrett gereinigt wird, und ich muß es bezahlen; es kostet eine Mark.

Dann ist der Zug wieder gefahren, und ich habe immer den Kopf zum Fenster hinausgehalten, daß es mir besser wird.

In Endorf ist der Fritz ausgestiegen, und dann ist meine Station gekommen. Meine Mutter und Aennchen waren auf dem Bahnhof und haben mich erwartet. Es ist mir noch immer ein bißchen schlecht gewesen, und ich habe so Kopfweh gehabt.

Da war ich froh, daß es schon Nacht war, weil man nicht gesehen hat, wie ich blaß bin. Meine Mutter hat mir einen Kuß gegeben und hat gleich gefragt: »Nach was riechst du, Ludwig?« Und Aennchen fragte: »Wo hast du deinen Hut, Ludwig?« Da habe ich gedacht, wie traurig sie sein möchten, wenn ich ihnen die Wahrheit sage, und ich habe gesagt, daß ich in Mühldorf eine giftige Wurst gegessen habe und daß ich froh bin, wenn ich einen Kamillentee kriege.

Wir sind heimgegangen, und die Lampe hat im Wohnzimmer gebrannt und der Tisch war aufgedeckt.

Unsere alte Köchin Theres ist hergelaufen, und wie sie mich gesehen hat, da hat sie gerufen: »Jesus Maria, wie schaut unser Bub aus? Das kommt davon, weil Sie ihn so viel studieren lassen, Frau Oberförster.«

Meine Mutter sagte, daß ich etwas Unrechtes gegessen habe und sie soll mir schnell einen Tee machen. Da ist die Theres geschwind in die Küche, und ich habe mich auf das Kanapee gesetzt.

Unser Pürschl ist immer an mich hinaufgesprungen und hat mich abschlecken gewollt, und alle haben sich gefreut, daß ich da bin. Es ist mir ganz weich geworden, und wie mich meine liebe Mutter gefragt hat, ob ich brav gewesen bin, habe ich gesagt, ja, aber ich will noch viel braver werden.

Ich sagte, wie ich die giftige Wurst drunten hatte, ist mir eingefallen, daß ich vielleicht sterben muß und daß die Leute meinen, es ist nicht schade. Da habe ich mir vorgenommen, daß ich jetzt anders werde und alles tue, was meiner Mutter Freude macht, und viel lerne und nie keine Strafen mehr heimbringe, daß sie alle auf mich stolz sind.

Aennchen schaute mich an und sagte: »Du hast gewiß ein furchtbar schlechtes Zeugnis heimgebracht, Ludwig?« Aber meine Mutter hat es

ihr verboten, daß sie mich ausspottet, und sie sagte: »Du sollst nicht so reden, Aennchen, wenn er doch krank war und sich vorgenommen hat, ein neues Leben zu beginnen. Er wird es schon halten und mir viele Freude machen.« Da habe ich weinen müssen, und die alte Theres hat es auch gehört, daß ich vor meinem Tod solche Vorsätze genommen habe. Sie hat furchtbar laut geweint und hat geschrien: »Es kommt von dem vielen Studieren, und sie machen unsern Buben noch kaputt.« Meine Mutter hat sie getröstet, weil sie gar nicht mehr aufgehört hat.
Dann bin ich ins Bett gegangen, und es war so schön, wie ich darin gelegen bin. Meine Mutter hat noch bei der Tür hereingeleuchtet und hat gesagt: »Erhole dich recht gut, Kind.« Ich bin noch lange aufgewesen und habe gedacht, wie ich jetzt brav sein werde.

LUDWIG THOMA

Die Stimme des Waldvogels

In der Zeit vor dem Ersten Weltkrieg, als noch niemand im großmächtigen Deutschen Reich ahnte, wie hanebüchen die Geschichte der kommenden Jahrzehnte mit uns umspringen würde, in jenen wohllebigen Jahren also begab es sich, daß dem Kgl. Bayerischen Kultusministerium bedenkliche Mißstände im sittlichen Betragen der Gymnasialschüler zugetragen wurden. Da hörte man von einem Aufwuchern des sogenannten »Sportes«, das heißt einiger in freier Luft betriebener Abarten der bisher ordentlich in Hallen vor sich gehenden Leibesübung, die als Turnen bekannt und im Lehrplan vorgesehen war. Es sollten Münchner Schüler auf städtischen Wiesen, wild hinter einem runden Lederball einherjagend, angetroffen worden sein, andere dagegen draußen im Isartal, wo sie mitten in hohem Schnee, abseits der Straßen und mit Brettern an den Füßen, über abschüssige Hänge herunterpurzelten. Mußten dem Ernst des humanistischen Studiums derartige Leidenschaften nicht abträglich werden? Auch Nachrichten über den Einfluß der Münchner Großstadtatmosphäre auf die Gymnasiasten flüsterte man sich im Kultusministerium zu: In übelbeleumundeten Bars hätten Gewährsmänner ganze Gruppen beobachtet, wie sie sich intim mit den betreffenden Damen unterhielten. Noch allgemeiner verbreitet schien das Laster des Trinkens. Dem Vorbild der studentischen Korps folgend, widmeten sich nicht nur die erlaubten Froschverbindungen der Oberklassen dem Biergenuß in Gesellschaft der Lehrer, nein, auch schon jüngere Trimester; und zwar ohne Aufsicht und Maß, wie man hörte.

Kurz, das Kgl. Bayerische Kultusministerium fühlte in allen seinen Gliedern die Verantwortung, die ihm von Prinzregent, Regierung und Volk für das Wohl und Gedeihen der höheren Schulen auferlegt war. Es schritt zur Tat. Diese nahm, weil das Gebiet des »Sportes« zu unerforscht und das Gelände der Bardamen zu schlüpfrig schien, die Form einer vertraulichen ministeriellen Weisung an alle höheren Lehranstalten an, wonach den oberen Klassen in geeigneter Weise und von geeigneten Lehrkräften die verderbliche Wirkung unmäßigen Alkoholgenusses in einer Ansprache deutlich vor Augen zu führen sei.
Zu jener Zeit regierte in unserem Wilhelms-Gymnasium als Konrektor und Mathematiklehrer der Waldvogel mit, ein sonderbarer und unvergeßlicher Kauz. Sein Spitzname »Goggs« oder »Kox« (je nach Aussprache) war genial erfunden, denn er bedeutete eine Zusammenziehung des Titels »Konrex« zugleich mit der Bezeichnung seines unzertrennlichen Kopfschmuckes, eben des »Goggs«, eines halbrunden steifen Hutes. Darunter trug der kleine, äußerst lebhafte und witzige ältere Herr ein »Fräckle«, das heißt ein Gehröcklein mit Schwänzen hinten, immer gut abgebürstet, aber ein wenig schimmernd. Er stammte aus dem Allgäu und sprach eine kehllautige, nicht durchweg alemannische, eine unverwechselbare und subjektive Sprache. Als nun die antialkoholische Weisung des Ministeriums eintraf, ließ es sich der Waldvogel nicht nehmen, sie in all den höheren Klassen, die er unterrichtete, persönlich durchzuführen. Er mochte wohl den Klassenlehrern – wie man sehen wird, mit Recht – nicht zutrauen, daß sie sie den Schülern in seinem Geiste auslegen würden. Und außerdem, wozu war er Konrektor des Wilhelms-Gymnasiums?
Jedenfalls kam eines Vormittags zur Mathematikstunde der Kox in unsere Klasse, blieb aber nicht stehen und rief nicht, wie es seine Gewohnheit war, zum Beispiel: »An da Dahfel naus – da fläißige Mohljäh!« Was seinen Hohn auf meine Faulheit darstellte. Nein, er strebte dem Katheder zu, setzte sich umständlich, ließ die Augen über uns alle hinweggehen und begann mit feierlich verhaltender Stimme:
»Liebe Schihler – also – ha no – ich muß eich amahl a paar Wörtle sahn (sagen). Es ischt mir scho lang aufg'falle, daß ihr so gern Bier trinkcht. Das ischt au nix Schlächts, das stärkcht die Närfen. Von einer Halben Bier wollemer gar nix sahn. Dann gibt es Schihler, die trinkchen eine Maß. Da will i au no nix sahn. Und dann gibt es Schihler, die trinkchen zwoi Maß. Das ischt viel, aber da will i au no nix sahn. Und dann gibt es Schihler, die trinkchen an oinem Abend dräi Maß Bier. Das ist ein starkches Stickch – ha no – wenns oiner vertragt, will i au no nix sahn. Aber dann gibt es Schihler« – und hier erhob sich die Stimme des Waldvogels zu pathetischer Entrüstung – »da gibt es Schihler, die schtudie-

ren auf die Nacht und die schtimalieren ihre Närfen und trinkchen oinen – Täääää! Und *das* ischt a Sauerei!«
In keinem bayrischen Gymnasium ist jemals eine delikate ministerielle Weisung dem Sinn entsprechender ausgeführt worden.

JOHANN LACHNER

Vom Stier

A kloans Deanderl weist a Kuah
dahi so auf der Straßn.
Der Pfarrer kimmt daher – er fragts
und schnufflt mit der Nasn:

»Wo roast denn mit deim Küaherl zua?«
»Zum Stier!« sagt 's Nannei munter.
Da aber fahrt der Pfarrer auf,
fangt eahm de Gröbstn runter:

»Dös kunnt do aa«, so masslt er,
»moan i, dei Vatter macha!«
»Naa«, sagt as Deandl bluati ernst,
»dös san am Stier sei Sacha.«

KARL BAUER

Rund ums Kammerfensterl

Ein Brief aus dem Chiemgau

Lieber Hansjrg!
Weilst du mihr nicht schreipst schreibe ich dir. Wann du mihr nicht schreiben wilst, so schreibe mihr nicht. Du brauchst mihr auch gar nicht zu schreiben. Aber schreib mihr wenixtens das du mihr nicht mehr schreiben wilst. Dan schreibe ich dir halt auch nicht mer. Weilst du mihr nicht schreipst daruhm bin i heunt so traurig und kan deßhalb heunte nicht mehr schreiben. Wan schreipst du mihr wieder? Dan schreibe ich dir auch wieder. Lebe wol lieber freind ich grieße dich mit vielen Grießen deine liebe

Kathi.

Nachwort. Wan schreipst du mihr wieder?

Vielleicht ganz gwiß

Sie hätt si vielleicht
ganz gwiß a Bußl gebn lassen,
wann i mögn hätt.

I hätt aa gern mögn,
aber i hab net g'wußt,
ob i mi traun soll.

Und wiar i mi amal
grad traun hätt mögn,
da san Leut daherkömma.

Aber wenn i wieder amal mit ihr
alloa durch 'n Wald geh,
na kann grad sei, was mag.

Aber des woaß i gwiß,
daß i mi dann vielleicht trau,
wenn s' überhaupt mitgeht.

Hoffentlich kömma dann
net wieder grad
Leut daher!

CHRISTIAN BUCK

IGNATIUS TASCHNER

Des zwegn

Zur an Hof g'hört a Stall,
zur an Stall g'hört a Kuah,
zur a Kuah g'hört a Dirn,
zur a Dirn g'hört a – Bua!

WILHELM DUSCH

Das Lied vom Fensterstockhiasl

Jüngst hat ma mei Deandl a Briaferl zuag'schriebn,
warum daß i bei da Nacht ja denn gar nimma kimm,
ja dös hats ma g'schriebn, daß i gar nimma kimm.

Habs Briaferl aufg'macht, 's Herz im Leib hat ma g'lacht.
Da renn i glei außi bei da stockfinstern Nacht,
hab auf gar nix mehr g'acht, bei da stockfinstern Nacht.

Und wia i beim Bauern geh ummi ums Eck,
Kreizsakrament, jetzt sans no net im Bett,
ja dös war a G'frett, jetzt sans no net im Bett.

Habs Loaterl ang'loahnt und steig auffi zu ihr,
und sie gibt ma a Bußl und i gib zwoa ihr,
und i gib zwoa ihr und sie gibt oans mir.

Kaum bin i beim Deandl da drinna a weng,
da kimmt scho da Bauer mit 'm Oxenzweng-zweng.
Ja dös war net weng, mit 'm Oxenzweng-zweng!

Zum Fensta nausspringa, hab i ma aa net glei traut:
Da hat mi da Bauer am Arsch auffig'haut,
ja da hab i g'schaut, am Arsch auffig'haut.

Und wia i beim Fensta bin aussikrocha,
da is ma da Fenstastock nachibrocha,
ja außibrocha, ja nachibrocha.

Da schreit glei da Bauer: »Ja Hiasl hoho,
so laß ma do grad mein Fensterstock do,
du kannst 'n net brauchn und mir geht er o.«

Ja wenns oan so geht, wias mir hat ganga,
der geht seiner Lebtag in koa Madlskamma,
wias mir hat ganga in da Madlskamma.

Zwei Paar Schuah

In jähem Entschluß ergriff der Haslinger Alois eines Tages die Holzaxt und machte sich damit über die lange Leiter her. Als er diese zu Kleinholz verarbeitet hatte, nahm er das größte Brett, das am Hofe herumlag, vernagelte damit das Kammerfensterl seiner ältesten Tochter und sagte nach getaner Arbeit laut vor sich hin: »Jetzt wird dem Flori 's Fensterln vergeh, zuadraht is!« Der Vevi aber wollte es nicht recht eingehen, warum ihr nicht vergönnt sein sollte, was der Vater seinen beiden jüngeren Töchtern seit Jahr und Tag stillschweigend gewährte. Sie erlaubte sich deshalb die schüchterne Anfrage, warum er denn nicht die Fenster von allen drei Töchtern zunagle und was er denn gegen ihren Florian einzuwenden habe. »Gega die zwoa Burschen, die bei deine Schwestern fensterln, hab i durchaus gar nix«, meinte der Haslinger Alis, »die stamma aus a Gmoa, wo alls in Ordnung is. Wo aber dei Flori dahoam is, is gestern d'Maul- und Klauenseuch ausbrocha! Ja, moanst du vielleicht, i laß mir von dem Hallodri mei ganz Viech o'stecka?!«

EMIL VIERLINGER

An extrige Birn

Vorn Liesei sein Fensta steht,
ausdürrt und mahr,
a Birnbaam und tragt nimma
leicht schon zwanz'g Jahr.

Heunt Nacht aber is der a
Birn g'wachsn dron,
hat an Schnauzbart und lederne
Kniehösln on!

Und 's Liesei g'langt außer und
brockt si die Birn: –
So hats eam nie g'schmeckt wie von
Birnbaam, den dürrn!

KARL VON GUMPPENBERG

Die Probier

Ursula Reischl steht auf dem Hausanger hinter dem Hofe und tut Mist breiten.

Es ist ein schöner Herbsttag, und die Nachmittagssonne brennt so heiß herunter, daß die Ursula oftmals die Arbeit aussetzt und ein bissel Umschau hält, um zu rasten.

Sie wischt sich mit dem Ärmel die Schweißtropfen von der Stirne und fährt mit der Hand ein paarmal unter der Nase auf und ab.

Dann nimmt sie wieder eine Gabel voll Mist und schüttelt ihn bedächtig auf den Anger.

Mit einem Mal tönt ein schriller Pfiff vom Hofe herüber, und dann noch einer.

Die Urschel schaut um und sieht, daß ihr der Vater winkt. Sie stößt die Mistgabel in den Boden und geht bedächtig auf das Haus zu.

»Wos geits?« fragt sie, als sie näher gekommen ist.

»Der Brandlbauer ist do mit sein Nazi und schaut 's Sach o. Mach, daß d' in d' Stuben nei'kimmst.«

»Is scho recht«, sagt die Urschel und geht mit dem Vater in das Haus.

Vor der Küchentüre bleibt sie stehen und schlieft mit den bloßen Füßen in ein Paar Pantoffeln.

Dann tritt sie hinter den Bauern in die Stube und schaut bolzengerade, aber doch ein bissel schüchtern, auf die fremden Leute.

Am Tische sitzt der Brandlbauer, ein stämmiger Alter mit grauen Haaren und glattrasiertem, braunrotem Gesicht.
Neben ihm sein Nazi im Feiertagsgewande. Lustige, kleine Augen, Stumpfnase, großer Mund, hinter dem eine Reihe gesunder Zähne heraussieht. In den gut entwickelten Ohrwascheln trägt er Sterne aus Goldblech.
Die Brandlbäuerin sitzt neben der Reischlin auf der Ofenbank. Man sieht nicht viel von ihren Zügen, weil sie durch das große schwarze Kopftüchel verhüllt sind.
Auf dem Schoße hält sie den bei Besuchen unerläßlichen Handkorb und darüber gebreitet einen blauen Schal.
»Da is d' Urschel«, sagt der Reischlbauer. »'s Good«, ruft der Nazi, und der Brandlbauer sagt: »Jetzt geh mi in Stall naus«, damit steht er auf, und die Gesellschaft setzt sich in Bewegung zur Haustür hinaus über den Hof.
Im Pferdestall, der sehr reinlich gehalten ist, sieht der Brandlbauer mit Wohlgefallen das hohe Gewölbe und die fetten Hinterteile der strammen Gäule.
»Achti?« fragt er.
»Ja«, sagt der Reischl, »und oaner is im Feld daußt.«
»San neuni«, meint der Brandl und streicht dem nächststehenden Gaul mit der Hand bedächtig über den Rücken.
»I hab allaweil Glück g'habt im Stall«, fährt der Reischl fort, »is guetta fünf Johr, daß mi koaner mehr verreckt is. No, 's Fuatta is guat; an Habern bau i selm.«
»Baust selm?« fragt der Brandl und schaut dem Rotschimmel prüfend in das Maul.
Währenddem führen auch die zwei Bäuerinnen ein eifriges Gespräch unter der Stalltüre.
»Und mit die Anten (Enten) is mi gor net viel aufg'richt«, meint die Reischlin, »erst gesting hon i zu der Brummerin g'sagt, Brummerin, sag i, wann mi denkt, was mi an a so an Anten hifuattert, hab i g'sagt, nacha is leicht g'schaugt, sag i. Des muaß ma net moan, hab i g'sagt, daß da Profit so groß is, sag i...«
»Do host recht, Reischlin, aba do is mi an Anten no liaba, wia so a Henn...«
Die Brandlbäuerin wird durch ihren Ehemann unterbrochen, welcher mit seinem Nazi und dem Reischl unter die Tür tritt und sagt: »Jetzt schau mi an Kuhstall o.« Sie gehen darauf zu.
Der Nazi dreht hie und da den Kopf nach der Ursula um, welche mit der Mitterdirn hinterdrein geht.
So oft er umschaut, rennt die Ursula ihrer Begleiterin den Ellenbogen

in die Hüfte, und alle zwei halten die Hände vor die Mäuler, damit man nicht hören soll, wie sie gar so herzhaft lachen müssen.

Im Kuhstall kommen auch die Weiber zum Reden.

Die Reischlin gibt die Vorzüge einer jeden Kuh bekannt; sie erzählt, wieviel Milch eine jede gibt und ob sie zwei- oder dreistrichig ist.

»Die Scheck sell doben is mi de allaliaba, Brandlin. I hab scho oft zum Bauern g'sagt, Bauer, sag i, die Scheck is mi de liabeste. Wann i anort nei geh dazua zum Melken, habt si si so staad. Da brauchts gar nix, sag i. A so a rechtschaffens Vieh is, hab i g'sagt, daß's grad a Freud is, sag i . . .«

Der Stall ist eingehend besichtigt, und der Brandlbauer hat dem letzten Ochsen den Schweif aufgehoben und seine Qualitäten gemustert.

»Reischl«, sagt er jetzt, »mi g'fallt de Sach. Und indem mei Peter an Hof kriagt und der Nazi heiraten will, halt i für eahm um die Ursula o.«

»Mi is recht«, erwidert der Reischl, »und wenn mi aushandeln, übergib i an Hof.«

Die Ehe ist ein Vertrag, wie ein anderer auch. Soll er richtig werden, dann müssen die Leute wissen, wie sie daran sind.

Deswegen muß man sich vorher alles genau anschauen, damit man nicht hinterher ausgeschmiert ist.

Vorsicht ist besser wie Nachsicht, und für die Reu' gibt der Jud' nichts.

Ich wüßte noch viele Sprichwörter, um das zu entschuldigen, was ich jetzt beschreiben möchte, aber nicht sagen darf.

Kurz und gut, der Nazi ist der Meinung, daß man keine Katz' nicht im Sack kauft, und während die Eltern die Übergabe des Hofes besprechen müssen, hat er eine andere Prüfung vor, die nicht weniger wichtig ist.

Es wird kein Wort darüber verloren.

Das ist einmal so Brauch.

Die Eltern haben nichts dagegen und die Ursula auch nicht.

Sie tut wohl ein bissel geschämig und schaut recht spaßig aus ihrem Kopftuch heraus.

Dann aber fährt sie sich ein paarmal mit dem Rücken der Hand unter der Nase auf und ab und geht, ohne daß es ein Zureden gebraucht hätte, langsam die Stiege hinauf, den Gang hinter, in die Menscherkammer.

Der Nazi marschiert tapfer hinterdrein; sie läßt die Türe offen, er lehnt sie zu, und das andere ist nicht mehr recht zum Erzählen.

Wir müssen die zwei schon allein lassen und wieder zu den Alten hinuntergehen, die in der Stube eifrig verhandeln. Die Bäuerinnen sitzen auf der Ofenbank und horchen zu, wie die Mannsbilder den Austrag besprechen und das Abstandsgeld.

Nur hie und da redet die Reischlin ein Wort mit, wenn ihre besonderen Interessen in Frage kommen.
»Fufzeh Henna muaß i b'halten derfa, acht Anten und vier Gäns ...«
»Zu wos brauchst denn gor so vüll Henna?«
»Zu wos mi de Henna braucht? De braucht mi scho. Ich möcht Oar handeln, daß mi a weng a Geld in d' Hand kriagt. Bald braucht mi des, und bald braucht mi des ander. I mog net, daß mi geht wia der Huaberin. Reischlin, hats g'sagt, balst amol übergibst, sagts, nacha nimmst da was G'scheits aus, hats g'sagt. I bin aa so dumm g'we'n, sagts, und hob nachgeben, hats g'sagt, und jetzt kon i wegen an jeden Oar zu der Bäurin laffa, sagts, und muaß no recht schö bitten aa, hats g'sagt. Und des mog mi gor net ...«
»No, no, Reischlin, wegen de Henna z'tragen mir uns net. Also, Reischl, nacha kriagts ös fufzehtausad March Abstandsgeld ...«
»Ja, aba de Taubn muaß i kriagn«, fällt ihm die Reischlin ins Wort, »an Taubenkobel muaß i aa hamm, daß mi im Fruhjohr mit die junga Tauben handeln ko. Des gibts gor it, daß i de Taubn herlaß ...«
»No, vo mir aus«, brummt der Brandlbauer, »also ös kriagts drei Zimmer zu da Wohnung, an Austrag, wia ma's g'sagt hamm, und fufzehtausad March Guatsabstand ...«
»Ja, und acht Anten und vier Gäns; des sell gibts gor it ...«
»Jessas ja, du kriagst deine Anten scho. Also sechstausad March zahl i bei da Hozet, fünftausad auf Liachtmeß und viertausad auf Micheli 's nächst Johr. Is a so recht?«
»Mi is recht«, sagt der Reischl.
»Nacha mach ma's moring notarisch. Oes kembts um achti in da Fruah auf Dachau zum Ziaglerbräu. Bal i no net do bin, fragts an Bräumoaster Engart, der woaß nacha, wo i bi.«
Im Rahmen der Türe erscheint in diesem Augenblick der Nazi. Und hinter ihm die Ursula.
Er schlenkert ruhig in die Mitte der Stube vor und dreht den Hut in den Händen; sie macht sich zu der Ofenbank hin und zupft an ihrem Kopftüchel.
Ihre Ankunft erregt kein Aufsehen.
Der Brandlbauer erklärt seinem Stammhalter, daß man sich herunten geeinigt hätte.
Da zieht der Nazi seinen Geldbeutel, nimmt bedächtig einen Silbertaler heraus und gibt ihn der Ursula als Darangeld, zum Zeichen, daß auch oben alles in Ordnung befunden worden sei und daß nunmehr der Vertrag als richtig und fertig gelte.
»So, und jetzt pfüat enk«, sagt der Brandl und geht mit seinen Leuten zum Hofe hinaus.

Sie drehen sich nicht um, und die andern schauen ihnen nicht nach.
Die Ursula schlieft wieder aus ihren Pantoffeln und geht auf den Anger. Sie zieht die Mistgabel aus dem Grasboden und fängt gemächlich die Arbeit an, wo sie aufgehört hat.
Währenddem ist der Brandl zügig dahingegangen; wie sein Weib einmal neben ihm her stapft, stoßt er sie an und sagt: »Hast as g'segn, Bäurin, de oa Sau is guat trachti? Mi müassen schaugn, daß d' Hozet bald is, sinscht vokaft da Reischl no g'schwind de kloan Fackein.«

LUDWIG THOMA

PAUL NEU

Auf der Alm, da gibts koa Sünd

Schnaderhüpfeln

I wüßt scho a Gwisse;
i woaß zwar net gwiß,
ob die gwisse, die i weiß,
die Gwisse wohl is. –
Wann sie wissat, daß i 's weiß,
daß i 's gewiß wissen tat,
na wissat i gwiß,
daß i weiß, was i tat!

I tat scho gern fensterln,
aba 's Kreuz ist halt für,
geh Deandl, i bitt di,
laß mi türln bei dir.

Wann der Hahn kraht,
druckt er d' Augn zua,
weil er's auswendi kann,
und wann i bei meim Deandl schlaf,
mach i's grad wia der Hahn.

Und a so a so a so a Deandl,
wia die meine, moan i, oane is,
wird net bald wieda oane sei,
moan i, wia die meine oane, moan i, is.

Und hinter der Hollerstaudn –
da is was g'schehn!!
Ma woaß zwar net was,
aber d' Leut, die hams g'sehn!
Ja, d' Leut, die hams g'sehn
und die wissens ganz gwiß:
sie hams haargenau g'sehn,
daß's finster g'we'n is!

Der Ratz

In unserer Pfarrei hört man jetzigerzeit noch manchmal das nette Schnadahüpferl, das wie ein Motto auf diese Geschichte paßt. Es heißt:

»Deandl, di mog i,
auf di gib i acht,
und du host a Guraschi,
a Schneid bei da Nocht.«

Beim Marterer von Hinterweinting sind zwei Weiberten im Haus gewesen: dem Bauern seine Alte und die Dirn Gretl. Letztere ist von der Deggendorfer Gegend her gewesen, hat brandrote Haare gehabt und einen Kopf auf wie ein roter Luftballon, wie ihn die Kinder auf den Dulten kaufen. Mit ihrer Arbeit hat man zufrieden sein können, und

das wollte beim Marterer was heißen, denn da mußte eins schieben und rackern wie ein junger Zugochs.
Aber halt die zu gesunden Weiberten und die roten noch dazu!
Schon wie die Gretl eingestanden ist, hat der Marterer zu seiner Alten gesagt: »Dö, moan i, derf ma net vui rastn lossn, sünst kimmts auf anderne Gedankn.«
»Jaja, schaugt ganz a so her«, bekräftigte die Martererin ebenso, die für derartige Mutmaßungen immer gute Witterung hatte. Außerdem war sie eine Beißzange, die Bäuerin, und eine Betschwester noch dazu.
Indem daß man also sozusagen die Gefahr in bezug auf die allzu gut gestellte Körperlichkeit der Dirn im Martererhause vollauf begriff, richteten sich Marterer und Martererin danach. Rackern ließ man sie, nichts wie rackern.
»Do vergeht ihra da Übamuat«, meinte der Marterer.
Trotzdem – selbigerzeit richteten gerade die Monteure vom Loisachkraftwerk das Elektrische ins Haus – schon fing's mit der Gretl zu spuken an. Gleich ging was zwischen ihr und dem Monteur namens Holzschneider-Toni.
Gleich spannten es die Bauersleute. Schon fing die Martererin das Benzen an. »Hiasl«, sagte sie jedesmal vor dem Bettgehen zum Bauern, »Hias, dö hot an Kerl drobn ... I wett mein Kopf, sie hot an Montär drinn ...«
Zuerst war's dem Marterer gar nicht recht, dieses Benzen. Selbstredend, er war grad nicht so bigott wie seine Alte, aber auf Ordnung in seinem Haus gab er was. Andernteils aber war es mitten in der ärgsten Heuarbeit, und heutigentags ist's nicht mehr so wie früher. Jetzt steht eine Dirn oder ein Knecht oft mitten im Jahr aus und wartet nicht mehr den Lichtmeßtag ab, Krach gibt's, und hin wirft der Dienstbote alles, auf und davon geht er. Die Gretl aber war eine zu gute Arbeiterin.
»Ah, so a Drecksau werds net glei sei«, wehrte also der Bauer alle Verdächtigungen der Bäuerin ab und meinte natürlicherweise mit der Drecksau die Gretl. Aber die Martererin ließ nicht locker. Jeden Tag benzte sie noch mehr in ihren Alten hinein.
»Härst ös! ... Härst ös! ... Dö hot oan drobn, sog i!« sagte sie wieder einmal, und wirklich, man hörte ein deutliches Gepumper in der Dirnkammer.
»Ah!« wollte der Bauer schon wieder ausweichen.
»Jetz werds bessa!« fing aber auf das hin die Bäuerin ganz und gar kritisch an: »Dös is ja direkt schandmäßi sowas! ... An soichern Saumensch muaß ganz einfach 's Handwerk g'legt werdn! ... Scham di, Hiasl! ... Fürchtst dir denn gor it Sündn! ... In ünsern Haus a solcherne Menscherwirtschaft!«

Der Marterer hatte sich schon die Hose herabgezogen, saumüd' war er und wollte seine Ruhe haben. Er sagte kein Wort. Das hingegen brachte die Bäuerin erst recht in Hitze.
»Wos! ... Du willst no nix macha?!« knurrte sie ihn an und ging resolut auf die Tür zu: »Nachha geh einfach i nauf und wirf ihrern Saukerl raus!«
Und das war jetzt schon zu arg.
»Bleib do, sog i! ... I geh scho!« brummte der Bauer und zog seine Hose wieder hinauf. Grimmig packte er den Ochsenziemer und rannte gradewegs in die Dirnkammer hinauf. »Himmiherrgottsakramentsakrament!« bellte er auf und riß die Tür derselben auf, aber direkt der Ochsenziemer fiel ihm aus der Hand von dem, was er da sah. Die Gretl plärrte wild auf und rumpelte auf ihr Bett zu. Bloß im Hemd war sie, und wie sie jetzt ins Bett hüpfte, das war allerhand Unkeuschheit.
»Wos is's denn?« brachte endlich der Marterer heraus und zog sich schon wieder auf die Tür zurück.
»Wos? ... Nix is's, Sauteifi!« schimpfte die Gretl gerechterweise entrüstet, denn daß ein Bauer mitten bei der Nacht in die Dirnkammer kommt – und wenn er's auch noch so seltsam und anders auslegbar angeht – das gehört sich denn dann doch schon nicht. Da hilft auch keine Ausrede und kein anderes Stellen.
»Dös is a Schand!« plärrte also wiederum die Gretl und drückte durch dies sozusagen den Schuldstempel unkeuscher Absicht dem Marterer vollends auf: »A Ratz laaft scho vier Täg unter mein Kastn hin und her, Huarnstingl, schlechta!« Sie hatte den richtigen weibermäßigen, scheinheiligen Jammerton.
»Herrgott! Herrgott, is dös aba letz! ... I hob ganz gwiß nix wuin (wollen)!« hörte die Gretl den Bauern noch sagen und schon war er draußen. Am Hall seiner tappenden Schritte konnte man's spüren, daß er sich direkt schämte. Die Gretl lachte verkniffen in sich hinein. Sie luste noch ein wenig und schwang sich aus dem Bett. Hinlegte sie sich wieder auf den Boden, den Hintern in die Höhe. So wie der Marterer sie gesehen hatte. Grad war es, als wie wenn sie dem Ratzen unter ihrem Kasten wieder zusetzen wollte. Und wie sie jetzt das Ohr ganz fest an die Bodenbretter drückte, vernahm sie das Schimpfen aus der Marterer-Ehekammer ganz deutlich.
»An Dreck hats, damische Kuah, damische!« belferte der Bauer auf seine Alte ein: »A Ratz is unter ihrern Kastn, dös is ois (alles) ... Sündn muaß i mi färchtn vor ihra ... I geh eini und siehch dö ganz Unkeuschheit ... I hob koan Kerl it g'sehng, spinnerts Luada, spinnerts! ... Und jetz muaß amoi a Ruah sei, daß d' ös woaßt!« Die Gretl lachte noch mehr, freilich drückte sie das Maul fest zu dabei. Auf stand sie und

machte das Fenster auf. Und dem Holzschneider-Toni, der mit zurückgehaltenem Schnaufer auf der Leiter wartete, lispelte sie kichernd ins Ohr: »Geh nu rei jetz! Mach schnell! ... Do kimmt koana mehr auffa, für dös is g'sorgt!«
Jetzt lachten alle zwei stockstill. Da sollt jetzt nicht passen drauf: »Und du host a Guraschi, a Schneid bei da Nocht!«

OSKAR MARIA GRAF

Die Scharfe

Mei Deandl is a Scharfe!
Z'naxt, da hab i's tratzt,
da hats ma meine Klupperln
vaklöpfelt und vakratzt.

Mei Deandl is a Scharfe!
Z'naxt, da hab i's kränkt,
da hats ma glei a g'salzne
hintum um d' Ohren g'lengt.

Mei Deandl is a Scharfe!
Z'naxt, da hab i g'sagt,
i möcht, was andre kriegn,
da hats mi aussag'jagt.

Mei Deandl is a Scharfe!
Und bin i erst ihr Mo –
uijeh – weard dös a Gegend!
Hab heunt mei Freud scho dro!

LUDWIG GANGHOFER

Bartholomäus Pichelsrieder liebt ...

Jeder von uns kennt das große, weit auseinanderlaufende Haus in der Dorfmitte von Hammertshausen, das dem Ludwig Pichelsrieder – oder wie man ihn hierorts heißt – dem »Schmaußbauern« gehört. Dort hat sich in den letzten Jahren allerhand geändert. Die alten Schmaußens möchten gern übergeben. Der Ludwig, der erste Sohn, ist im Krieg gefallen; die zwei Töchter Leni und Margreth sind im schönsten Heiratsalter und der Barthl, der jüngste, bekommt also den ganzen Hof.

Von den Schmaußens sagt man in der Pfarrei: »So saugrob wia dö is net leicht wer.« Das bedeutet aber keineswegs etwas Herabminderndes, im Gegenteil, solche Leute sind in unserem Gau meistens höchst beliebt, in ihnen erblickt man gewissermaßen die unverfälschten Repräsentanten des echten bayrischen Bauerntums.
Die männlichen Mitglieder der Schmaußfamilie haben brandrotes Haar und interessieren sich hauptsächlich für Viehkäufe und sonstige Handelsschaften. Die Töchter hingegen sind brünett und gelten weit und breit als »sauber«. Sie wissen das auch und sagen es bei jeder Gelegenheit ihren Bewerbern offen und ohne Umschweife ins Gesicht, ja, wie erzählt wird, haben sie sich schon als Schulkinder lebhaft für ihre Körperbeschaffenheit interessiert. So zum Beispiel hat der Schmauß, bloß mehr in der Art einer Redewendung, zur Margreth einmal gesagt: »Geh, jetzt bischt scho gleich aus der Schoi (Schule) und host nu net amoi dein Orsch (Hintern) g'sehng ...« Was zur Folge hatte, daß die also Angesprochene kurzerhand in die Stube ging, auf den Tisch hinaufstieg, den Rock aufhob und ihren hinteren Körperteil im Spiegel betrachtete. *Den* Vorwurf, meinte sie, nachdem sie alle Familienmitglieder hereingerufen hatte, könne ihr nun keiner mehr machen. –
Kurz und gut also, so ungefähr sind die Schmaußens. Und um bei der Sache zu bleiben, der Barthl hat im Krieg einen Streifschuß in den Oberschenkel bekommen und hinkt seitdem ein wenig. Seit einiger Zeit aber sucht er nach einer Hochzeiterin. Bei der Weblinger-Sephi in Fichtelberg ist er gewesen. Sie hat nichts wissen wollen. Darauf versuchte er's mit der Amplezer-Rosl von Darching. Die sagte nicht Ja und nicht Nein, aber der alte Amplezer meinte einmal: »Ja mei! ... Barthl, du waarst ja soweit koa u'rechts Mannsbuid ... Aba, mei, wenn ma hoit heiratn wui, nachha muaß ma a laars (leeres) Haus hobn ... Dös tuat koa guat, daß dö Jung do is und deine Schwestern ...«
Das leuchtete dem Barthl ohne weiteres ein. Er wurde ungemütlich zu seinen Schwestern und gab ihnen deutlich zu erkennen, daß sie jetzt zu heiraten hätten. Bei der Margreth aber kam er dabei an die Unrechte. Erstens war sie älter als er und zweitens hatte sie ihr Mundwerk auf dem rechten Fleck.
»Wos? ... Du hoscht mir gor nix zon Kommandiern, daßt es woaßt! Du wirst es derwartn kinna, du Lakl, du ekelhafter ...!« fing sie an, und wohl oder übel mußte der Barthl wieder abziehen. Mißgünstig verfolgte er das Treiben seiner Schwestern. Es kamen zwar Sonntags manchmal Burschen zu ihnen und machten Spasseteln, aber es schaute gerade nicht darnach aus, als ob dabei etwas ernstliches dahinter steckte. Von Heiraterei konnte keine Rede sein, wenigstens bei der Margreth. Die Leni, bei der schien's hoffnungsvoller zu stehen, und wirklich nach

einigen Monaten verkündete der Pfarrer Mair auch von der Kanzel herunter, »daß sich die ehrenwerte Jungfrau Magdalena Pichelsrieder, Bauerstochter von Hammertshausen und der unbefleckte Jüngling Xaver Holzinger, Bauerssohn von Buchberg, die Ehe versprochen hätten.« Kurz nach Ostern gab es auch eine sehr schöne Hochzeit, und der Barthl war kreuzfidel dabei. Er saß mit der Amplezer-Rosl am Brauttisch und lachte in einem fort. Schlecht ging es ihm bloß, als man allgemein zu tanzen anfing. Mit zusammengebissenen Zähnen versuchte er die ersten Walzer mit der Rosl zu tanzen, aber dann war absolut nichts mehr zu machen mit seinem Fuß. Mit aller Bissigkeit verfolgte er die Rosl auf Schritt und Tritt, und als sie gar auf einmal jeden Tanz mit dem Lemmlinger-Feschl tanzte und – nach Barthls Meinung – auffällig zutraulich zu diesem Rivalen wurde, da war es aus mit der Fidelität.

»Jetz, moan i, derferst aba scho amoi aufhärn mit dein Pussiern ... I sog dir's, i schaug nimma lang zua ... I häng mi auf, wennscht mir untrei werscht, Rosl!« beschwor sie der Barthl. »I derhäng mi pfeilgrod! I derhäng mi ... Und du host mi auf 'n G'wissen!« wimmerte er zuletzt vor Eifersucht und ließ die Rosl, als der Feschl ihr wieder zum Tanz winkte, um alles in der Welt nicht mehr los am Arm.

»Au! Grobian!« schrie sie: »Loß mi aus, sog i! Loß aus!« Ganz und gar wütend wurde sie, und als der Barthl endlich losließ und wieder was vom Aufhängen sagte, schwang sie sich aus der Bank.

»Derhäng di, meinetwegn! Saugrober Siach! ... Mir san firti (fertig)!« schrie sie zurück und verschwand nach dem Tanz mit dem Feschl. Weg war sie. Nirgends mehr fand sie der Barthl und kam zuguterletzt ganz zerdrückt in den Saal zurück. Er fing auf einmal buchstäblich wie ein kleines Kind zu weinen an und brachte die ganze Hochzeitsgesellschaft durcheinander mit den Vorwürfen, die er der Leni machte, weil sie das Tanzen gewollt hatte.

»Do bist bloß du schuid! Bloß du! ... Du host doch g'wißt, daß i an wehen Haxn hob! Du host es doch g'wißt ...!« heulte, bellte, jammerte er in allen Tonarten: »Jetz is's davo ... jetz hob i's, weil i mit ihr auf dei Hochzeit ganga bin!«

Und plötzlich lief er auf und davon, weil alle ihn auslachten. Fuchsteufelswild kam er heim.

Bei der Amplezer-Rosl war nichts mehr zu machen. Zwei-, dreimal kam der Barthl noch, dann versuchte er es bei der Irlinger-Leni in Walchstatt drüben. Die Leni war ein gutes, nachgiebiges Ding. Sie ließ mit sich reden. Nur meinte sie genau wie der alte Amplezer: »Woaßt Barthl, dös mächt i net ... a so nei'heiraten, wenn 's Haus no net laar is ... ehvor d' Margreth net g'heirat hot, mächt i dei Wei net werdn ... Mir kinna ja no wartn, bis's soweit is ...«

Der Barthl hatte aber jetzt genug mit dem Warten. Da kams dann meistens so, daß ihm seine Zukünftige eines schönen Tages wieder entglitt. Auf der Stelle wollte er die Margreth verheiratet wissen, unter allen Umständen. Er ging zum Lerminger Wastl und beredete sich mit ihm. »Z'erscht packst es guat o, und wenns nachha net wui, na paßt ihr einfach an Weg o und ziagst ös in ünsern Kornacker nei, verstehst mi?« sagte er zu seinem Kriegskameraden und zwinkerte zweideutig mit dem linken Auge.

Der Sommergast aus Preußen OLAF GULBRANSSON

»No gel, das Malhör mit deiner Cenzi!« – »I ka dem arma Mädle oo kan Vorwuarf macha, sie hot ihn halt so schwer verschtanda.«

»Auf a' ra paar hundert Markln kimmts mir net o, wennscht ös z'sammbringst!« setzte er hinzu und ausgemacht war die Sache zwischen ihm und dem Wastl. In bestem Einvernehmen gingen sie auseinander.

Am andern Sonntag kam der Wastl zum ersten Mal zur Margreth. Er redete herum und herum, und die Margreth lachte ihn aus, fing zu spötteln an. Der Wastl ließ nicht locker, kam nach Feierabend ab und zu, kam am andern Sonntag wieder und wurde schließlich etwas zudringlicher zur Margreth.

»Jetz!? ... Jetz härst aba auf, gell?! Jetz, jetz wennscht net gehst, na derlebst wos andersts, gell ...!« fuhr ihn die resolut an, als er immer handgreiflicher wurde. Und »Gut« sagte sich der Wastl, gehts also so nicht, geht's anders. Er ging zum Unterwirt hinunter. Dort hockte der Barthl und wartete.

»Also mogs absolut net?« fragte der.

»Es bleibt nix anderschts übri, ois da Kornacka ... Dös is ja a ganz a hundsheiderne«, erwiderte der Wastl.

»Jaja, dös is a ganz a bockstarre ... Do muaßt scho radikai sei«, belehrte ihn der Barthl abermals: »I werds ihra scho no ei'brocka, wenn i jetz hoamkimm ... Dö ganz Woch sekier i's, na werds in Gottsnam scho woach (weich) werdn ... Und an Sunnta (Sonntag) nach der Kirch paßts ihra an Weg o. Do packst es ...«

Abgemacht war die Sache. Der Barthl ist eigentlich kein starker Biertrinker, an diesem Sonntag aber kam er mit einem schweren Rausch heim. Die Alten lagen schon im Bett, die Margreth saß noch in der Küche und las den »Marianischen Kalender«. Wie ein rollendes Faß holperte der Barthl zur Tür herein.

»Jetz heiratst amoi, Viehch g'schupfts! ... Jetz muaß ... jüp–jü–jüp–jupp ... jetz muaß's ausananda geh, damische Matz, damische!« schrie er aus Leibeskräften und wollte auf die Margreth los. Zum Unglück aber fiel er schon beim zweiten Schritt glatt auf den Boden, sein Magen fing zu würgen an, und heraus brach es aus ihm wie aus einer Feuerwehrspritze. »Saukerl b'suffener!« hörte er bloß noch, und weg war die Margreth. –

Die ganze Woche schimpfte und polterte der Barthl herum, in einem fort stritt er mit seiner Schwester. Sogar der alte Schmauß wurde ärgerlich darüber und sagte dem Barthl die Meinung richtig. Darauf gab dieser eine Ruhe.

Zerrauft und zerkratzt, weinend und zerhetzt kam am Sonntag die Margreth von der Kirche heim. Rot war sie auf dem ganzen Gesicht und lief sofort in die Kammer hinauf. Hätte sie einer noch aus dem Kornacker laufen sehen – schreiend und entsetzt –, dann wäre der Wastl sicher ins Zuchthaus gekommen. So aber – es geht sich vom Acker

bis zum Dorf immerhin eine gute halbe Stunde und da denkt man allerhand –, so aber also überlegte sich die Margreth die ganze Sache doch anders. Die ganze Woche war sie verstört, und eines Mittags sagte die Schmaußin sachlich über den Tisch hinweg: »Noja, jetz is's scho wia's is ... Am g'scheitern is's, ma is stad und du heiratst an Wastl. Er is ja weiters koa u'rechter Mensch net ...«
Die Margreth sagte gar nichts mehr darauf. Sie nickte nur, und ihre Augen wurden naß. Der Barthl ging zum Wastl hinüber und berichtete. Der Wastl kam am nächsten Feierabend kleinlaut zum Schmauß. Auch er war arg zugerichtet und hatte ein blaues Auge. Er getraute sich kaum die Margreth anzuschauen. Schmauß und Schmaußin redeten mit ihm. Die Heirat wurde abgemacht, nach Michaeli setzte man die Hochzeit an.
Der Barthl war ganz alert und kam zur Irlinger-Leni nach Walchstatt hinüber. »Jetz werds Haus laar«, sagte er. »Jetz kunnt ma's probiern mit 'n Heiratn, Leni?«
Und weil die Leni ohne weiteres nickte und gerade vom Veteranenball erzählte, der am Samstag beim Moderbräu stattfinden sollte, sagte er noch fideler: »Also! ... Dösmoi muaß lustig werdn ...«
Ganz und gar vergaß er seinen wehen Fuß. Er stieg auf sein Rad, fuhr heim und holte die Leni am Samstag zum Veteranenball ab. Eine Zeit lang ging alles gut. Aber als die Leni – wie das schon ist bei den Weibsbildern – ins Schwitzen kam und keinen Tanz mehr auslassen wollte, da war es gefehlt für den Barthl. Sein Fuß fing wieder an, weh zu tun. Wehleidig hinkte er herum, der Barthl. Lang schaute er nicht zu, wie die Leni ein ums andere Mal mit dem und dem tanzte. Ganz schlecht wurde ihm vor Ärger und Eifersucht. Kurzerhand zahlte er die Zeche, packte die Leni am Arm und zog sie zum Saal hinaus.
»I derhäng mi ja doch no! ... I derhäng mi, wennscht di du oiwai mit dö andern ei'loßt!« belferte er unausgesetzt in die Leni hinein, hielt krampfhaft ihren Arm und hinkte immer ärger. Als man in den Walchstatter Forst kam, sah es aus, als könne er überhaupt nicht mehr vom Fleck. Angst und bang wurde der Leni. Der Barthl graunzte und jammerte, rülpste und wimmerte wie ein angeschossener Hund.
»Wos host denn? ... Um Gotteswilln, wos host denn, Barthl? Barthl?!«
»Auskemma tuast mir nimma! ... Auskemma tuast mir nimma!« knurrte der Barthl statt jeder Antwort und hinkte noch bedrohlicher.
»Aba Barthl? Barthl? ... Du konnst ja nimma geh! Wos host denn no grod?« wiederholte sie, als er sie an einen großen Föhrenbaum drängte: »Barthl ...?!« Sie weinte es schier heraus.
»Ah, wos! Scheissen muaß i! Aba auskemma tuast mir nimma! ... Auskemma tuast mir nimma!« schrie er plötzlich, drückte sie vollends an

den Baum, zog schnell den mitgenommenen Strick heraus und band sie – eins, zwei, drei – an. Ihr Schimpfen und Keifen half ihr nichts.

»Auskemma tuast mir nimma!« brummte er beharrlich und verrichtete seine Notdurft. –

Und dieses Vorkommnis natürlich zerschlug wieder alles. Die Irlinger-Leni hat kurz darauf den Remlinger-Silvan geheiratet. Keine einzige Bauerstochter ließ sich mehr mit dem Barthl ein, samt dem, daß er ein leeres Haus hat.

Überall, wo er hinkommt, sagt man bloß spöttisch: »Auskemma tuast mir nimma!« und grollend zieht er ab . . .

OSKAR MARIA GRAF

Im Zweifel

Und der Enzian is blau
und die Naagerl san rot,
und i woaß no net gnau,
gehn i hüast oder hot.

Auf da Waxenalm d' Loni,
die g'fallt ma net schlecht,
und bein Wirt druntn d' Moni
waar ma grad a so recht.

Die oa is mehr mollat,
die anda mehr sper –
bal i wißt, was i sollat,
i gaab was drum her.

I zähl meine Knöpf ab,
nimm d' Maiglöckerln her
und reiß eahna d' Köpf ab
und woaß no net mehr.

Des oamal werds d' Loni,
schier hätt i ma's denkt!
Und nacha werds d' Moni –
bin i wieda da Gschlenkt!

Und die Wolkan am Illing,
die hänga si ei,
und i sollt halt als Zwilling
auf d' Wölt kemma sei.

MAX DINGLER

Vom Hirnpecker

Der Hirnpecker ist ein recht gefährlicher Vogel. Er ist nicht viel größer wie ein Geier, aber er hats auf die Leut abgesehen. Und wenn er einen Menschen wo sieht im Freien, dann saust er herab, setzt sich auf den Hut und peckt so lang auf die Stirn, bis das Gehirn herausgeht.
Das frißt er dann, das Gehirn. Und wem er das Gehirn herausgefressen hat, der muß dann sterben.
Da ist der Bären Kaspar einmal mit der roten Dirn vom Deixlheber Anderl am Himmelreichanger in der Garchinger Flur an einem Sonntag spazierengegangen und hat nicht viel Gutes im Sinn gehabt.
Aber sie ist standhaft geblieben, die rote Dirn vom Deixlheber.
Zuerst hat er ihr einen Lebzelten versprochen, dann ein rotes Fürtuch und ein Halsgeschnür.
Sie tät sich Sünden fürchten, hat sie aber gesagt, die Rote.
Dann hat er ihr die Ehe versprochen.
Aber weil der Kaspar von seinem Vatern den Hof erben wird mit etlichen zwanzig Stück Vieh und vier Roß, drum hat sie's ihm nicht geglaubt, daß er sie heiratet.
Da hat ihn der gache Zorn gepackt, den Kaspar. »Itzt mußt justament die meinige sein!« hat er geschrien und wie ein Wilder angepackt.
Ah, der kennt die rote Deixlheber Dirn schlecht. Die hebt einen Sack Traid, den schwersten, auf den Wagen. Nein, da hilft das Wildsein nix.
Ausgelacht, ja, ausgelacht hat sie ihn. Aber wie er dann so blaß geworden ist, da hat er ihr leid getan, und sie hat gemeint, was nicht ist, könnt noch werden, und wann das Korn noch nicht reif ist, darf man es halt noch nicht mähen.
Da hat der Kaspar auf einmal in die Höh geschaut und einen Schrei getan.
Die Rote hat verwundert auch aufgeschaut: »Was hast denn, daß du so schreist?«
»Der Hirnpecker!« Und der Kaspar schlägt seine Jacke über den Kopf.
Und die rote Dirn hat geschrien: »Der Hirnpecker!« und hat ihre Röck über den Kopf geschlagen, daß ihr der Vogel nicht ans Leben kann.
»Ist schon da, der Hirnpecker!« hat der Kasper wieder geschrien, und die rote Dirn hat gesagt: »Ja, und pecken tut er auch schon. Aber wo der hinpeckt, da wird er halt das Hirn nit finden können.«
Da hat sie schon recht gehabt, die Rote. Aber wie sie dann einmal gesagt hat, der Bub ist vom Hirnpecker und das könnt sie beschwören, da hats ihr kein Mensch nicht geglaubt. Und der Kaspar, den sie als Zeugen aufgerufen hat, der hat sich gar nimmer an die Geschicht erinnern können.

GEORG QUERI

Es laufen die ledigen Kinder umeinand

Der Kremplhofer hat mit seiner Kuni immer die Fretterei, seit sie in die Jahr kommen is, und der dazu gehört hätt, der Mann, der is nicht mitkommen.
Einmal muß er den Knecht davonjagen und ein andermal muß er den Nachberssohn vom Fensterl wegprügeln.
Aber gar ein andermal, da muß er halt die Hebamm holen.
Der Herr Pfarrer schimpft bös.
»Das is ja aus der Weis, einfach die Bammsen so in die Welt setzen!«
»Ja«, sagt der Kremplhofer, »was willst da machn, Herr Hochwürdn? Ich hab ihr den Buckl voll ang'haut, daß sie trenzt hat wie ein Jagdhund. Und da schreit sie: ›Ich bin ja drentn g'wesn bei der Pfarrerköchin, ich bin ja drentn g'wesn! Aber die hats Rezept verlorn!‹«

GEORG QUERI

Das Geständnis

Zwoa Jahr lang gengas scho mitnand
und morgn werns kopuliert.
»Du, Kathl!« sagt der Bua verlegn.
»Gel, sei net glei pikiert –

I wollt dir lang scho eppas sagn
und kimm halt net drum rum.«
»Herrjeh – ja was – so red nur grad
und druck net so lang rum!«

»An Schatz hab i vor deiner g'habt.
(Hab net vui dro verlorn!)
Zum Fensterln bin i ganga diam –
da is a Bua draus worn ...«

As Kathei lacht: »I hab scho g'moant,
dei G'wissn druckt a Mord!
Buam hab i koan, zwoa Deandln grad;
Da red i do koa Wort.«

KARL BAUER

Da Fehler

Du muaßt und wennst d' aa wegschaugn möchst!
Mm! Is dös Deandl schö!
Na, so was Liabs bist d' wieda sehgst,
derfst d' hübsch weit umageh!

Is schad! Schau's liaba nimma a;
oan Fehler hats für mi!
An Fehler, für den sie nix ka –
daß i vaheirat bi!

FRITZ DRUCKSEIS

J. B. ENGL

Die ländliche Unschuld. »No, Zenzi, hast scho an Vater für dein Kind?« – »Na, dös glab i! Glei zwoa, für'n Fall, daß 's Zwilling san!«

Vaheirat deine Buama, wannst magst – und deine Deandln, wannst kannst.

D'Hosntürlsteuer übalebt d' allaschönst Liab.

Wo in am Tuach a Schlitz, kemma d' Madln in d' Hitz.

Wer 's Glück hat, führt d' Braut hoam, und wer ko, schlaft bei ihr.

Net der Red wert

D' Fuchs-Zenzl hockt am drentern Tisch,
der Gleixner-Franz kimmt eina.
Sie schaugt'n mit koam Aug net o –
z'kriagt sans, so wills mir scheina.

I frag an Franzl: »Hats was gebn?
Daß du und d' Zenz zerkeit seids?
Gehts do drei Jahrln scho mitanand;
was ös für dumme Leit seids!«

»Mei«, sagt er, »is der Red net wert,
mir san halt zammag'stößn:
Woaßt scho – heiratn hätt i s' solln –
und i hab drauf vergeßn!«

KARL BAUER

Bauernleut

Altbayrischer Bauernspruch

Guat g'frühstückt g'spürst an ganzn Tag,
guat g'schlacht't as ganze Jahr,
guat g'heirat't g'spürst es – ganze Lebn,
probiers! – Der Spruch is wahr!

KARL BAUER

Alte Wettersprüch

Wenn der Tag beginnt zu langen,
so kömmt die Kält gegangen.

Matheis brichts Eis;
hat er keins, so macht er eins.

Märzenschnee – der Saat tut weh.
Märzenstaub – bringt Gras und Laub.

Aprillen oder Mayen,
einer muß schneien.

Den Maien voll Wind
begehrt des Bauern Gesind.

Wann die Hund das Gras speien
und die Weiber über die Flöh schreien
oder wann sie die Zähn jucken,
so hats mit dem Wetter seine Mucken.

Hundstage hell und klar
deuten auf ein gutes Jahr.

An St. Johanni-Tag Regen,
auf den Nüssen kein Segen.

Mariae Geburt
jagt die Schwalben furt.

Fällt der erste Schnee in den Dreck,
bleibt der ganze Winter ein Geck.

An Martini Sonnenschein,
tritt ein kalter Winter ein.

Auf Barnabe die Sonne weicht,
auf Lucia sie wieder zu uns schleicht.

ALFRED KUBIN

Die Aussteuer. »Zu'n Krüppi schlag i di, Bettelbua notiger, daß d' a Invalidenrente kriagst – nacha ko'st as Deand'l heirat'n.«

Der Mächtige vor dem Himmel und der Starke auf Erden

Als Kaspar Asenreiter auf Asenreith zur Station hinunterfuhr, sah er beim Einbiegen um den großen Feldbirnbaum ein dünnes Fähnlein Staub über dem Fahrweg von Reichenspurn zur Station.

Und als Georg Reichenspurner auf Reichenspurn das holprige Wegstück von Reichenspurn zur Station hinunterfuhr, sah er den Asenreiter eben zweispännig um den Feldbirnbaum biegen.

Ein paar Minuten später fuhr von der einen Seite der Asenreiter und von der anderen Seite der Reichenspurner an dem kleinen, schäbigen Stationsgebäude vor.

»Grüß Gott, Kaspar.«

»Grüß Gott, Schorsch.«

Beide hatten inständig damit zu tun, die Leitriemen am Zaun festzuknoten. Der Reichenspurner ließ den Adamsapfel ruhelos im Halsausschnitt des blühweißen Hemdes auf- und niederhüpfen. Der Asenreiter, schwer und stumpf und mit gerötetem Gesicht, schob den Hut immer wieder unruhig aus der Stirn. Keiner aber fragte den anderen, was er jetzt, um drei Uhr am Nachmittag, an der Station wolle, zwei Pferde vor das Laufwägerl gespannt und das Gewand zu schön für einen Werktag.

Acht Minuten nach drei lief der Zug ein, und in herzlichem Geplauder, ohne sich danach umzusehen, ob sie abgeholt würden, entstiegen dem Zug Monsignore Baptist Asenreiter und Professor Doktor Adam Reichenspurner, der Bruder des einen und der Bruder des anderen Wartenden.

»Mußt du ausgerechnet mit dem gleichen Zug kommen wie der da?« fragte der Asenreiter seinen Bruder, als sie losfuhren.

»Als wenn ihr euch verabredet hättet!« knurrte der Reichenspurner, als auch die Reichenspurnerischen losfuhren.

Dann zogen zwei dünne Staubfahnen über den beiden Fahrzeugen den Hang hinauf, der von den beiden Höfen, der Asenreiter auf Asenreith und der Reichenspurner auf Reichenspurn, gekrönt wurde. Hier lag Asenreith und dort lag Reichenspurn, jeder Hof mit den vier im Quadrat auf die Höhe gesetzten Firsten wie eine Burg anzusehen, jeder so herrisch, wie es bäuerlichen Königssitzen zukommt, keiner um ein Merkliches größer als der andere, denn seit allerhand Jahrzehnten beobachteten sich die Asenreiter und die Reichenspurner gegenseitig, damit keiner es sich einfallen ließ, von irgendwo zwanzig Tagwerk Boden anzukaufen, damit der Asenreiter nicht zwölf Pferde hatte, wenn auf Reichenspurn nur zehn standen, damit der Reichenspurner nicht um einen Tag früher als der Asenreiter mit der Roggenmahd begann, damit der Zuchtstier auf Asenreith mindestens ein ebenso guter Vererber war wie der auf Reichenspurn, damit nicht dort eine Maschine angeschafft wurde, die hier nicht stand, und damit nicht unvermittelt der eine, wie ein besonders gutes Pferd in Karpfham beim Rennen, dem anderen davonzog.

Es war nun längst nicht so, daß die beiden sich haßten. Als beim Asenreiter zwei Firste wegbrannten und das Vieh weder Stall noch Futter mehr hatte, fütterte der Reichenspurner dreißig Stück fünf Monate lang auf seinem eigenen Hof durch. Und als dem Reichenspurner einmal mitten in der Ernte sieben Pferde wegfielen, fuhr ihm der Asenreiter den ganzen Weizen in den Stock.

Es war nun längst nicht so, daß sich die beiden liebten. Sie schauten sich gegenseitig genau auf die Finger, damit nicht der eine plötzlich größer wurde als der andere. Und als – aber das ist nun schon allerhand Jahre her – der Pfarrer zum alten Asenreiter sagte, sein Sohn Baptist sei ein so begabter Kerl, daß es recht vernünftig wäre, ihn studieren zu lassen, als der alte Asenreiter obendrein auch noch einwilligte, eigentlich nur, um dem Reichenspurner wenigstens einen studierten Sohn vorauszuhaben, bedrängte wenige Tage später schon der alte Reichenspurner den Pfarrer, er möge seinem Adam Lateinunterricht geben. Damit nun der elfjährige Adam Reichenspurner nicht etwa durch diesen Lateinunterricht dem gleichfalls elfjährigen Baptist Asenreiter um ein Jahr vorauskam, mußte der alte Zech, der zwar Gemeindebettler war, aber sechs Sprachen beherrschte, dem jungen Asenreiter Lateinunterricht geben. Von da an beobachteten sich die beiden Knaben gegenseitig, genau wie ihre Väter, sehr genau, ob der andere gut oder lässig anzog, und ohne einen merklichen Abstand gingen sie, jeder an einer anderen Schule, durch die Klassenziele und das Abitur.

Dann aber verlor Adam Reichenspurner mehr und mehr an Boden, weil er nicht, wie Baptist Asenreiter, der geistlichen Laufbahn zustrebte, sondern sein Studium irgendwelchen Dingen widmete, die bei den Bauern nicht das gleiche hohe Ansehen genossen, während Baptist Asenreiter, ein derber, aber gescheiter Kopf, es zu Ansehen und Geltung brachte und nicht ein behäbiges Dasein als Bauernpfarrer suchte, sondern zumindest die Domglocken um seine Ohren hören wollte. Er gewann erheblichen Ruf als Kanzelredner, schrieb ein gescheites Buch über den heiligen Nicolaus von der Flüe und wurde Monsignore.

Damals holte Georg Reichenspurner seinen Bruder Adam nicht zweispännig von der Station ab, da er es zu nichts gebracht hatte, und zwischen Stallwand und Pferdeschweifen sagte er ihm unverhohlen seine Meinung: er sei nichts geworden und habe so den Asenreiter alle Trümpfe in die Hand gespielt. Das blieb allerhand Jahre so. Plötzlich aber – und ausgerechnet Baptist Asenreiter brachte diese Nachricht heim – sprach man ziemlich laut von Adam Reichenspurner, von Doktor Adam Reichenspurner, von Professor Doktor Adam Reichenspurner. Das Gespann des Wettstreites ging wieder gleich, ohne daß das Waagscheit, wie bisher, schief hing zugunsten der Asenreiter auf Asenreith. Adam Reichenspurner hatte lediglich die Strecke besser abgeschätzt und war dann sehr scharf aufgekommen. Genau wie beim Rennen in Karpfham.

Da waren sie nun beide wieder einmal daheim, nachdem sie auf der stundenlangen Fahrt so herzlich miteinander geplaudert hatten, als wüßten sie nichts von dem Wettstreit zwischen Asenreith und Reichenspurn.

Man machte, weder hier noch dort, große Festtage daraus, wenn Monsignore Baptist Asenreiter und Professor Doktor Adam Reichenspurner daheim waren. Monsignore ging wie die Bauern zum Wirt, und wenn sie Karten spielten, dann spielte Monsignore besser als die Bauern.

Professor Doktor Reichenspurner, ebenfalls am Sonntag beim Wirt, war weniger laut als Monsignore, aber in steuerlichen Dingen so gewandt wie Monsignore im Kartenspielen, so daß die beiden sich weiter die Waage hielten.

Um einen kleinen Vorsprung herauszuarbeiten, stachelte Kaspar Asenreiter seinen Bruder auf, er möge doch auch in seiner Heimat einmal predigen. Und Monsignore reichte den Bauern ein rhetorisches Kunstwerk dar, so daß die hartköpfigen Leute nicht mehr wußten, wie ihnen geschah, wenn er ihnen in ihren eigensten und menschlichsten Dingen Bescheid sagte, daß sie scheu die Köpfe zwischen die Schultern zogen.

Kaspar Asenreiter nahm das Lob hin, als habe er selbst die fulminante Predigt gehalten. Gegen diesen Feuerguß kam der etwas zu stille und zu wenig wortgewandte Reichenspurnersohn nicht auf. Ihm und seiner Ruhe machte es nicht viel aus, wie die Leute ihn beurteilten, sein Bruder Georg aber schluckte schwer an dieser Niederlage. So einen vollsaftigen Kerl wie Monsignore wollten die Leute hier, und wenn auch Professor Doktor Adam Reichenspurner zugegebenermaßen ein gescheiter Mann war, so erntete er damit wohl einige Wertschätzung, aber nicht die breite zutunliche Liebe wie der geistliche Herr von drüben. Die Reichenspurner auf Reichenspurn waren durchwegs ein wenig zu hager, zu trocken, zu wenig füllig. Georg Reichenspurner wirtschaftete ausgezeichnet, und Adam Reichenspurner war gewiß ein gelehrter Mann, dessen Namen man zuweilen in einer Zeitung las, wobei Georg Reichenspurner dafür sorgte, daß so eine Zeitung von Hof zu Hof weitergegeben wurde. Aber man las eben auch Monsignore Baptist Asenreiter häufig in den Zeitungen, wenn von beachtenswerten Männern die Rede war. Und für das, was über ihn zu lesen war, hatten die Bauern in der Gegend mehr Verständnis.

Als der auf vierzehn Tage angesetzte Urlaub bereits zu elf Tagen verstrichen war und längst kein Zweifel darüber bestand, daß Monsignore Asenreiter den Professor Reichenspurner um mindestens eine Länge abgehängt hatte, fuhr eines Mittags ein schönes, geräumiges Auto, dessen schwarzer Lack in lauter Würde glänzte, den Fahrweg nach Asenreith hinauf, und es ließ sich, selbst wenn jemand dies gewollt hätte, gar nicht vermeiden, daß die auf den angrenzenden Feldern von Reichenspurn den Wagen sahen und über seine Mission alle möglichen Überlegungen anstellten. Dem Reichenspurner auf Reichenspurn war dabei keineswegs sehr angenehm zumut, und was der Wagen brachte, war bedeutend genug, daß Kaspar Asenreiter im Lauf des Nachmittags beim Pflügen für eine Zwischenfrucht mit seinem Gespann bis genau an die Grenze der beiden Höfe herankam und dem Nachbar, so ganz beiläufig, über eine Ackerbreite hinweg zu wissen gab, sein Bruder,

Monsignore Asenreiter, werde nicht mehr als Monsignore – immerhin Monsignore – in die Stadt zurückkehren, sondern sei eben auf einen Bischofssitz berufen worden.

»Wärest du auch etwas Ordentliches geworden!« knurrte Georg Reichenspurner, als er mitten am Tag auf den Hof zurückkam, seinen Bruder an. »Du bist dir darüber klar, daß wir jetzt gegenüber den Asenreitern endgültig verspielt haben. Ich pfeife auf deine Titel und deine Wissenschaft. Ein Bischof zählt bei den Leuten nun einmal anders als ein Professor. Von dem da drüben hast du dich abhängen lassen, und jetzt werden die Leute bloß mehr von den Asenreitern reden, aber nicht mehr ein Wort von uns Reichenspurnern. Das ist eine ausgewachsene Schande.«

»Was soll ich schon tun?« fragte unwillig der Professor.

»Was du tun sollst? Auch etwas werden und leisten. Den Asenreitern zeigen, daß wir nicht bloß zu den ›ferner liefen‹ gehören. Mach das künftig, wie du willst! Unser Vater hat dich studieren lassen, damit uns die anderen nicht voraus sind. Aber jetzt sind sie uns weit voraus.«

»Das ist alles nicht so schlimm, Schorsch. Du bist widerlaunig. Das macht die Hitze. Das ist bei euch Bauern immer so, wenn es ein paar Wochen lang nicht geregnet hat. Ich kann es auch nicht anders machen.«

»Eben das müßtest du können.«

»Was?«

»Das anders machen.«

»Mit deiner miserablen Laune?«

»Nein. Mit dem Wetter. Das müßtest du können. Wozu hast du denn fünfzehn Jahre lang studiert? Genau das ist dein Fach.«

Als die Brüder Reichenspurner sich gründlich überworfen hatten, fuhr Adam, ohne seine Sachen mitzunehmen, trotzig in die Stadt zurück. Nach zwei Tagen war er wieder da, nicht mit einem schwarz lackierten Wagen, an dem alles vor Würde glänzte, sondern mit einem Lastwagen, etlichen Mitarbeitern, einer Menge Gerät und Chemikalien, und als die beiden Brüder sich in der Stube unter vier Augen eine Weile sehr leise unterhalten hatten, fuhr Professor Doktor Adam Reichenspurner mit dem Lastwagen und seinen Mitarbeitern in die Gegend, etwas zu versuchen, was anderswo bereits mit Erfolg versucht worden war.

Und der Bauer Georg Reichenspurner auf Reichenspurn, maßlos in seiner Verärgerung über die da drüben auf Asenreith, sagte am anderen Tag allen, die es hören wollten, es werde spätestens um vier am Nachmittag regnen. Der Tag aber war glühend heiß, und nur ein paar weiße Wolken trieben am blauen Himmel daher, lauter Helle und Heiterkeit.

Um halb vier am Nachmittag kam wie auf Bestellung ein Gewitter, kein großes, kein mächtiges Gewitter, und es regnete, wenn auch nicht groß und mächtig, immerhin aber eine Viertelstunde lang. Nur einen halben Finger tief drang der Regen in den Boden ein, und auf der anderen Talseite regnete es überhaupt nicht. Der kleine Gewitterregen brachte nicht den hundertsten Teil von dem ein, was sich der Reichenspurner auf Reichenspurn diesen Spaß kosten ließ, aber als am späten Abend der Herr Professor Doktor Adam Reichenspurner mit dem Lastwagen und allen Gerätschaften wieder anrückte, schauten die Bauern ihn nur verdächtig an. Und das war, an Bauernmaßen gemessen, schon sehr viel Anerkennung.

Als jedoch zwei Tage später in der Zeitung ausführlich über das von den Amerikanern schon oft exerzierte Experiment berichtet wurde, künstlichen Regen zu erzeugen, wie es Herrn Professor Doktor Adam Reichenspurner nun auch hier in bescheidenem Maß gelungen war, hatte Reichenspurn endgültig einen so weiten Vorsprung vor Asenreith, wie ihn bisher auch die heftigsten Bemühungen der Reichenspurner noch nicht erreicht hatten.

»Jetzt müßte Baptist Asenreiter schon Papst werden, um uns noch einmal vorauszukommen«, meinte strahlend der Reichenspurner, und sein Adamsapfel hüpfte im Kragenausschnitt vor Vergnügen.

»Dann lasse ich auch noch hageln«, lächelte schmal und bescheiden der Professor. Und die Bauern in der Gegend trauten einem Mann, der regnen lassen konnte, sogar das zu. Obgleich der andere, der von Asenreith, mit dem Himmel in engerer Verbindung stand.

JOSEF MARTIN BAUER

's Lisei

Mein Nachbar, der Peter Morf, hat eine Tochter. Die heißt Liesl. Mein Nachbar, der Morf, hat auch ein Roß. Wie das heißt, weiß ich nicht.

Die Liesl erwartet ein Kind.

In dieser Reihe von Personen fehlt der Schwiegersohn. Von dem war nie die Rede. Der kommt später. Vielleicht. Das ist hier der Brauch so.

Der Liesl ihr Kind ist überfällig. Gern hätte ich vor meiner Reise gratuliert. Aber das Kind »zog sich zu sehr in die Länge«. Bei meiner Rückkehr habe ich ein gestricktes Säuglingsjäckchen in der Tasche. Für alle Fälle. Und man ist doch Nachbar.

Der Peter Morf steht, mit seiner Pfeife im Maul, am Zaun. Hände

werden nicht gegeben, das ist hier nicht üblich. Aber einen Augenzwinker krieg ich übern Zaun und einen Nicker: »Bist wieder da?«
»Na«, zwinkre ich zurück, »noch net, i komm erst später.«
Jetzt habe ich gewonnen. Ein Zwinkern ist gleich einem Händedruck, ein Witz gilt zwei.
»'s is komma«, sagt er, »endli!«
Er lacht übers ganze Gesicht. Wie halt ein neuer Großvater lacht, denk ich.
»Gut gangen, Morf?«
»Fehlt si nix. Freili, hätt anders aa sein können. 's is halt allaweil a Glücksspiel so was.«
»Ein Er oder eine Sie, Morf?«
Er versteht nicht gleich. Dann lacht er: »Ein Freilein halt, ein Freilein. Lisei hoaßts.«
»Wie die Mutter.«
»Die heißt Liesl. Ein Unterschied muß sein, sonst red't man aneinand vorbei.«
»Ein kleiner Peter wär dir lieber gewesen, gell?«
Wieder versteht er erst ein wenig später: »Könnt net sagn, manchmal bringt a Weibets mehr ein.« – Nun, er muß das wissen, denk ich.
»Und wie gehts der Mutter, Morf?«
»Guat, da hat no nia nix g'fehlt.«
Ich muß unwillkürlich pfeifen: »Also ist es nicht das erste?«
»Ah, woher denn, des is's fünfte.«
Bravo, denk ich, *der* Großvater ist kein Freund von Heimlichkeiten.
»Und die andern vier, wo sind die?«
»Hergebn, wie si's g'hört.«
Also hier hat das Kostkindwesen auch schon eingerissen, denk ich. Jetzt wird der Morf redselig: »Neunavierzig Wochen, oa Wochen z'spät is's g'wesen. No ja, versichert hab i's g'habt. Und g'schwind is's nachher gangen. Kein Laut hats gebn, die Liesl. Zwoa Minuten nach die Haxen is's scho dag'legn, 's ganze Lisei. Ein g'stoßnen Zucker habn ma aa a bisserl naufg'streut, daß sie's besser annimmt. Is gar net not g'wesen. Grad kindeit hat sie's und grad abg'schleckt. Magst es anschaun?«
Ein wenig wirbelt mir der Kopf: Neunundvierzig Wochen – keinen Laut – versichert – zuerst die Haxen – gestoßenen Zucker – abgeschleckt? Aber schließlich bin ich Städter und ein Mannsbild.
»Ob du's anschaun magst?!«
Er geht rasch voraus. Erst durch den Stall: »Naja, kein Laut«, wiederholt er in der Erinnerung, »und wenn i net zufällig dazukommen wär –«
»Und die Hebamme?« fährt es mir heraus.

»D' Hebamm?« lacht er, »hahaha, die Hebamm – du bist a ganz an Lustiger, a Spitzbua, a o'draahter – 'n Schmied moanst, gell, der wo si auskennt bei die Roß –«
»Roß?«
»Freili. No, wo schaust denn hin – dort auf der Streu liegts, 's Lisei. Is a saubers Füllei, gell? Und grad zuzzeln tuats, grad zuzzeln – was hast denn auf amal, daß d' gar so narrisch hupfst? Paß auf, da fällt dir was aus deiner Taschen – hm, hm, was is denn des?«
»Ein – ein Strickjäckchen für – für –«
»Jaso, jaso: d' Tochter – ja, da is's aa scho kommen – vorgestern – grad oan Tag vor 'm Füllei – magst es sehn?«

FRITZ MÜLLER-PARTENKIRCHEN

D' Hochzat

Da Hochzatlada is scho b'stellt,
am Stecka z'höchst an Busch'n.
Zwoa Kaibi sticht da Unterbräu,
und d' Musi übt scho 's Tusch'n.

Da Kammawag'n is druckta voll,
da Stall o'g'füllt zum Brecha.
A so a Hochzat laßt si hörn.
Des Glück hat koane Löcha!

Und ham si denn de zwoa aa gern,
da Martl und de Lena? –
O mei, davo is gar koa Red.
De wern si scho dro g'wöhna!

JOSEF MARX

Die Scheidung

Die dicke Wildmoserbäuerin steht fuchsteufelswild am Backtrog und werkt und brummt, daß es schier nimmer anzuhören ist: »Aus der Haut kunntst fahrn mit dem Mannsbild! Nix mehr kannst eahm recht macha! Den ganzen Tag derfst an dir umanandgrandeln lassen, und nix anders hörst nimmer, als wia: Da muaß mir wieda a neue Ordnung eina-

kemma in des Haus! – Vo mir aus! – Soll er toa, was er mag! I tua nimma mit mit dera Ordnung! I geh und laß mi scheiden, bals no lang a so weitergeht! –«
Sie knetet und bearbeitet den Brotteig mit einer solchen Wut, daß man meint, sie hätte einen Todfeind unter den Fingern. Und dann plärrt sie: »Mariedl! – Ja, moanst net, daß d' jetz bald zuawa gehst? – Siehst net, daß d' mir no Wasser zuaschütten muaßt zu mein Toag? – Kannst du net dableibn, bal ma di braucht, du Lalln, du zahnluckete!«
Die also Angeredete kommt gemächlich zur Kucheltür herein. Sie ist des Wildmosers Stall- und Hausdirn; zwanzigjährig, dick, rothaarig, pichig vor Schmutz und faul. Und dazu immer gut aufgelegt. Ihr zahnloser Mund lacht den ganzen Tag.
Auch jetzt, da doch die Wildmoserin vor Zorn schäumt, lacht sie!
»I bin ja scho da, Bäuerin!« sagt sie gemütlich. »Was schreist denn a so?«
Die Wildmoserin arbeitet giftig mit beiden Händen den Brotteig ab.
»Was i schrei, fragts, die Molln! Was werd i schrein? Wei's wahr is! Weilst net zuawa gehst! Weils nimmer zum Aushalten is in dem Hauswesen herinn! Weil unseroaner der Garneamd is, seitdem daß anderne 's Mäu offa habn bei ins! – Weil mir dees Militare daherinn z'wider werd! – Was is's jetz mit 'n Wasser? – Rindviech! Muaßt mir's jetz wieder über d' Füaß schütten, anstatt übern Toag!« –
Die Mariedl lacht immer noch. Aber auf ja und nein hat sie die schönste Ohrfeige mitten im Gesicht und muß eiligst hinaus an den Röhrlbrunnen, um sich den Teig von der Wange zu waschen.
In diesem Augenblick ertönt eine herrische Stimme aus dem Stall: »Mariedl! Weibsbild, langweiligs! Soll i dir eppa no zehnmal schrein?«
Das ist der Wildmoser; gedienter Hottolerist und Mitglied des Bauernrats. Er war vier Jahre draußen im Krieg und ist jetzt wieder daheim, um eine neue Ordnung hineinzubringen in den »Saustall«, wie er sagt, in die »Weiberwirtschaft, in die gottverfluchte!« Das wär ja die rechte Komedie! Sie, die Wildmoserin, hätt die Hosen an, und er, der Wildmoser, müßt sich kuschen wie sein Hund, der Tyras! Und dieses Frauenzimmer, die Mariedl, tät was sie wollte! Aber gnade Gott! Allen miteinander gnade Gott!
Er herrscht die Stalldirn wütend an: »Obst net hörst, frag i? – Obst net woaßt, daß d' Ochsen no koa Gsott habn und d' Kaiben koan Trank? Ob heunt der Saustall morgn ausputzt werd und der Hennastall überhaupts net?«
Die Mariedl wischt immer noch mit der härwenen Schürze in ihrem Gesicht herum, während sie ein paar Schritte gegen den Stall zu macht.
 »Ha, moanst?«

BRUNO PAUL

Maß für Maß. »Da Pfarrer hat g'sagt, er ko si beim Kopuliern net an großen Durscht herreden, bals beim Hochzeitsmahl so weng zum trinken gibt.«

Der Bauer steht drohend unter der Stalltür. »Ja, ha, moanst! Muaß i dir Füaß macha?«
Die Dirn tut gekränkt: »Nnoo! Was plärrst denn gar a so? I bin ja scho da! Was geihts denn?«
Und da der Wildmoser seine Fragen wegen der Stallarbeit wiederholt und dabei immer drohender wird, meint sie: »Tua nur net so schiach! Es is scho recht nachher! I kann mi net z'teiln. Jetz muaß i z'erscht ihr helfa beim Brotbacha.«
Damit will sie wieder kehrtmachen; aber ehe sie's bedenkt, fühlt sie schon einen derben Stoß in den Rippen und eine Faust im Genick.
»Dein Stall versiechst jetz, sag i!«
Die Mariedl ist beleidigt. »Du bist aber amal grob!« sagt sie. »Packst oan glei, als wia wann ma a Engländer waar oder a Pandur! Da wunderts mi net, daß si insa Bäuerin scheidn lassen will von dir!«
»Was!?« – der Wildmoser horcht auf. »Was sagst da? Sie will si scheidn lassen? – Vo mir?«
Die Dirn tut mitleidig: »Gell, da schaugst! Hast eppa g'moant, vo wem andern? Naa, naa! Sie mag di nimmer, hats g'sagt. Zwegn deiner Militare. Ja, ja. Jetz gib i dee Kaibei 's Trank.«
Weg ist sie. Und der Wildmoser kann schauen, wie er zurecht kommt. Er geht nach der Kuchel und bricht einen Streit vom Zaun: »Hast du koa anderne Zeit zum Brotbacha als wie jetz?«

Aha. Die Bäuerin fährt herum: »Warum? Kümmerts di epps?«
Ihr Eheherr lacht wild: »Obs mi epps kümmert! Moanst leicht, du hast no dein Russen vor dir oder sinst oan vo deine Knecht?«
Sie formt zornig einen Brotlaib. »I moan gar nix. I moan grad dees: balst da draußen in dem Krieg nix anderschts net g'lernt hast, als wia 's Grandeln und 's Kommandiern, nachher hast net viel profitiert. Nachher hättst gar net auße z' geh braucha.«
»Oder nimmer hoam, moanst! Gell ja! Sags nur!«
Die Bäuerin tut bockig: »Ja no. Dei Getua werd mir scho rechtschaffa z'wider.«
»Aha. Brauchst es grad sagn!« schreit er jetzt, »dees woaß i scho, daß dir der Ruß liaber is wia i! Daß d' alloa d' Herrlichkeit habn möchst da herinn!« –
Sie stupft die Brotlaibe mit dem Besen und drückt das Model mit dem Namen unsers Herrn darein.
»I will gar nix. I sag grad so viel und net mehra: vier Jahr hab i alloa dein Hof derhalten ohne dein ewigen Dischbetat, und es is umganga...«
»Und da moanst, soll i jetz aa hingehn wo i mag. Jawohl!« – Er muß sich schier niederhocken vor Grimm, der gut Wildmoser! – »Aber, daß d' es woaßt: i geh net! I bleib, wo i bin. Und i bring a neus Regiment eina. Und wem's net paßt, der kann ja geh!« – Hei! Ho! Das schlägt ein und zündet auch gleich, wie ein Donnerwetter in den Hundstagen!
»A so moanst!« sagt seine Wildmoserin ganz heiser, »i soll geh? – Guat. Is mir aa recht. Geh i halt. Glei, auf der Stell. Heunt no mach i's advikatisch, daß i geh. Daß mir zwee firti san mitanand.«
Und sie läßt wirklich die Brotlaibe liegen und rennt aus der Kuchel.
Und droben in ihrer Kammer legt sie das Feiertagsgewand an, setzt das seidene Kopftuch auf, tut sechs Eier und ein Stück geselchtes Fleisch als Wegzehrung in den Handkorb und geht wirklich, nachdem sie noch aus dem Geheimfach ihres Kleiderschranks einen Beutel mit Gold- und Silbergeld zu sich genommen hat.
Geradenwegs nach München fährt sie – zum »Advikat«. Der fragt höflich, was sie will.
»Scheiden lassen!« erwidert sie kurz. Und da der Anwalt ungläubig dreinschaut, wiederholt sie es: »Scheiden sollst mi vom Wildmoser. I will habn, daß mir zwee ausanandg'schrieben werdn.«
»Hast an Grund aa?« fragt der Anwalt.
Worauf sie meint: »Naa, den hat er ghabt. I hab grad 's Geld einbracht.«
Nein – einen Scheidungsgrund! – Ob etwa er mit der Stalldirn was gehabt hätt? Oder mit der Kuchelmagd?
 Die Bäuerin muß lachen. »Mit dera Molln, mit dera zahnlucketen!

Naa, mei Liaber. Da kennst mein Alten schlecht! Naa, naa. I laß mi grad zwegn dem Militare scheiden. Weil mir dee Kommandiererei z'wider werd. Weil i aa ohne den Grobian weiterhausen kann. A so is. Jetz woaßt es, und jetz schreibst mirs!«
Sie ist fertig. Aber – schaut mir einer diese Advikaten an! Er sagt, das geht nicht! Das wär kein Grund nicht! Warum geht's nachher bei den Stadtleuten? Was die können, das kann sie auch, die Wildmoserin! Wär ja noch netter!
Aber er mag nicht. Er sagt, daß es bei ihr leicht ein Jahr dauern könnt und noch länger und daß es dann ein schönes Häuflein Geld kosten tät! Und kompliziert wärs auch!
Jetzt wird sie aber wild, die Bäuerin: »Was? A Jahr lang soll i dees Fegfeuer no aushalten? – Mei Liaber, bal i dees Hauskreuz no a Jahr schleppen muaß, nachher kann i's aa no länger schleppen. Und bal mi dees aa no an Haufa Geld kost't, nachher mag i net. Und überhaupts: dees schöne Sach z'teiln und vo mein Hof und vo meine Viecher weg! Naa, mei Liaber. Do soll si nur er scheiden lassen. I net!«
Und sie legt dem Anwalt ihre sechs Eier und das Geselchte auf den Tisch als Zahlung und fährt wieder heimzu. Und am andern Tag geht auf dem Wildmoserhof das Leben seinen gewohnten Gang – wie ehedem vor dem Krieg.

LENA CHRIST

Die Seelenwanderung

Dem alten Königshofer habens die Stadtleut erzählt: daß es eine Seelenwanderung gibt und daß der Mensch keine Ruh nicht hat, wann er einmal im Grab ist, sondern daß er in einen Tierleib fahren muß mit seiner Seel.
Der Königshofer hat sinniert und sinniert, wann er mit seinen Ochsen gepflügt hat; und dann hat er's auch geglaubt, daß er einmal ein Tier werden muß.
»Jawohl, und ich muß einmal ein Viech werden!«
Der Herr Pfarrer hat bös geschaut, wie der Königshofer daherkommt in den Pfarrhof und todtraurig sagt: »Jawohl, und ich muß einmal ein Viech werden.«
»Wann das schon so sein muß«, hat dann der Herr Pfarrer gesagt, »so denk dir's halt aus, was du am liebsten sein möchst als ein Toter!«
»Und das hab ich mir schon ausdenkt, Herr Pfarrer, und ein Roß will ich werden.«

»Ein Roß willst werden? Kannst denn ausschlagen wie ein Roß und kannst auch wiehern?«
»Und das will ich schon lernen. Adjes, Herr Pfarrer.«
Der Königshofer hat sein Roß drei Wochen lang studiert, hat das Ausschlagen und das Wiehern gelernt, wie's der Herr Pfarrer verlangt hat. Dann auch das Haferfressen und das Laufen auf allen Vieren, was der Herr Pfarrer vergessen hat.
Überhaupt hat der Herr Pfarrer noch viel, viel vergessen. Der weiß nicht, wie schwer daß es ist, wenn man ein Roß werden soll!
Dem Königshofer klappern die Zähne vor Angst, wie er wieder in den Pfarrhof kommt. »Und ein Roß kann ich halt nit werden, Herr Pfarrer!«
»Warum alsdann nit?«
»Ja, und das hab ich nun alles ausgestudiert, wie daß es ein Roß macht. Aber wie daß es halt die Äpfel verliert unterm Laufen, das hab ich vierzehn Täg probiert und das kann ich halt gar nie nit lernen!«

GEORG QUERI

Wer zahlt, schafft an

Beim Lexenbauer gehts aufs End. Schier zwei Jahre hat er sich mit allen Kräften dagegen gestemmt, und vom Übergeben hat er nichts wissen wollen. Jetzt aber spürt er's, daß er's nicht mehr lang machen wird, und deshalb bespricht er sich mit der Frau, was aus dem Seinigen werden soll. Den Hof kriegt der Älteste, der Hansgirgl. Damit ist die Lexenbäuerin schon einverstanden, aber die Bachwiese möchte sie halt gern ihrem jüngeren, dem Lenz, zuschanzen, der in den Nachbarhof eingeheiratet hat. Und der Rötlacker, meint sie, sollte wieder zum Rötlhof kommen, auf dem ihre Annamirl als Bäuerin sitzt. Aber davon will der Lexenbauer durchaus nichts wissen. »Die Bachwiesen bleibt beim Hof und der Rötlacker aa.«
»Wia ma nur grad so stiersinni sei ko«, ereifert sich die Lexenhoferin. »Wo do der Lenz die Bachwiesen sovui gnädi braucha kaannt.«
»Die Wiesen bleibt am Hansgirgl«, beharrt der Bauer, »der konns aa braucha.«
»An Rötlacker aber derfast dengerscht der Annamirl verschreibn, wo er so kammod bei ihram Anwesen hiebei liegat.«
»Kammod oder net kammod«, knurrt der Lexenbauer, und seine Finger trommeln einen Marsch auf der Bettdecke. Wie aber seine Bäuerin,

dieses Sturmzeichen mißachtend, noch einmal mit der Bachwiese und dem Rötlacker anhebt, da richtet sich der Lexenbauer jäh im Bett auf und faucht seine Alte fuchsteufelswild an: »Mirk dir's, wer zahlt, schafft o! Herrschaftseiten no amoi, stirbst jatz du oder stirb i?!«

ALBERT WISHEU-MARTENS

Leichenbegängnis

Die Rott, ein spielerisches, dunkeläugiges Flüßlein, hat zur rechten Seite ein weitgeschwungenes Tal, das fruchtbar ist wie ein Garten und hinüberreicht bis zum Inn und seinen Steilufern, und zur linken einen Höhenzug, der sie fast den ganzen Weg begleitet. Die Landschaft auf der Höhe, nicht minder fruchtbar wie das Tal, ist ungemein faltig – nicht eine Viertelstunde kann man nach irgendeiner Richtung ebenaus gehen. Das Tal ist besetzt von behäbigen, schweren Dörfern, auf der Höhe sind die Einzelhöfe zu Hause. Eine Landstraße zieht am Fuße der Hügelkette die Rott entlang, eine alte, erfahrene Landstraße, die sich vor Jahrhunderten schon so richtig ihren Platz gewählt hat, daß an ihr nichts herumkorrigiert werden kann und sie ihre Ruhe hat. Sie ist breit genug, daß zweispännige Erntewagen aneinander vorbeifahren können, kräftig genug, daß sie unter einem wichtigtuenden Lastkraftwagen nicht einbricht, und elastisch genug, daß ein Rottaler Wagenpferd, ohne Schaden an seinen Beinen zu nehmen, nach Herzenslust austraben kann. Alte Obstbäume stehen an ihren Rändern, für den Ablauf des Regenwassers hat sie zwei richtige Straßengräben, kurz, man kann an ihr seine Freude haben.

Auf die Höhe hinauf schickt sie viele Seitensträßlein, die je nach der Aufgabe, die sie zu erfüllen haben, kerzengerade ansteigen oder in Kehren oder den Hügel flach anschneiden. Von allen Arten kann man sie antreffen, natürlicherweise.

Eines macht sich unvermerkt in einem Dorfe davon und wird erst auf halbem Hang von unten sichtbar. Es hat eine ziemliche Höhe zu überwinden, läßt sich das aber nicht verdrießen, sondern steigt gerade an, solange es Atem hat, schwingt kräftig aus und nimmt den Rest wieder wie ein Abschneider. So ist es schon immer gewesen, wie die alten Apfelbäume und Pappeln, die es begleiten, beweisen.

Das Dorf, aus dem es kommt, ist ein Pfarrdorf, das sich schmal an den Hügel lehnt. Es besteht aus einigen mächtigen Bauernhöfen, einem Wirtshaus mit Metzgerei, Schulhaus, Pfarrhof, einem Bäcker, einem Kramer, einer Schmiede vor allem; an den Ausläufern sitzen der

Schneider, der Schuster, einige Kleinhäusler. Mitten drin, versteckt unter hohen Bäumen, steht die Kirche im ummauerten Friedhof. Wer von der Ebene kommt, kann das Dorf lange nicht sehen; er glaubt, der Zwiebelturm, der allein sichtbar ist, gehöre zu einer einsamen Kirche. Das Dorf nämlich ist völlig versunken in seiner Baumwildnis und verschmolzen mit der Hügelwand, an die es sich schmiegt.

Wenn es den Menschen gegeben wäre, glücklich zu sein, dieses Dorf wäre dazu geschaffen. Es ist nicht zu groß und nicht zu klein, an Arbeit fehlt es nicht und nicht an Brot und nicht an Zeit. Der Zwiebelturm zwar trägt eine Uhr, aber wer sie ablesen wollte, müßte auf den Friedhof gehen, da er sie sonst von keiner Stelle sehen kann, und niemand kann den Stundenschlag hören, da er in den Wipfeln der Bäume verklingt. Wer hier lebt, spürt die Stunde und weiß damit besser Bescheid über den Ablauf der Zeit als der Uhrenleser. Indessen die Menschen, so trefflich sie oft alles anrichten können zum Glücke – zufrieden und glücklich sein, das gelingt dann doch nicht. Weiß der Teufel, woran das liegt.

Wer von dem Dorf auf die Höhe und von der Höhe zum Dorf herab will, der hat keine Wahl, er muß sich des einzigen Sträßleins bedienen und kann das beruhigt tun. Es hat eine feste Decke, und wer sich Zeit läßt, bergauf und bergab, dem fehlt nichts. Zumal wenn es trocken ist. Manchmal ist es anders.

Vor vierzig Jahren einmal, im November, da war scharfer Frost eingefallen. Dann ist es wieder etwas wärmer geworden, hat auch geregnet, gleich darauf ist ein eisiger Wind gekommen, und unter dem ist die Wimmermutter, die ehrengeachtete Austragsbäuerin Therese Höber vom Wimmerbauern in Wimm auf der Höhe, gestorben. Sie war noch gut bei Jahren und hätte auch ihrer Arbeit noch vorstehen können, wenn sie eine gehabt hätte. Aber wie es eben geht. Ihren Bauern hatte, als er noch nicht fünfzig war, ein Baum erschlagen, und von da an sind die Kinder erstaunlich schnell herangewachsen, der älteste Bub hat ihr bald keine Ruhe mehr gelassen mit dem Übergeben. Die Wimmerin war ganz gewiß keine von denen, die sich um ihre Sachen nicht wehren, aber was will eine Wittib gegen einen tatenlustigen, jungen Bauern machen. Und nochmals heiraten, und damit die Kinder aus dem Haus treiben, wollte sie auch nicht. Also ist sie in den Austrag gegangen, hat zu kränkeln angefangen und ist auch rasch genug gestorben.

Ihr Sohn hat eine große Leiche bestellt, mit Aussegnung vom Haus aus. Am Morgen ist der Leichenkondukt auf dem Hof erschienen, der Pfarrer hat über das wächserne Angesicht der Wimmerin das Kreuz gemacht und den Segen gesprochen, der Sarg ist geschlossen worden, und die Bleß und die Rottalerin, zwei wunderschöne, selbstgezogene Stuten, haben auf einem mit Tannenreisig ausgeschlagenen Brückenwagen die Wimmerin aus dem Hof weggefahren, in dem sie vierzig Jahre gearbeitet und gewerkt hatte. Als der Leichenzug an die Stelle kam, wo das Sträßlein steil abfällt, ist der Sarg vom Wagen gehoben worden, vier Männer haben ihn auf ihre Schultern genommen, um ihn zu Tal zu tragen.

Vorne sind der Aumüller gegangen und der Waizinger, hinten der Stadelberger und der Munzinger, alle vier Bauern aus der Nachbarschaft; der Aumüller und der Munzinger junge Mannsbilder, die beiden

PAUL NEU

andern schon etwas älter, aber bei voller Kraft. Die Ordnung des Zuges war so: Voraus schritt der Mesner zwischen zwei Ministranten mit dem großen Kreuz, dann folgte der Sarg, dann der Pfarrer und dann das Leichengefolge.

Das Sträßlein, leider Gottes, war an diesem Morgen, wie es bei diesem Wetter nicht gut anders sein konnte, mit einer dünnen Eisschicht bedeckt, über und über, eine richtige Eisbahn.

Der Mesner mit dem Kreuz setzte höchst behutsam Schritt vor Schritt, die Füße einwärts gestellt, den Blick auf den Boden geheftet, was ihm einen erheblichen Vorteil vor den Sargträgern verschaffte, denen die Traglast das Haupt in die Höhe zwang und die sich also allein auf das

Tastgefühl ihrer Beine verlassen mußten. Diese Beine mußten auch noch alle im Gleichschritt bleiben – es ist klar, daß der Transport des Sarges auf dem Sträßlein eine gefährliche Unternehmung war. Dessen war sich der Mesner bewußt, der immer langsamer wurde, als ob er den ganzen Zug mit seinem Körper hätte bremsen wollen. Das wußte der Pfarrer, der ängstlich Abstand hielt vom Sarg, und das wußten schließlich alle Leidtragenden, die sich rechts und links am Rande der Straße hielten und unentwegt ihre Aufmerksamkeit auf die acht Beine unter dem Sarg richteten.

Mit Vorsicht und Behutsamkeit ging aber alles gut, bis an der linken Seite hinten der Stadelberger, niemand weiß wie, auf einmal mit einem Bein ins Rutschen kam. Er war der längste von den vier Sargträgern, auch der älteste und schwerste. Nebenbei gesagt: auch der reichste und angesehenste. Er hatte fünfzehn Rosse in seinem Stall, eines herrlicher wie das andere, hundert Tagwerk besten Getreidebodens um den Hof herum, von allem andern abgesehen, war er Reichstagsabgeordneter und hatte eine richtige Bibliothek im Haus, deren Grundstock von seinem Vatersbruder stammte, der Generalvikar des Bischofs von Passau gewesen war. Wer ihn nicht näher kannte, mußte denken, daß nicht viel hinter ihm stecke. Denn er zeigte immer Unlust zu reden, und man konnte ihm nicht ansehen, was er dachte. In Wahrheit war er ein guter Beobachter, hatte seine Augen überall, und reden konnte er wie ein Buch und grundgescheit, wenn es einmal der Mühe wert war. Er hatte eine dunkle, körnige Stimme. Es geschah rein der Wimmerin zu Ehren, seiner Nachbarin, daß er heute den Sarg auf die Schultern genommen hatte, es wäre sonst seine Sache nicht gewesen.

Nun, gerade ihm also rutschte ein Bein weg; seinem Bemühen, es wieder aufzusetzen, war der Erfolg versagt. Vielmehr sackte er etwas zusammen und bekam auf diese Weise mehr von der Last des Sarges, als er mit einem Bein im Gleichgewicht halten konnte. So folgte auch dieses dem entwichenen Bruder, und der Stadelberger, Gott sei's geklagt, schlug hin, nach rückwärts, die Beine nach vorne in die Luft gestreckt. Ein solcher Sturz ist schmerzhaft, aber das war jetzt nebensächlich. Der Sarg senkte sich nach rückwärts, zugleich mit dem Stadelberger, der Munzinger neben ihm wollte zugreifen – ganz vergeblich, auch er verlor den Halt. In der Absicht, die Lage zu retten, faßte er noch rasch den Ansatz, mit dem die Bahre auf seiner Schulter lag, mit beiden Händen und stieß sie mit einem kräftigen Ruck in die Höhe, ehe er niedersank. Das hatte zur Folge, daß der Sarg, der unbefestigt auf der Bahre lag, einen Schwung nach vorne erhielt und mit einer Kante dem Aumüller, ehe der wußte, wie ihm geschah, ins Genick fuhr. Die Wimmerin war im Leben eine ganz gewichtige Frau gewesen, und so war es ausge-

schlossen, daß der Aumüller dem Angriff, der noch dazu ganz unvermutet und von hinten erfolgte, standhalten konnte. Er gab einen kurzen Laut von sich, der ebenso der Gegenwart wie der nächsten Zukunft galt, verlor ein Bein nach innen und eins nach rückwärts und stürzte zur Seite. Der Sarg folgte ihm, gleich einem fliehenden Feinde. Der Waizinger gab geistesgegenwärtig nach und ließ die Bahre los. Auf diese Weise wäre er als einziger auf den Beinen geblieben, wenn nicht der Munzinger, der wie ein Schlitten daherkam, sie ihm weggeschlagen hätte. Also mußte auch er sich hart niedersetzen. Dabei traf er als erster den Mesner – auf den dann der Sarg noch eindrang –, der, wie es nicht gut anders sein konnte, auch rückwärts hinschlug, mit ihm das schwere Kreuz, das er nicht aus den Händen ließ und das den Munzinger so sehr am Schädel traf, daß diesem ein lang hingezogener Fluch entfuhr. Das alles ging rasch und ohne Stocken vor sich. Der Pfarrer sah es mit Bestürzung, schon aber saß auch er auf der glatten Bahn, hingerissen vom Waizinger, der ihn am Bein ergriffen hatte, um sich daran festzuhalten.
Die Bahre war verschwunden. Der Sarg, in seinem Schwung und seiner Fahrt vom Nacken des Aumüllers gehemmt, hatte sich quer gedreht, war mit der Breitseite an den stürzenden Mesner und an diesem entlang gefahren und hatte gleichsam als Vorreiter den Weg nach abwärts genommen. Nicht weit freilich, und er taumelte in den Straßengraben, dessen Enge ihn aufhielt. Die abgestürzten Männer glitten im Knäuel hinterdrein. Es ist außerordentlich schwierig, auf abschüssiger Bahn aus der Bodenlage in die Höhe zu kommen, und durchaus nicht einfacher, wenn man es mit mehreren zusammen ausführen soll. Denn da will sich jeder am andern stützen, und was immer einer erreicht zu haben glaubt, wird dadurch, daß ein anderer an ihm sich emporziehen will, wieder zunichte gemacht. Man müßte das Aufstehen in solcher Situation planvoll unter entsprechender Leitung üben, dann würden die Schwierigkeiten schwinden und es könnte sogar ein kraftvolles Bild daraus werden – indessen, wer hätte um jene Zeit an so etwas auch nur gedacht!
Das wild bewegte Gemenge der Männer glitt langsam abwärts, und es hatte den Anschein, als ob es vor dem Ende der Straße überhaupt nicht mehr zum Halten zu bringen wäre. Sehr ungebärdig benahm sich der Aumüller; ihn hatte wohl der Stoß des Sarges ins Genick aufgeregt, er war aber auch sonst von ungeduldigem Wesen. Seltsam ging es mit dem Pfarrer zu. Seit er am Boden lag, war jede geistliche Würde von ihm gewichen, er lag und rutschte und kugelte als Mann unter Männern, seine Griffe, seine Bewegungen und seine Äußerungen waren ungehemmt, kräftig und ganz der Lage angepaßt. Seinen Pfarrkindern ist er damals menschlich so nahe gekommen wie nie zuvor oder nachher.

Die Leidtragenden, die im ersten Schrecken Gefahr gelaufen waren, selbst hinzuschlagen, weil solche Stürze anstecken wie das Gähnen, hatten zunächst untätig sich der Verwunderung über die Gewalt dieser Erscheinung hingegeben, dann aber war der Wimmerbauer darangegangen, seine Mutter zu retten. Den fliehenden Sarg mit den Augen festhaltend, stieg er mutig in den unruhigen Hauf hinein und lag im nächsten Augenblick mitten drin. Dem einen oder andern, der helfen wollte, ging es nicht anders. Das schreckte ab, und der Leichenzug blieb nun wie erstarrt auf einem Fleck stehen.
Der Stadelberger war bei der Schlittenfahrt unversehens nach vorne geraten, bei einer Umdrehung sah er den Sarg vor sich im Graben, und voll Besonnenheit steuerte er mit den Füßen sogleich darauf zu. Es gelang ihm, er bekam etwas Halt und konnte sich auch behaupten, als der Waizinger und der Mesner ihn mit strampelnden Stiefeln bedrängten. Er umklammerte den Sarg und ward auf diese Weise der Anker, an dem das strudelnde Männerwrack allmählich zum Stillstand kam.
Langsam richteten sich die Gefallenen wieder empor, zuletzt der Stadelberger. Ernsthaften Schaden hatte keiner genommen, sie sahen nur alle etwas zerzaust aus. Die Chorröcke des Pfarrers und des Mesners waren sehr in Unordnung, ja bei näherem Zusehen zeigten sie sich erheblich zerrissen. Das Barett des Pfarrers war zerstampft und nicht mehr zu gebrauchen. Dagegen konnten die Kopfbedeckungen der übrigen Beteiligten ziemlich unversehrt beigebracht werden.
Es dauerte eine Weile, bis jeder über seinen Zustand ins reine gekommen war. Die Aufmerksamkeit zog dann zunächst der Waizinger auf sich, der ein Gespräch mit dem Mesner begonnen hatte. Er behauptete, dieser – nebenbei bemerkt ein Störschneider in mittleren Jahren, Vater vieler Kinder – sei ein ganz gescherter Lackl und das hätte es niemals gebraucht, daß er ihm das Kreuz an den Schädel geschlagen hätte. Wenn es nach Rechten ginge, müßte er ihm auf der Stelle einen Anstand beibringen und ihn richtig herschlagen, und er hätte gute Lust dazu. Es war klar, daß der Waizinger recht schmerzhaft getroffen worden war und dadurch zu ungerechten Vorwürfen neigte. Der Mesner war noch ganz benommen, seine Knie waren zittrig, und er wußte zu seinem Glück dem zornigen Waizinger nicht zu antworten. Daß man sich endlich auch des Sarges wieder erinnerte, lenkte den Waizinger ab und beruhigte sein aufgestörtes Gemüt.
Der Sarg lag unbeschädigt im Straßengraben und wartete geduldig. Man hob ihn auf die Straße und führte ihn auf der Bahre wie auf einem Handschlitten sorgsam abwärts. Hinter ihm hatte sich der Zug wieder geordnet. Die Kirchenglocken begannen zu läuten, da man in der Nähe des Friedhofs angekommen war. Unten an der Straße und beim Ein-

gang zum Friedhof standen Frauen in Trauertracht, das mit einem Rosenkranz umschlungene Gebetbuch in den Händen, bereit, sich dem Zug anzuschließen. Nun hoben die vier Bauern den Sarg wieder auf ihre Schultern und trugen ihn bis zu der frischen Grube im Friedhof, die das Grab der Wimmerin zu werden bestimmt war. Die ganze Zeit über erklangen die Glocken, nicht anders, als sie die Verstorbene allsonntags zur Kirche gerufen hatten. Sie verstummten erst, als der Pfarrer seine Stimme erhob zum Wechselgesang des »Requiem aeternam dona eis domine«. Noch einmal wurde der Sarg eingesegnet, dann senkte er sich ruhevoll in die hartgefrorene Erde. Die Wimmerbäuerin Therese Höber war in ihren Frieden eingegangen.

Der Leichentrunk nach der Beerdigung war ihrer würdig. Der junge Bauer ehrte seine Mutter, indem er den Leidtragenden volle Schüsseln zu gefüllten Krügen auf den Wirtshaustisch stellen ließ. In den Gesprächen wurde der Lebenslauf der Verstorbenen in allen Einzelheiten besprochen, und es kam ein günstiges Urteil zustande. Um den Nachlaß brauchte niemand Sorge zu tragen, da die Wimmerin schon zu Lebzeiten all ihre irdische Habe weitergegeben hatte.

Es ist natürlich, daß auch die stürmische Abfahrt eingehend erörtert wurde. Die gute Bewirtung und der Umstand, daß sich der Leichentrunk bis in den Nachmittag hinein ausdehnte, trugen dazu bei, daß manche unfreundliche Äußerung fiel und im besonderen das weibliche Geschlecht sehr abfällige Bemerkungen über die Mannsbilder machte. Diese indessen schenkten ihnen keine Beachtung.

Der Stadelberger und der Waizinger gingen zusammen nach Hause. Es hatte zu schneien begonnen, frühe Dämmerung war im Anzug. Die beiden Männer schritten langsam und ungefährdet das Sträßlein hinan, sie unterhielten sich über ihre Fohlen. Als sie an die Stelle des Sturzes kamen, schüttelte der Stadelberger, einen Augenblick verhaltend, stumm den Kopf. Der Waizinger sagte: »Du kannst dir nicht denken, wie mir der Lackl das Kreuz naufg'haut hat.« Er sagte es in heißem Groll, und er hat diesen Groll lange in seinem Herzen getragen.

Der Straße aber hat niemand die Sache nachgetragen. Man hat sie unangetastet gelassen bis heute.

WILHELM DIESS

Ledi g'storbn is aa net vareckt.

A Bauer, der net ackert, und a Henna, de net gackert –
furzn net lang auf'm Hof.

's Sterbn is an alts Herkomma und a ewigs Dableibn.

Aus dem Altbayrischen Puppenspiel —
Das Lied der frommen Bäuerin am Herd

Das eine tröst mich noch,
das ist ein Hoffensloch:
Bleib ich dem Bauern treu
und pflanz ihm kein Geweih,
komm in den Himmel ich
ganz sicherlich!

Aber wie schwer das hält,
das ist das Schwerst der Welt:
Immer so ganz allein
im Bette treu zu sein –
was das Enthaltung heischt!
Was das entfleischt!

Treusein? Das ist kein Stern.
Treusein heißt: magrer wern.
Treusein? Das weiß ich schon,
das bringt nur Hungerlohn.
Auf treuer Liegerstatt,
da wirst nie satt!

Treusein wie Hafer sticht!
Treusein ... das mag man nicht!
Bei meinem Sonntagsrock,
da hängt ein Knüppelstock,
der g'hört der Eifersucht:
Der tut verflucht!

Das eine tröst mich nur
und ist mir Glaubensspur:
Bleib ich dem Bauern treu
und pflanz ihm kein Geweih,
komm in den Himmel ich
ganz sicherlich.
Amen.

HEINRICH LAUTENSACK

Jäger, Wilderer und Soldaten

Bauernjäger

Springt da net z'nachst a Has
übern Grabn ei'r as Gras,
d' Ohrwascheln hebt ar in d' Höh
und frißt an Klee.

Wiar i den Hasn siech,
schiaß i auf dös Luadaviech;
aba Bua, der hat g'spitzt!
Da Dreck is aufg'spritzt.

I laaf g'schwind, was i ko,
denk mar, i habn scho,
aba da Has is weg,
i hab an Dreck.

's nachst Mal, dös woaß i gwiß,
schiaß i eahm glei ins G'friß,
daß er glei d' Haxn streckt
und gern vareckt.

LUDWIG THOMA

Brief an den Jagdpächter Ludwig Thoma

Roßbach den 4. Febr. 1912.

Hochwolgeboren Herrn Docktor Thoma!
Im Namen der Gemeinde Roßbach spreche ich, für das Jagdpachtgeld daß ich erhalten habe, meinen besten Dank aus. Zugleich hätte ich an Sie eine Bitte zu richten, ob wir nicht ein kleines Fäßl Bier auf Ihren Namen verschlingen dürften; wir würden Ihnen sehr dankbar sein. Wir sind mit unsern Jagdpächter sehr zufrieden; und solte die Jacht zu ende gehen, so werden wir wieder unsern jezigen Sportfreunde treu bleiben.
Mit dem Wunsche, meine Bitte Frucht zu bringen,

verbleibe ich Dein bester Freund!
Reindl Jos.
Im Namen der Gemeinde.

Was da Schütz alles braucht

Da Schütz muaß habn a flotte Wix,
und dann zum Schießn eine Büchs,
dann Kugeln, die ins Rohr nei'passn,
und 's Pulver auch gewissermaßn; –
dann braucht er auch zwei guate Augn,
das oane, das braucht er zum Schaugn,
das andere nur zum Zuawidruckn,
dann därf er zittern net und muckn,
drum braucht er feste Arm und Händ,
damit er's haltn ko – am End –;
denn was nutzt Pulver, Büchs und Blei,
wennst allweil wacklst nebn vorbei,
's muaß alles da sein bei an Schützn,
sunst fehlst mit deiner Kuglspritzn.
Doch ohne Mangl an Beweis,
schiaßt man sich raus den Ehrenpreis.

Und in da Liab is grad a so,
is da net alles richtig do,
na kannst aa drauf ganz sicher schwörn,
daß d' nia wirst Schütznkönig werdn, –
drum bring nur alles mit zum G'spiel,
und geh recht sicher los aufs Ziel,
und wackl niamals seitnwärts,
na triffst auch mittn nei ins Herz,
und kriagst an Goldpreis dann, an ächtn,
net nur an Fahna – recht an schlechtn.

KONRAD DREHER

Die Losung

Es ist schon sehr lange her.
Es war damals, als die Jägersprache, die Ausdrucksweise in Altbayern überhaupt und die Jägersprache im Gebirge besonders, noch »deutsch« waren.
Da hatte der alte Hinterleitner Naaz, der Jagdgehilfe von Hinterriß, für seinen Baron einen Gamsbock ausgemacht und den Herrn Baron

so gut geführt, daß der Bock kaum zu fehlen war, aber der seltene Jäger hatte ihn doch verpatzt und war natürlich äußerst »kritisch«. Außerdem hatte der Herr Baron vom langen Marsch einen solchen Knieschnackler, daß ihn der Naaz bergab untern Arm nehmen mußte.
So haatschten die beiden engverbunden, schweigsam und vierbeinig heimzu, da zeigte sich plötzlich etwas auf dem Wege. Es war nicht gerade ein Kuhfladen, aber ein »Etwas« war es doch, und der Naaz machte seinen Jagdherrn auf die Gefahr aufmerksam: »Rutschen S' net aus Herr Baron – sehn S', da hat a Hirsch hing'schissen«, sagte er besorgt.
Der verpatzte Bock, der Knieschnackler und nun auch noch das harte Wort – das war zuviel für den Herrn Baron –.
»Himmeldonnerwetter! Drücken Sie sich doch anständig aus!! – Wissen Sie denn nicht, daß das ›die Losung‹ heißt??!« schrie er wütend.
»Nix für unguat, Herr Baron, i werd mir's mirka«, begütigte der Naaz demütig und nahm sich fest vor, das auch wirklich zu tun. Erstens von wegen dem schuldigen Respekt, und dann: Vielleicht kann ma eahm doch noch an Fünferstutzen absteßen –.
Eine Weile harpften die zwei so schwankend weiter, da zeigte sich wieder ein »Etwas« auf dem Wege. Nun war die Gelegenheit, den guten Willen zu zeigen, da, und eifrig rief der Naaz: »Ge'm S' Obacht, Herr Baron, da hat scho wieder a Hirsch die Losung hing'schissen.«

FRITZ SCHOLL-DACHAU

Das Jennerwein-Lied

Es war ein Schütz in seinen schönsten Jahren,
der wurde weggeputzt – von dieser Erd,
man fand ihn erst am neunten Tage
bei Tegernsee am Peißenberg.

Auf hartem Fels hat er sein Blut vergossen,
und auf dem Bauche liegend fand man ihn:
Von hinten war er angeschossen,
zerschmettert war sein Unterkinn.

Du feiger Jäger, das ist eine Schande
und bringet dir gewiß – kein Ehrenkreuz:
Er fiel gar nicht im offnen Kampfe –
der Schuß von hinten her beweists!

Man brachte ihn ins Tal und auf den Wagen,
bei finstrer Nacht ging es – sogleich noch fort,
begleitet von den Kameraden
nach Schliersee, seinem Lieblingsort.

Dort ruht er sanft im Grabe wie ein jeder
und wartet stille auf – den Jüngsten Tag.
Dann zeigt uns Jennerwein den Jäger,
der ihn von hint erschossen hat.

PAUL NEU

Und zum Gericht am Jüngsten großen Tage
putzt jeder 's Gwissen und – auch das Gewehr:
Marschieren d' Jager samt die Förster
aufs Gamsgebirg zum Luzifer.

Und nun zum Schlusse Dank noch den Vetranen,
die ihr den Trauermarsch so schön gespielt!
Ihr Jäger, laßt – euch nur ermahnen,
daß keiner mehr von hinten zielt!

Denn auf den Bergen, ja da gilt die Freiheit,
ja auf den Bergen ist – es gar so schön,
allwo auf grauenhafte Weise
der Jennerwein zugrund mußt gehn.

Der boarisch Hiasl

Geh i aufi auf d' Raststatt, geht a gratiga Wind,
muaß i ar amal schaugn, ob i d' Resl net find.

»Und grüß di God, Resal, bin a scho mehr da,
geh tu mi heut Nacht g'haltn und schlag mas net a.«

»I tat di scho g'haltn, wenn i dir war net z'schlecht,
du bist a hübscha Wildschütz, a gratiga Knecht.

Geh aufi aufs Hütterl und deck di warm zua,
laß dir die Zeit net lang wern, bis i d' Milli seicha tua.«

»De Küahlan san g'molcha, die Milli is g'siegn,
geh her, mei liabs Resal, bei dir is guat liegn.«

Die Resl wollt aufsteh, wollt Krapfn bacha,
zwölf Jaga stehnt draußn, sollt glei aufmacha.

»I mach enk net auf, i bin ganz alloan,
enka san zwölf Jaga, es mechts ma was toan.«

»Den Wildschütz hast g'haltn, mit oana rotn Hos,
er muaß mit uns geh ins Augsburger Gschloß.«

De Jaga warn hitzi, sö spannan glei die Bix,
derweil 's Zundkraut aufg'schütt ham, kracht die mei scho wia nix.

Sechs hab i daschossn, sechs san davo'g'rennt,
es, meine liabn Jaga, habts mi no net kennt.

I nimm halt mei Bixal und geh üba d' Alm,
da begengt ma de sechs, san auf Knia niedag'falln.

Sö bittn, sö bittn, sö bittn um Pardon,
i sollt eah 's Lebn schenka und heut no verschon.

I tat sie glei fragn, ob i's Wildbrat derf jagn,
ja, ja, hams glei g'sagt, so viel daß i mag.

Und so schiaß ma, so schiaß ma, sei's Tag oda Nacht,
derweil uns 's Lebn freut auf dera schön Jagd.

Kneißllied

Ich bin von Weigertshofen, das sag i ungeniert,
mei Vata war a Müller, da Paßkoline Wirt,
mei Muatta war a Zwergal von Paßkolinekern,
drum hört des Hexnweibi die Burschng'sangl gern.

Mei Vata hat a Mühl in Pacht von Sulzermooserschloß,
des war ja a Lebn, des war ja famos!
De Burschn, de san kemma aus Nahe und aus Fern,
drum hat des alte Weiberl de Burschn ja so gern.

In der Schachermühl gehts lustig zua, ja des war a Lebn so fein,
da oa hat g'stohln a Schafi, da anda gar a Schwein,
da hama oftmals g'schlachtlt, frische Bluatwürscht hats da gebn,
des war ja in da Schachermühl a ganz a lustigs Lebn!

In der Schachermühl gehts lusti zua, wa schließlich nur Alarm,
bis daß de G'schicht is kemma unter die Gendarm;
mei Muatta, de hams g'schlossn, mir Buam, mir san davo,
an Vata hams daschossn, den ehrenbravn Mo.

Jetzt les i aus da Zeitung raus, d' Schachermühler san verhaft't,
da hams uns halt schö spöttisch auf Dachau einig'schafft,
da hama müassn schwitzn, bis daß der Tag anbricht,
na sa ma halt vohandlt worn am hohen Landgericht.

Am Tage bei der Sitzung, des Ding des hat uns g'freit,
der Sitzungssaal war angefüllt mit neugierige Leit.
Das Urteil hat g'hoaßn, es war ja net fein,
hat g'hoaßn: sechs Jahr Zuchthaus ins Kloster nach Kaisheim.

Vom Zuchthaus bin i entlassn worn, war wieda a frischa Bua,
i hab wieda g'arbat, d' Leut lassn ma koa Ruah,
da Arbatgeba werd zwunga, muaß mir mei Zeugnis gebn,
na muaß i wieda rutschn ins Vagabundnlebn.

Es war bei Rottalmünster, war dunkl und scho finster,
da kemma zwoa ins Haus, wir saßn ebn beim Schmaus.
Da Fleglbauer sagt: »Geh, Hiasl, sei net z'wida,
nimm dein Drilling raus und schiaß de zwoa glei nieda!«

Jetzt les i's aus da Zeitung, des Ding is unerhört,
an Kneißl Hiasl sei Köpfi war tausnd Markl wert!
Der wo de tausnd Mark will, der braucht net lang studiern,
mei Drilling, der is g'ladn, er derf ihn grad probiern.

Es war am viertn Mai, in Allerherrgottsfruah,
da gings in Geisenhofen so sakramentisch zua,
hundertsechzig Mann sind einmarschiert, zwei Kommissäre und ein Arzt,
da hat sich da Kneißl Hiasl hinta die Ohrn a bißl kratzt.

Auf Kommando »eins, zwei, drei!« fliagn tausnd Kugln nei,
da Dachstuhl, der hat zittert, des Dacherl fallt bald ei.
Der Hiasl mußte retouriern wohl hinter den Kamin,
des war für'n Kneißl Hiasl ein scheißlicher Termin.

Daß an Kneißl Hiasl g'fanga ham, des is uns wohl bekannt,
zum Krippl hams 'n g'schossn, des woaß des ganze Land.
Als Krippl hams 'n transportiert, a sechs, a acht Gendarm,
des is ja in da Münchnerstadt a fürchterlichs Alarm!

Und tausnd Mark san ausg'setzt worn für 'n schöna Kneißlfang,
war a a saubers Geldl, hat a an schöna Klang!
Am Kahr, da bleibts hänga, wia da Mada in da Falln,
muaßt wartn, bis da Staatsanwalt de tausnd Mark werd zahln.

Es war ein Weib dabei bei da Kneißlfangarei,
die sah in ihran Hirn de tausnd Markl fliagn,
de G'schicht, de geht ganz komisch, rutsch aussi übas Gleis,
de tausnd Mark san ei'g'löst worn, vom Staatsanwalt, vom Weiß.

Da hat doch allas g'lacht bei dera Kneißl-Jagd,
da macht a Mo a Gstanzl vom Parasoiflicka Franzl,
bei Geisenhofen auf der Höh sagt da Hiasl: »Magst an Kaffee?«
Da kimmt da Gendarm Schmidt, sagt: »Franzl, du gehst mit!«

Drei Tag hat d' Sitzung dauert, bis an Hiasl ham verdonnert,
zum Tod hams ihn verurteilt, da hat sich allas g'wundert.
Hättns eahm doch fünfzehn Jahrl gebn, er laft nimma davo,
da Fleglbauer is freiganga, der – ehrenbrave Mo! (Schuft)

In Augsburg hams koan Bada g'habt, der an Kneißl ko rasiern,
jetzt müassns wegn dem Teifiskerl auf Minka telefoniern,
da beste Bada aus Minka, der hat des Ding probiert
und hat an Kneißl Hiasl zum letztenmal rasiert.

In Notstuhl hams 'n eini, wia ma d' Ochsn b'schlagn tuat,
beim letztnmal Rasiern is g'flossn no a Bluat,
der Kerl hat grad z' arbatn, des war a wahra Graus,
des Liedl is jetzt g'sunga, mit 'n Kneißl is jetzt aus!

Der Wirtssepperl z' Garching

Jetzt wern ma oans singa, a Liadl, a neu's,
zweng an Wirtssepperl z' Garching und vo seiner Schneid.

Vom Wirtssepperl z' Garching habts öfter scho g'hört:
Is an Kini vo Boarn dreimal desertert.

Der Kini vo Boarn hat Steckbrief ausgebn
zweng an Wirtssepperl z' Garching und sein lustinga Lebn.

Die Steckbrief san ganga bergauf und tala,
wia i auf Kraiburg bin kemma, san d' Steckbrief scho da.

Jetzt bin i halt ganga über d' Dorfener Bruck,
da han i mei altboarisch Hüatl dann g'ruckt.

Aft han i halt einkehrt beim Dorfener Wirt,
i drah mi glei um, stehnga d' Schandarm hinter mir;

da hättns mi bandelt, hättn mi aufi am Wagn,
aft han i s' halt g'schmissen, daß d' Tschako san g'flogn.

Aft habns mi halt g'schmissn, habn mi aufi am Wagn,
dann san ma vo Kraiburg nach Mühldorf nei'g'fahrn.

Und wia ma vo Kraiburg auf Mühldorf san g'fahrn,
alle Vögerl in d' Baama san ganz trauri worn.

Der Landrichter z'Mühldorf schaut mi fuchsteufelswild o:
Bist der Wirtssepperl z' Garching, du bist der Recht scho.

Und d' Landrichterin z' Mühldorf schaut mi kreuzverliabt o,
is der Wirtssepperl z' Garching, hängts ma 'n net gar z' lang o.

Der Landrichter z' Mühldorf hat ma 's Urtel g'sprocha:
Wann i 's Dirndl net laß, gehts dahi auf d' Wocha.

Druntn 's Dirndl is net da, is z' Ötting druntn,
hat ma a Meßbüachl g'schickt, is mit Gold einbundn.

Hat ma a Meßbüachl g'schickt und a Briaferl dazua:
Aber sei nur net trauri, du eing'spirrter Bua!

Wannst wieder amol auskimmst, du eing'spirrter Bua,
aft kehrst bei mein Schlaffensterl glei wieder zua!

Der Wirtssepperl z' Garching hat glei d' Zithern verkafft,
zweng der Not is net g'we'n, aber 's Geld hat er braucht.

Und d' Burschn im Wirtshaus habn Dirndln beinah,
wia der Wirtssepperl z' Garching sei Zithern, die grea.

Frau Wurzl vom Viktualienmarkt schreibt

Herr Redakteur! München, 9. September.

Ein sehr trauriges Familienereigniß hat bei uns stattgefunden. Das Leibregiment ist heute Morgens in der früh in die sogenannten Manöfer abmarschirt und zwar unter den Seufzern einer zahllosen Menschenmenge weiblichen Geschlechtes, worunter auch meine eichene Tochter sich befunden hat, welche am Bahnhof ihrem Serschanten die letzten Lebewohl mit dem Sacktuch zu g'wunken hat. Dann verschwanden sie in den Wägen, und meine arme Mali, die ihm noch etwas eing'wickelt g'habt hat, hat nicht einmal mehr ein Wort mit ihm sprechen können. Das finde ich rücksichtslos und ist auch von mehreren anwesenden Fräuleins, die ebenfalls in militärischen Angelegenheiten zugegen waren, sehr scharf verurtheilt worden. Es ist für ein weibliches Herz keine Kleinigkeit, das Theuerste in die Fremde ziehen zu sehen, wo man nicht weiß, was passirt. Besonders diese Einquartierungen waren von jeher sehr verdächtig, weil so ein junger Mann zu leicht das Opfer der Verführungskunst werden kann, denn das zweierlei Tuch g'fallt ihnen draußen auch und so ein Krieger gibt häufig nicht Obacht, ob sich die Seinige daheim auch zu Tode grämt.

Dann diese Anstrengung! Den ganzen Tag müssen sie siegen und kriegen nichts dafür, als höchstens einen Arrest, der dann aufg'spart wird, bis sie zurückkommen und dann hat man sie erst recht nicht. Auch die Soldatenbriefe, wo nachg'schickt werden und häufig die ersparten Marktpfennige der militärischen Bräute enthalten, kommen oft zu spät, wenn er schon nicht mehr da ist. Bei diesem schlechten Wetter ist es auch keine Kleinigkeit, sich zu verkälten, was man häufig gar nicht glaubt von den Vorgesetzten und deshalb Simelanten heißt, die es dann noch schlechter haben. Schön sinds übrigens hinausmarschirt und ich begreife recht gut, daß ein weibliches Herz nicht anders kann! Wenns nur nicht gar so aufpackt gewesen wären; aber diese Tournister und Sachen und sogar Schaufeln und Pickeln habens g'habt, daß sich Jeder selbst eingraben kann, wenns einmal doch sein muß. Ein großer Schaden für die Stadt ist es auch, daß sie die ganze Musik mitg'nommen haben, so daß gar keine Wachtparad mehr zusammengeht. Es handelt sich hier nicht um das Gedudel allein, sondern um die vielen jungen Leut, die sich immer auf der Wachtparad troffen und dort das zukünftige Glück ihres Lebens begründet haben. Jetzt sollen die Leut hergehen, die immer so schreien wegen dem Militäristmuß, den wo man abschaffen soll. Können sie einen Ersatz bieten für das, was uns jetzt abgeht? Nein, sag ich, denn ein Zivilist ist nur ein halber Mensch, was Schneidigkeit, Feschigkeit und Erfahrung in allen militärischen Verrichtungen anbelangt, nicht zu vergessen die angestammte Treue, welche sie schwören müssen. Wir sehen deshalb einer sehr traurigen Zeit entgegen, was die öffentlichen Vergnügen betrifft, weil von Militärmusik gar kein Ton mehr zu haben ist und das Oktoberfest erst nach die Manöver angeht. Das ist noch unser einziger Trost, weil wir sonst doch nichts haben, als das Bisl Hetz auf der Wiesen. Unser Eins kann nicht alle acht Tag auf den Wendelstein naufgehen, was das höchste Vergnügen für den Münchner ist, sondern muß sich mit die alten Volksbelustigungen, wie zum Beispiel Keferloher Markt und Oktoberfest begnügen. Wenns das Oktoberfest auch so verregnet, wie den Keferloher, nachher wirds lustig; dann könnens in den großen Glückshafen ein Dampfbad hineinmachen, daß etwas geht. Die Erfindung vom Herrn Magistratsrath Biehl betreffs der Geruchlosigkeit von die Häring hat in den weitesten Kreisen der Wiesenbesucher lebhafte Anerkennung g'funden. Wir habens früher auch nicht g'habt, das niederträchtige G'stank, daß man gar nicht mehr herumgehen kann. Es riechen die Wurstbrater und Küchelbacher schon nicht gut, aber das ist kein Vergleich mit die Häring, die man in der Nasen hat, so lang man auf der Wiesen rumgeht. Den Bürger von solchen Lasten zu befreien, das ist der herrliche Beruf eines Vaters der Stadt; nicht alle Augenblick was Neues erfinden, wie zum Beispiel das geruchlose Pflaster und geräuschlose Kanäle, die ein Heidengeld kosten und noch nicht einmal da sind, das Pflaster zum Beispiel.

Mich schenirt das Zahlen viel mehr, als wie der Spektakel auf der Straßen, obwohl ich auch genug Kopfarbeit hab, wenn man eine Witwe mit zwei ledige Töchter ist, die man vom Schweiße des Angesichts ernähren muß. Wegen die Nerven allein kann man nicht so viel ausgeben, denn heut zu Tag sind die Wickelkinder schon nervös und wenns so fort ging, müßt man ein Jeden z'letzt in Baumwoll einmachen und unter einen Glassturz stellen. Das wissens beim Magistrat auch und ich habs erfahren, wie ich neulich in einer dienstlichen Angelegenheit in die Gäng von unserm Rathhaus blinde Kuh hab spielen müssen. Sie, das ist was, bis man sich da zurecht find und die g'strengen Herren, die wo einem da in die Büro, wenn man unrecht hineinkommt, anreden thun!

Ich will aber nichts g'sagt haben, denn zum Vergnügen geht niemand ins Rathaus hinauf, sondern hinunter. Da ist Alles erleuchtet und die Leut werden von Viertelstund zu Viertelstund g'scheuter. Probierens Sie's nur selber und nichts für ungut, wenn ich Ihnen meine Meinung sag, wie ichs denk, womit ich mich bestens empfehle

Ihre ergebenste M. Wurzl

Soldatenliebe

Weißt du noch die schönen Maientage,
wo die Liebe uns beseligt hat?
Du gestandest mir auf meine Frage,
ja, das Liebste ist dir ein Soldat,
die Soldaten liebest du so sehr,
und am meisten noch die Schwalanscher.

Wo du gingest, bin ich mitgegangen,
und am Himmel hat der Mond gescheint,
wenn wir leise Liebeslieder sangen
und die Herzen innig sich vereint.
Und beim Abschied sagtest du: o kehr
morgen wieder als mein Schwalanscher!

Ach, vorbei sind jene schönen Stunden,
wo die Liebe treue Liebe fand.
Aus dem Sinne bin ich dir entschwunden,
deine Falschheit hab' ich wohl erkannt.
Wo ich liebte, gingst du heimlich her,
nahmst dir einen andern Schwalanscher.

Lebe wohl! Das macht mir keine Schmerzen,
deine Treue hat verweht der Wind,
und ich finde wohl noch andre Herzen,
wo die Freuden nicht geringer sind.
Das wär traurig, gäb's kein Mädchen mehr
für dem König seinen Schwalanscher.

LUDWIG THOMA

Die Braut des Leutenants

Mein Leutenant, der Herr Baron,
der habet eine Braut,
die krieget eine Million!
Dös haut!

Doch wenn man sie am Tage dann
beim hellen Licht beschaut,
ist leider gar nichts an ihr dran
als Haut!

Und immer macht sie ein Gesicht,
daß einem vor ihr graut
und daß ein jeder Kenner spricht:
Die haut!

So eine möcht ich nicht zur Frau.
Da fräß ich auf dem Kraut
schon lieber eine ganze Sau
mit Haut!

A. DE NORA

Strafe muss sein

Die fromme Bäu'rin

A Bäu'rin war gar b'sunders fromm,
hat Messn g'stift wia vui!
Und allweil hat ma s' kniagln sehgn
in ihrem Kirchastui.

Die Menschen wern mit Wasser tauft
wohl in der ganzen Welt:
So hat sie's mit der Milli g'macht,
denn d' Messn kostn Geld.

Auf solche Weis habn für den Zweck
d' Moneten freili g'langt,
bis daß der G'richtshof in der Stadt
hats Weiberl vüri g'fangt.

»Was!« schreit der Richter – »Schaamts enk net?
Dös gaang uns grad no o!
Und läugna aa no! Dös waar recht!
San dö Beweis net do?

Gwiß fufz'g Prozent habts Wasser nei,
dös liegt auf flacher Hand,
so d' Milli pantschn, meiner Seel,
is doch an Affenschand!«

»Naa, naa, Herr G'richtshof, da seids irr!«
Sagt d' Bäu'rin, gar net blöd –
»'s is von der Kirch a Weichbrunn g'we'n,
a Wasser war dös net!«

SIMON THEODOR RAUECKER

Der häusliche Krieg

Davo gaabets vial zum Dazähln, aba halt wie's 'n Schindlbauern Hias z' Egern ganga hat, so was findst nit glei wieda. Da Hias is a rarige Bua g'we'n, a guata Kund, kann sei, a bissal tappi – sunst hat si grad nix g'feit. Da fallt eam 's Heiraten ein, 'n Hias, und wia's oft 's G'spial treibt, dawischt a an rechten Hausdrachn, a Zankeisn, a z'widas. Dö hat nix als g'stritten und schimpfiert und hat 'n drangsaliert Tag und Nacht, daß's a Schand war. An Loamian und an Suppenlalli hats 'n g'hoaßen, wenn a dahoamt g'hockt is hinta da Ofabank, und is ar a diem zum Bier und hat an Tampes kriegt, glei hats 'n hoamg'holt mit 'n Stecka. Kurzum, die schö'st Tat von eam hats schlecht g'macht und für 'n Hias is's a wahre Marta g'we'n. Wia's a so geht, bal hat no ebba mitg'schrien in da Stubn – a kloans Deandl; bald draaf wieda ebba – a kloas Büawal, und so nach etli Zeit wieda a Deandl grad wie Milch und Bluat.

No ja, dös Ding is guat; a so san halt zehn Jahrl dahinganga. 's Wei is alleweil unhandsama worn, aba oamal muaß a Sach reißen, und beim Hiasl is's g'rissen. Wier eam 's Wei aus Vosehgn 'n Nudlwalger aaf 'n Kopf belzt hat, wars eam just, als wenn der Heili Geist in sei Hirn g'flogn kaam.

»Sackara!« schreit er, »oamal muaß an End hergehn! Jatz laß i mi scheidn, und g'schiedn muaß wern, geits wie dawill; die Marta muaß gar wern. Aafs Pfarramt geh i, aafs G'richt geh i – überall geh i hin! Überall!«

»Geh nur glei in d' Höll eini zum Tuifi«, sagts Wei draaf. »Bleib aba drin, tua ma's nimmer an und kimm z'ruck. I und d' Kinda lebn ohni di aaf alle Fäll bessa. Mach nur g'schwind, daß d' verschwindst. Aba d' Kinda b'halt i bei mir!«

Da Hias hat si aba die Sach anders zamstudiert.

»Dö Kinda«, sagt a, hat a g'sagt, »dö bleibn justament bei mir, alle drei. Da beißt d' Maus koan Faden a.«

's Wei is iatz erst recht sirri worn.

»Natürli!« schreits. »So an Lattirl wer i mei Fleisch und Bluat anvertraun! Sunst nixen?«

Da Hias hat wieder g'schrien, sei Fleisch und Bluat is's, und an iads hat sei Sach verlangt, an iads hat die drei Kinda habn wolln.

Da hochwürdi Herr hat si ins Mittel g'legt, d' Basln und d' Vettan, d' Goden und d' Göden, aba nix hat g'holfen. Da Riß is oamal z' stark g'we'n und a so is richti die Sach vürs G'richt zum Verhandeln kemma.

Lang hams hin und her disputiert, bis endli 's Wei g'moant hat: 's G'scheita gibt nach, und gibt si einverstandn, daß's 'n Bauern 's Büawal überlassen will, dö zwoa Deandl aba, hats g'sagt, müassen bei ihr verbleibn, dö laßts nit her, um gar koan Preis. Da Hias hat aar a weng an Einsehgn kriegt, aaf oa Kind gehts eam nit zam, aba zwoa müassen z'ruckbleibn bei eam, anders tuat er's nit, nit um a Gschloß.

Da Landrichta gibt eam alle Müah, d' Leutln zamz'bringa, aba dö Leutln ham dicke Bauernschädl, und je vernünftiga daß er redt, um so dümmer ham sie si gebn. Wiar aba 's Wei grad Angst kriegt hat, daß's 'n Schnaufa voluist vor lauter Zettern, fangt da Landrichta 's Precha an: »Wißts was? Ös gebts enk zu Protokoll, daß's enk willi mein

Spruch unterwerfts, so soll enk alle zwoa Recht wern, grad wie's es wünschts. Aba im voraus müaßts scho ja sagn und unterschreibn, denn dabei muß's sei Verbleibn habn.«

Da Hias kratzt si hintern Ohrn, schaugt 'n Herrn nach da Zwer an, und der hat so an fests und ehrlis G'schau, daß a si nit traut, na z' sagn; 's Wei aba denkt eam, da Landrichta wird an Einsehgn habn, daß allemal 's Wei recht b'halten muaß, und sie hofft gar nit anders, als daß ihr zwoa Kinda, und 'n Hias, dem Giftnickl, grad oans zuag'sprochn wern.

Und aso wirds Protokoll unterschriebn.

Drauf tritt da Landrichta feierli vür dö Parteien hin und verkündt sei Urtel in Tenor und Entscheidungsgründ: »In Erwägung, daß die beiden Ehegatten ihren martervollen Ehebund getrennt sehen wollen und jedes zwei Kinder für sich beansprucht; – in Erwägung, daß den beiden Ehegatten dieselben Rechte zu erstatten seien, daß aber, wenn man einem derselben zwei Kinder adjudiziert, das andere höchlich beschädigt werde, da ihm nicht die gleiche Zahl verbleibt; – in Erwägung, daß die Zahl drei konkreten Falls zu wenig sei, weil zwei und zwei summiert als Fazit immer vier resultiert, aus diesen Gründen wird geurteilt, wie folgt:

Das Gesuch der Schindlbauerschen Eheleute auf Scheidung wird auf unbestimmte Zeit vertagt, und zwar so lange, bis ihnen zu den drei Kindern noch ein viertes geboren ist. Alsdann steht ihnen die Weiterführung des Prozesses wieder frei.«

Und d' Verhandlung war aus.

No, dös dumme G'sicht vom Hiasl! Und dös Geifern vom Wei! Koans hat 'n Landrichta an »Vergelts Gott« g'sagt für den Spruch. Ang'schaut hams 'n fuchsteufelswild und ham si nacha vür d' Tür außi und hoamzu trollt.

Da is der Tuifi wieda aafs neu anganga. Koas hat mehr an Gusta g'habt, beim andern z' bleibn, und sie ham si selm g'schiedn, indem daß da Hias in obern Gaden aaffi und d' Bäurin z' ebna Erd bliebn is, 'n Kindan is's unverwehrt g'we'n, mit 'n Vatan und mit da Muatta zu verkehrn ganz nach Beliabn.

Dö Sach is guat. Oa Jahrl geht drüba hin. Da geht aaf amal beim Schindlbauern ebbas vür, es is ebbas passiert, ganz was b'sunders: d' Bäuerin is ins Kindbett kemma! Überall wird g'lacht und g'redt davon, und da Hias schaamt si völlig, wiar a im langschößigen Sunntarock ummi tuat aaf Tegernsee schnurstracks aafs Landg'richt zua.

Da Landrichta hat aa scho Wind kriegt von der Sach, und wia iatz der Hiasl zu eam eini kimmt in d' Kanzlei, ruaft er 'n an: »Ich gratulier Enk, Schindlbauer, zum Vierten! Iatz kann der vertagte Prozeß wieder

aufg'numma wern, d' Scheidung kann stattfinden, an iads kriegt zwoa, denn iatz sans viere.«
»Ja, Schnecken! Gnadn, Herr Landrichta!« schreit da Hias. »Habts denn scho an söchan Drachn g'sehgn, wia mei Wei is? Rein mit Fleiß und aus lauta Rachsucht hats es to! Viere, moants, ham ma iatz? Nit wahr is's! Zwilling hats aaf d' Welt bracht – iatz sans gar fünfe! Da möchst ja glei a Hirsch wern! Fünf san so weni teilbar wia drei – iatz springt d' Katz auf die alten Füaß wieda!«
Da Landrichta halt sein Bauch vor lauta Lacha.
»Ja no«, sagt a, »so wart ma halt, bis's sechse san!«
»Na, na«, schreit da Hias, »i trau mein Wei nimma! I nimm d' Klag z'ruck; 's Wei kriegt iatz so viel z'toa, daß's koa Zeit mehr find, daß's mi sekkiert. – Grad, a Bitt hätt i, zwegn dem bin i da. Gnadn, Herr Landrichta, ös habts ma d' Suppen einbrockt, helfts ma's aa rausessen und gebts ma die Ehr und hebts meine Zwilling aus der Tauf; es san zwoa sakrische Bamsen!«
Da Landrichta g'hoaßts mit Freuden zua und moant: »Da siehgt ma wieda, zu was 's Vertagn guat is. Kimmt Zeit, kimmt Rat. Woaßt, Hiasl, i hon dös alles im voraus a so kemma sehgn. Ich moan a so, es is scho wieda alles guat.«
»Kann scho sei«, sagt da Hias und lacht. »Freili, unsa oana is nit so weitsichti, aba Gnadn, Herr Landrichta, ös sads halt gar an A'draahta! No, wern dö Bamsen a Freud habn, wenns hörn, was's für an großmächtin Gödn kriagn! I mach, daß i hoam kimm! Pfüat Gott, Gnadn, Herr Göd!«

MAXIMILIAN SCHMIDT

Die Defloration

Indem daß er ihr zuvor versprochen hat, er heiratet sie, hat der Windhund, der Michl, der zweite vom Lermoserbauern, der Genovev, der Stalldirn, ein Kind angehängt. Wie alsdann der wachsende Bauch von der Dirn nicht mehr zu verheimlichen war, hat ihr der Michl in einem fort die Ohren vollgewinselt, sie soll um Gottes willen jetzt noch nichts sagen, wer der Vater ist. Zuckersüß hat er ihr hinwiederum die Heirat zugesagt und hoch und heilig noch weiß Gott was versprochen. Dieses aber hat trotzdem den saugroben Lermoserbauern nicht davon abgehalten, den »liederlichen Schandfetzen«, wie er die Dirn geheißen hat, aus dem Dienst zu jagen. Jetzt natürlicherweis' ist die verdrossene Dirn zum Michl in punkto heiraten zudringlicher geworden, und was

tut da der schäbige Kerl? Ganz frech sagt er zu ihr: »Es hats ja überhaupts koana auf 'm Hof und im Dorf g'spannt, wos zwischn üns g'wesn is ... Nochweisn konnst es du net, daß i der Vater bin ... Na also! ... Und do sollt i di heiratn? Nana, sowos gibts goar nia net ...«
Und gehn hat sie müssen, die arme Genovev, heim ist sie in ihrer Bedrängnis zu ihren Leuten, die wo über der Isar drüben ein kleines Anwesen gehabt haben. Es läßt sich denken, daß ihr Vater und ihre Mutter sie nicht gar freundlich aufgenommen haben. Die Genovev hat zu barmen und zu flennen angefangen, und da hat ihr Vater, der Hingerl, sie gefragt: »Wer is denn der Hallodri, der wo dir den Bambsn (Kind) ang'hängt hat ... Ganz gwiß is er noch a rechter notiger Lump aa!«
Auf das hin hat die Genovev gesagt, daß es der Lermoser-Michl ist und daß er ihr ganz fest das Heiraten versprochen hat, wenn es soweit ist. Das hat den Hingerl stutzig gemacht, denn der Lermoser, das weiß man, gehört zu den drei größten Bauern in der ganzen Umgegend.
»Wos?« sagt er, der Hingerl, »wos, der? Der Michl? ... Und jetz will er nimmer? Dös gibts nachher doch scho gor net aa.« Der Hingerl, das weiß man auch, der ist keiner, der wo auf den Kopf gefallen ist. Der ist, wie man so sagt, »hell auf der Plattn«. Er hat sich kurz besonnen und seine dickbauchige Tochter um und um angeschaut. Er hat ja noch zwei Töchter, die Liesl und die Zenzl, aber die sind, Gott sei dank, schon verheiratet. Grad nicht, daß man sich loben könnt dafür, aber doch ordentlich versorgt. Die Liesl hat einen Elektriker von den Isar-Loisachwerken erwischt und schon das zweite Kind, und die Zenzl ist Schweighoferin von Wirlbach, ein kleines Anwesen, aber schuldenfrei, und der Schweighofer ist ein umgänglicher, fleißiger Mensch. Hingegen die jüngste, die Genovev, die ist arg einfältig und dumm. Drum hat sie es auch nicht so weit gebracht und ist dem Lermoser-Michl auf den Leim gegangen.
Nachdem also der Hingerl das verweinte Ding so abschätzend angeschaut hat, sagt er: »Also er hat dir das Heiratn fest versprochen, der Michl? ... Dös konnst du auf dein'n Eid nehma, oder?«
»Ja, ganz gwiß is's wohr, Vata ... Auf Ehr und Seligkeit«, hat auf das hin die Genovev wiederum eingestanden.
»Soso ... Und dös will er jetz einfach obleugna, der Saulump, der ganz miserablige?« meint drauf der Hingerl: »Und beim Lermoser glaabt ma, wenn ma di davonjogt, do hot si dö Sach g'hobn? ... A so geht dös nachher doch scho net! ... Do werd aufs G'richt ganga, basta!« Er kennt sich aus, der Hingerl, er klagt ein beim Landgericht Traunstein, und es hilft dem Michl nichts, wenn er auch daheim von dem, daß er der Genovev das Heiraten versprochen hat, nichts sagt, eingestehen muß er doch, daß er mit ihr was gehabt hat, und ganz arg wird der

Krach beim Lermoser, nachdem er die gerichtliche Vorladung kriegt, wo draufsteht: »Delikt: Defloration aufgrund eines Heiratsversprechens.« Ganz kleinlaut ist der Michl auf dem Gericht erschienen, und nach der eindringlichen Belehrung des Richters hat er selbstredend keinen Meineid auf sich nehmen wollen und seine Schandtat vollauf zugegeben. Ganz und gar eingeschüchtert und verschreckt ist die Genovev gewesen. Vor lauter Angst und Schämen hat sie in einem fort geweint, und wenn auch ihr Vater mit ihr gegangen ist, wenn ihr auch der Richter freundlich zugeredet hat, arg viel Mühe und Geduld hat es ihn gekostet, bis sie ihre Aussagen halbwegs richtig gemacht hat. Einwandfrei war der Michl überführt, und der Richter putzte ihn wegen der »listigen Verführung einer unbescholtenen Person, welche ihm gutgläubig ins Garn gegangen ist«, noch gehörig herab. Alsdann klärte er die Genovev sehr ausführlich darüber auf, daß sie wegen »dieser Schändung ihrer Ehre« vollberechtigt ist, einen entsprechenden Schadenersatz zu verlangen, und fragte sie zum Schluß: »Also Fräulein Hingerl, was für Ansprüche wollen Sie stellen. Was verlangen Sie? Nur keine Angst, bloß kein Genieren! Sagen Sie's nur! ... Also was wollen Sie?« Recht einnehmend, grundgut hat er die verdatterte Genovev angeschaut dabei, weil er wegen ihrer Hilflosigkeit fast Mitleid mit ihr gehabt hat. Es ist ihr ja auch anzusehen gewesen, schier bitthaft schaute sie hinum und herum, herum und hinum und kannte sich absolut nicht mehr aus. Zwei-, dreimal hat der Richter seine Frage wiederholt, und endlich hat die arme Genovev aus sich herausgestottert: »Ja, mein Gott, He-Herr Richter ... Fünf Mark hoit, wenn der Herr Amtsrichter meinen ...«

»Was, bloß fünf Mark? ... Fünf Mark bloß?« ist dem guten Richter wie von selber herausgerutscht, und dem Michl sein Gesicht hat sich schon aufgelichtet, da aber ist denn doch der Hingerl auf der Zuhörerbank aufgestanden, hat sich als Vater der Genovev zu erkennen gegeben und hübsch harsch gesagt: »Geh, Herr Amtsrichter, Sie sehns doch selber, wos mei Tochter für a dumms Ding is! ... I bitt gor schön, do muaß scho i, ois ihrer Vater, redn für sie ...«

Und wirklich, der Richter hat nichts dagegen gehabt, und weil der Lermoser weitum als einer von den geldigsten Großbauern bekannt gewesen ist, hat der Hingerl bare achttausend Mark verlangt. Bloß ganz kurz ist das Handeln mit dem blamierten Michl noch hin- und hergegangen, und schließlich hat man sich auf sechstausend geeinigt.

»So«, hat der Hingerl beim Heimgehen zu seiner saudummen Tochter gesagt, »dös is a ganz schöner Brocka Geld ... Der is a Kindstauf scho wert, Vevei ...« Und da hat die das Weinen aufgehört und ist auch ganz zufrieden gewesen.

Ein Genie
»Gel, Sepp, du kannst 's schwören, daß er der Vater vom Kind ist!« – »Jo mei, den Schwur möcht i sehen, den i net schwören ko!«

HENRY BING

Der Trewedl

Wenn der niederbayrische Volksmund spricht und sich dabei der bilderreichen Mundart bedient, dann bekommt der Zuhörer zwar eine recht kräftige Vorstellung des Geschilderten, weiß aber mit den einzelnen Ausdrücken oft nichts anzufangen. So erging es auch einem Richter, der im vergangenen Jahr an einem niederbayrischen Gericht über eine große Wirtshausrauferei zu verhandeln hatte. Ein Beteiligter sagte aus: »Wias o'ganga is, woaß i nimma. I hon mi erscht eing'mischt, wia ma oana oane g'stürt hot. Aft hon i den natürla in d' Letschn einig'haut. Derweil is mir a anderer mit dö Griffön ins Mäu einig'fahrn und erscht, wiara 's Jammern o'g'fangt hot, hon i's g'spannt, daß i zuabissn ho. Do hot mia oana 's Krüagl aufi'g'haut und i bin in an Trewedl einikemma und woaß nacha nimma, wias ausganga is.«
»Was ist ein Trewedl?« wollte der Richter wissen.
»A so a Durchananda von Haxn, Arm, Sessln, Aschenbecher und Bierkrüagl«, wurde er aufgeklärt.
»Und was war dann?«
»Mir hot da Däz brummt und i bin hoamganga, weil mi die Sach weita nimma verinteressiert hot.«

»Aber mitgerauft haben Sie!«
»Net daß i wüßt. I hon grod o'g'wihrt.«
»Dem Glaser haben Sie den halben Finger abgebissen. Was war damit?«
»Den, moin i, hon i g'schlickt.«
»Einen andern haben Sie ins Gesicht geschlagen!«
»A kloane Dätschn.«
Kopfschüttelnd stellte der Herr Amtsrichter fest: »Hier fehlt einfach das niederbayrische Wörterbuch für den Amtsgebrauch.«

Erzählt vom BAUMSTEFTENLENZ (PAUL FRIEDL)

Die Rivalinnen

»Die hat si ja wiar a Zeck an den Mo hi'g'hängt, Herr Gerichtshof, dawei hat der scho halbert mir g'hört. Da werd ma doch seine Rechte noch verteidigen derfa, oder vielleicht net?« trumpft die achtundzwanzigjährige Kontoristin Gerda Bleiweiß auf und wirft ihrer Nebenbuhlerin einen Blick zu, der diese glatt in zwei Hälften zersägt.
Ein schriller Aufschrei beantwortet diese Angriffserklärung. »Was hoaßt denn da g'hört?« kontert die zweiunddreißigjährige Verkäuferin Anita Grundl ihre Vorrednerin. »Der Mo hat ja sei Bruin net auf g'habt, wia er si mit Eahna in an Dischkurs ei'g'lassn hat, und wiar er s' na glücklich auf der Nasn g'habt hat, hat er glei an Schluckauf kriagt, so derschrockn war er, wiar er Eahnere kaasigen Krankenhausspoacha zum Sehng kriagt hat.«
»Meine Damen«, wendet sich der schon betagte Richter mit milder Stimme an Klägerin und Beklagte. »Es genügt ja schließlich, daß Sie sich gegenseitig wegen Beleidigung und Körperverletzung vor Gericht gebracht haben, Sie müssen nicht neues Unrecht auf das alte häufen.«
»Zweng dem laß i mi von dera bremsigen Hutschen no lang net kaasig hoaßn. Schließli is des net jedermanns Geschmack, Gott sei Dank, wenn ma daherkimmt, als waar ma vierzehn Tag in der Sur g'leng. Auf mein Teng gib i was, den laß i net oafach a so im Dreck umanandaziagn«, setzt sich Gerda Bleiweiß zur Wehr.
»Sei dem, wie ihm mag«, schneidet ihr das Gericht weitere Worte ab, »ich möchte jetzt zur Sache kommen. Wie sich aus der Anzeige entnehmen läßt, verbrachten also Klägerin wie Beklagte vor vier Wochen einen Sonntagnachmittag im Freibad Maria-Einsiedel und sonnten sich, als sie wegen eines Mannes in Streit gerieten, stimmt das?«
»Von mir aus hätts überhaupts koan Streit net gebn«, wendet die Klägerin Bleiweiß ein, »weil i, wia g'sagt, mit dem Mo schon in einer an-

geregten Unterhaltung begriffen g'we'n bin. Auf oamal taat si doch noch diese billige Volksausgabe von ara Brischitt Bardot an mein Begleiter hi'wandeln. Erst hats ihran Bikini z'rechtg'ruckt und an Bauchspeck vom vorigen Winter hats ei'zogn, daß ihr glei an Hintern rausdruckt hat, nacha hat sie si hi'g'hockt und ihrene Zächa zum O'maln o'g'fanga, und dabei hats auf mein Bekanntn hi'g'schiagelt, daß ihr de falschen Wimpern beinah o'brocha waarn. ›Sie‹, sag ich zu ihr, ›streicha S' Eahnere Karfiolzächa woanderst o und tean S' andere Leit net mit Ihrene kosmetischen Rettungsversuche belästigen, indem daß i Eahna sonst vom Bademeister des Platzes verweisen lassen muaß.‹«

»Muaß ma i jetzt so a ausg'schamts G'red g'falln lassn, Herr Richter?« mischt sich Fräulein Grundl in die Debatte. »›Eahnere Zächa brauchen freili koa Kosmetik mehr‹, hab i ihr zur Antwort gebn, ›indem daß Sie Eahnere verkrippelten Fliagnpuizl samt Eahnere austrocknetn Kaasloabl auf der nächsten Raritätenschau ausstelln lassn kenna und net in am Freibad, wo ma no a wengerl an essidetischen Eindruck verlanga derf, oder?‹ Auf des hi is sie aufg'standn und hat ma ihr ung'waschens Badetuch um mei Frisur g'schlagn, Herr Richter, und wenn i net so schnell auf die Fiaß g'we'n waar, hätt i sauber ausg'schaugt.«

»Des is g'logn«, widerspricht ihr Fräulein Bleiweiß. »Indem daß i mei Badetuch bloß hab ausschütteln müassen, und wenn de wamperte Blattlaus net so nah zu uns herg'ruckt waar, hätt i s' aa net troffa. Aber daß sie nacha mit sämtliche Lockenwickler, die wo s' bei ihra g'habt hat, nach mir g'worfa hat und zum Schluß no mit der Nagelfeile auf mi losganga is, davo sagts natirli nix.«

»Ich bin im Bilde«, meint der Richter und versucht vergeblich einen Vergleich zustande zu bringen. Dann verurteilt er beide Gegnerinnen zu je 30 Mark Geldstrafe.

»G'frein tuats mi bloß, daß Eahna Ihr Kavalier fluchtartig verlassn hat, nachdem er Eahna derkennt hat«, sagt Fräulein Grundl höhnisch zum Abschied. »Ham an Sie vielleicht kriagt?« erwiderte Gerda Bleiweiß und geht stolz von dannen.

WOLFGANG WEHNER

»Zwoamoi hinteranand hat er an Ullarich o'g'ruafa«, schluchzt das Hünenweib, »und in dera Hinsicht samma bekannt worn . . . Bittschee, Herr Vursitzata, fragn S' 'n selber! Am ganzen Weg ham mir von nix anders net g'redt – so wahr i dasteh . . .«
Die Zwangsvorstellung, wie leicht sich die Angeklagte aus Kartoffeln modellieren ließe, wird übermächtig: Die Nase wäre eine runde Mehlige, das Kinn ein Mäuserl, für die Backen kämen rosa Fränkische in

RITA MÜHLBAUER

Frage; vorjährige Speckkartoffeln, Imperator oder Saxonia, würden – in vergrößertem Maßstab – die knolligen Ausbuchtungen des Körpers wiedergeben.
Der in ihrem Beruf ergrauten Bierkellnerin wird vorgeworfen, sie habe sich einem Baßgeiger zur Unzucht empfohlen und eine intime Situation in dessen Wohnung benutzt, um 110 Mark bar zu entwenden. Das trifft sie um so härter, als sie wegen ähnlicher Streiche bereits häufig vorbestraft ist.

»A guate Samariterin hab i sei wolln«, jammerte sie erregt. »Der is der Dank derfür, wann oans a mitleidigs Herz hat! Hätt i nur grad des b'suffene G'stell liegn lassen!«
Auf ihrem nächtlichen Heimweg durch die Sendlinger Straße war ihr ein Mann dadurch aufgefallen, daß er am Randstein kniete und emsig kübelte. »Wo feits denn, Büawei«, sprach sie ihn an, »is's da schlecht?«
Der Unglückliche ersuchte stöhnend, man möge ihn zu seinem Haus am Unteranger geleiten, allein erkrafte er es nicht mehr. Gerne sei er bereit, für diesen Dienst zehn Mark zu zahlen.
»Unter der Irxen hab i 'n packt und aufklaubt«, fährt die Erzählerin fort. »Na hab i 'n fest in 'n Arm druckt, und er hat si bei mir an der Tallje eig'hoitn. So samma hübsch langsam mitanand weiterg'hatscht. Im Schmidgaßl is's eahm no amoi aufg'stessen, aber nach dera Erleichterung hat er si derfangt ...«
Beim Aufsperren des Tores fühlte sich der Musiker wohl genug, um seine Retterin zu einem Imbiß in seiner Bude einzuladen. Schamhaft lehnte sie ab. Als er jedoch versicherte, er sei geschieden, sah sie ein, daß er sich ohne ihre Hilfe beim Treppensteigen schwer tun würde. Sie kam mit hinauf.
»No ja, z'erscht hat er sei derspiebens G'wand auszogn. Na hat er a Bixn Haring in Schellee aufg'macht und mir ham a bißl was gessen. An Kognak hats aa gebn. Wia mir de G'schicht z'lang dauert hat, sag i zu eahm: ›Was is's jetz nacha mit mei'm Zwanzger?‹ ...«
»Wieso Zwanzger«, unterbricht der Richter. »Ihrer Darstellung nach standen Ihnen doch nur zehn Mark zu?«
»Freili«, räumt die starke Rosa ein, »aber am Tisch waar er mit der Zeit scho a wengl intim worn. ›Geh zua‹, hat er g'sagt, ›samma grad so g'müatli beinand – kriagst no an Extra-Zehner‹ ... Mei, was G'scheits is ja net passiert, bloß a kloane Gaudi! Dernach hat er as Geld aus 'm andern Zimmer g'holt und i hab mi wieder o'zogn. Na hab i mei Sach kriagt und bin furtganga.«
»Unter Mitnahme der von mir achtlos beiseite gelegten Brieftasche!« behauptet der Zeuge. Daß sie tags darauf – allerdings leer – bei der Krügelstemmerin gefunden wurde, darf ihrer Meinung nach nicht als Schuldbeweis gelten.
»Was fangat i mit dem laarn Tascherl o?« folgert sie scharfsinnig. »Des hat er höchstens aus Versehn in mein Mantel g'steckt! I woaß von nix ...«
Unter dem Kreuzfeuer des Verteidigers muß der ältliche Orchestersolist zugeben, es könnten vielleicht auch nur 60 Mark darinnen gewesen sein.
»Wie auch immer, die Schutzwürdigkeit des Geschädigten ist äußerst gering«, führt der Staatsanwalt aus. »Wer sich zur Nacht mit Unbe-

kannten auf derlei Abenteuer einläßt, braucht sich nicht zu wundern, wenn er bestohlen wird.«
An Stelle einer an sich verwirkten höheren Strafe kommt die muskulöse Rosl noch einmal mit fünf Monaten Gefängnis davon.

WALTER F. KLOECK

Von Pfarrern und Pfarrkindern

Der Herr Pfarrer

A Köpferl, a g'sundes,
a Bäucherl, a rundes,
zwoa Äugerl, liachtblau –
a Bruilln auf der Nosn,
zwoa Backerl, dö blosn,
a guatmüatigs G'schau.

Beim Hochamt falsch singt er,
a Ganserl, dös zwingt er,
meinoad, ganz alloa –
fürs Lebn gern schnupft er,
und d' Meßbuam, die zupft er –
no, dös därf er toa.

A Herr, a solider,
beim Beichten net z'wider,
lacht d' Deandln gern o –
grad schö ko er redn,
is z' sprecha für jedn,
a grundbraver Mo!

De Vögerl gern lockt er,
am Abend terockt er,
ko trinka und wia! –
Um zwölfi, do geht er,
a lustinga Peter,
dahoam und beim Bia(r).

Koan Stoiz und koan Giggl,
koa geizinga Niggl,
auf neamad a Wuat.
A Manndl, an armes,
a G'müat, a herzwarmes,
grad liab und grad guat.

Koa Nörgler, koa Schmarrer,
– so is unser Pfarra!
A jeds hat 'n gern,
sogar der Herr Lehra –
o gaabs do no mehra
so geistlinga Herrn!

KARL BAUER

Kirchenlatein

Da ist ein Dorfpfarrer bei Landshut, der macht seine Predigt hübsch langsam, und der Lehrer in seiner Pfarrei, der orgelt so staad. Die Bauern verdrießt's schon lang und der Wirt brummt, weil er an Feiertagen so lang mit dem Anzapfen warten muß – und der Wirtin sind schon ein paarmal die Würst versotten.
Helf, was helfen mag – eines schönen Tags bringt der Briefträger mit vielem Schmunzeln eine Postkarte in den Pfarrhof, da steht geschrieben:

Du und der oa,
oes müßts schneller toa,
sunst bist du und der oa
am Sunntag alloa!

GEORG QUERI

Flurprozession

An die Haderbacher Flur grenzen die Äcker vom Herrn Baron an, der ein Lutheranischer ist aus Preußen und das Schloß gekauft hat, wie es auf der Gant war.
Der Herr Baron hat einen sehr guten Boden; da wächst alles viel besser als bei den Haderbachern, die lauter Moosgründ haben.
Drum machen sie eine Flurprozession, daß der liebe Gott ein Einsehen haben soll und daß was wächst wie bei dem Lutheraner.
Beim Baron kommen sie auch vorbei, an der Grenz, daß der Segen nicht hinüber kann. Siggra, saggra, der Weizen steht aber schön bei dem! Alle Haderbacher schauen neidisch hinüber.
Und der alte Mesnerpauli brummt: »Da schau dir's nur an, o du liebs Herrgöttle, wie du 's bei dem Lutheranischen wieder hast wachsen lassen!«
Und der Wiggerl, der Ministrantenbub, sagt vertraulich zum Herrn Pfarrer: »Wann wir jetzt aber doch den rechten Glauben nicht hätten?«
Und da ist es zum erstenmal passiert, daß in der Haderbacher Prozession der Herr Pfarrer den Watschenbaum hat umfallen lassen.

GEORG QUERI

J. B. ENGL

Die Liebesleut. »Jessas na, Sepp, mir fallen meine Sünden gar nimmer ei!« – »Dös macht nix. Du beicht'st nach meiner und wenn di der Pfarrer um d' Sündn fragt, na sagst: ›Akrat wia der Sepp!‹«

In Gottsnam

Da Simmerl is beim Beichten,
gern tuat er's sicher net,
weil der gestreng Herr Pfarrer
halt gar koan G'spaß versteht.

Da Simmerl hat a Madel,
no, de Sünd waar net groß,
do liabn si de zwoa narrisch
und net platonisch bloß!

Und dös muaß er iatzt beichten –
oje, da werds was habn,
der Pfarra werd ganz fuchti
und staucht 'n g'höri z'samm.

Der lest eahm die Leviten
und macht gar hoaß eahm d' Höll:
»Dös Madel muaßt mir lassen,
versprich mir's auf der Stell!«

»Sollsts habn«, sagt drauf der Simmerl
und zwinkat mit de Augn,
»i muaß mir halt in Gottsnam
na um a andre schaugn!«

JOSEPH BENNO SAILER

Beichten

Die Kramerin hat den Ihrigen zum Beichtn g'schickt. Das is eine Arbeit g'wesen. Mußt ihm ein guts Wörtl ums andere geben und grad bitten und betteln – und geht doch um seine Seel und um keine andere net.
»Jaja«, hat der Kramer brummt, »so beicht ich halt.«
Und geht.
»Daß du mir aber fein gwiß beichtst!« schreit ihm die Kramerin noch auf die Straß hinaus nach. (Sie kennt ihn halt, den Ihrigen.)
Da hat der Kramer was brummt und is gangen. Und wie er gangen is, da is's Sechse g'wesen in der Früh, und wie er kommen is, da hats grad Elfe g'läut. Und is aber nur eine Stund auf Neufahrn.
»Du«, sagt die Kramerin, »ich will net schlecht redn, aber« – sie schnuffelt mit ihrer langen Nasen – »aber beim Wirt bist auch einkehrt. Und 's Bier stinkt dir aus dem Maul, ich schmecks.«
»Mh.« brummt der Kramer.
»Und g'selchte Würst hast dir überg'legt, du Geldverputzer, ich schmecks.«
»Mh.« brummt der Kramer.
»Und hast denn auch wirklich beicht?« fragt sie jetzt.
»Schmecks! Hasts Bier und d' Würst auch g'schmeckt«, hat der Kramer g'sagt.

GEORG QUERI

Zweierlei Zölibat

»Ja, sehgn S', Fräuln Lehrerin!« sagt da Pfarra,
»mir zwoa san oans wia 's ander g'schlagn.
Mir habn all zwoa as Zölibat –
dös müassn ma in Ergebung tragn!«

»Recht habn S', Hochwürdn!« moant as Fräulein.
»An Unterschied is aba doch.
Sie derfa si a Köchin haltn; –
i, aba i, i mir – koan Koch!«

JOSEF SCHUG

Zweischläfrig

Der Herr Bischof hat bös geschaut, wie er in dem Schlafzimmer vom Herrn Pfarrer zwei Betten hat nebeneinander gefunden.
»Da schlaf ich, in dem Bett!« hat der Herr Pfarrer gemeint.

»Aber wer schlaft in dem andern Bett?«
»Ja, weil ich halt gar keinen Platz nit hab im Haus, so schlaft halt die Köchin in dem andern Bett.«
Wie aber der Herr Bischof daraufhin gar so erschrocken ist, hat der Pfarrer gesagt: »Sieht denn der Herr Bischof das Nudelbrett nit, das ich hineingesteckt hab zwischen die zwei Betten?«
»Und wann ich auch das Nudelbrett seh, so seh ich auch den bösen Feind auf dem Nudelbrett. Aber was tut der Herr Pfarrer, wann die Stunde der Versuchung über ihn kommt?«
»Ja«, sagt der Pfarrer, und er hat seinen Mund an des Bischofs Ohr, »dann tu ich es halt weg, das Nudelbrett!«

GEORG QUERI

Brief eines bayerischen Landtagsabgeordneten

An hochwierden hern Bfarrer Emeran Schanderl in Mingharting,
Bosd daselbst

hochwierden Herr Bfarrer,
Gelobt sei Jesses Kristo in aller ewigkeid amen. hofendlich is der her Bfarrer gesund und kreizwollauf und die freilein Köchin, das sie iren Grobf mit schmaltz einschmierbt, bis er fergeht.
Ich bin auch wollauf in der schtadt Minken und regire, wie es der hochwierden Herr Bfarrer angeschapft hat und vergiß auch nicht auf die heulige Rehligion und friehmeß, aber leider den nahmidägigen Rosengrantz kan ich nicht beiwonnen, indem das ich im Barlamend bresent sein mus, wo mir jetzt beraten, wie Deier das Bir sein derf und nicht zwei Fennige mehr kost.
Ins Teeater und die andernen Freidenorte geh ich nicht und lase nicht meine unschterbliche Sele verterben, wo Herr Bfarrer geschriben hat.
Blos einmal bin ich im Koliseum gewest, aber es war keine Gefar nicht dabei, weil auch inser hochwierniger Herr Pichler dabei war und ein Hanswurscht hat auf dem Fotzhobel blast und is auf dem Kobf gestanden dabei, und sind aber keine Unkeischheiten nicht vorgekomen, sinst wär der Pichler nicht dagewesen. Der Hanswurscht war anderst fidöll.
Gestern hab ich mit meinem Bardeibruder Lerno in der Blänarsiezung gesbrochen, und er hat gsagt, wen die Freilein bfarrerköchin fieleicht einen fedden Hund abstiecht und sein Schmaltz auskocht, wen der Mond waxt, und auf ieren Grobf legt, fergeht er, weil er auch einen gehabt hat.
Beträf den abdrinnigen bfarrer Grandinger mus ich inen schreiben, das er sich recht kraudig macht und Reden halt als wen er auch einer wär,

aber mir bassen nicht auf und lachen blos. Das is ser draurig, das ein Geistlinger bis auf die Freimaurer herunder komt.

Fieleicht is er eine Heumsuchung Gottes und man mus es mit Seifzen hinnemen, hat der Pichler gsagt, zur Briefung inserer Schtärke. Der fedde Hund fier die Freilein bfarrerköchin derf alles sein, blos kein schwartzer Budel und mus man drei Vaterunser betten, wen man das schmaltz auslast.

Die Oberbfälzer ham alle Gröbf und fertreiben in auf disse Weuse.

Jetzt hab ich noch eine Gewissensfrage, hochwierden herr bfarrer, weil ichs fergessen hab, ob ich fier oder gegen die Beamdenaufbäserung schtimme. In der Bardei is keine Einigkeid nicht forhanden, weil es verschieden ist und die, die wo was kriegen, sind schon dafier, aber die andern wo blos zahlen, sind nicht dafier.

Ich bitt schön, hochwierden herr Bfarrer, schreim sie mir meinen Schtandbunkt und obs sie noch befehlen, das inser Bezierksamtman zwegn seiner frechheit gegen inen fersezt wern mus und wohin ich in fersezen lase. Wen sie im nicht ferzeien, bin ich gantz ungnedig und tue in auf einen schlechten Bosden, wo er sich fieleicht besinnd, was er der geischtlingen Obrigkeid schuldig is.

Gesdern is die Viehzählung gewesd, so hat es meine Bäurin geschriebn, und sie ham mir alle Rindfiecher aufgschriebn. Inen auch?

Ich mus es jetz beschlüssen, und sagens der Freilein Köchin, das ieren Grobf mit hundsschmaltz einschmierbt und auf widersehn macht freide

Ir liber Freind Jozef Filser, Landtagsabgeordneter

LUDWIG THOMA

Der Segen

Dem alten Pfarrer geht am Weg
a junge Bäurin für.
Er woaß guat wiar er s' eing'segn't hat;
drum sagt er halt zu ihr:

»Schaug oaner nur dös Weibets an,
wia di hoffährtig tuat!
Söll, wia dein Hochzeit g'we'n is, gel,
da war i grad no guat?«

»Herr Pfarrer«, flennt die ander los,
»so dumm kanns a diam gehn!
Hätt uns der Segn aus'nander g'jagt,
na waars a Segen g'we'n!«

DORA STIELER

Wallfahrer

Wenn die Bauernleut verheiratet sind und die neun Monat sind vergangen, aber es schreit noch niemand in der Wiegen, dann schaut er finster drein und sie geht ihm aus dem Weg.
Er glaubt: sie ist nit das richtige Weib. Ein richtiges Weiberleut muß in die Hoffnung kommen.
Und sie glaubt: er ist nit der richtige Mann. Wann er der richtige Mann wär, tät jetzt die Wiegen nit auf dem Dachboden stehen.
Die alten Leut im Austragstüberl aber stecken die Köpf zusammen und sagen: Wann sie keine Kinder kriegen, die Jungen, was wird dann aus Haus und Hof? Soll das schöne Sach in fremde Händ kommen? Eine Schand wäre das und ein Spott.
Die Hannibas, die hört den Kummer der alten Leut mit an und weiß, daß wieder ein Moment gegeben ist, da wo man ihre guten Ratschläg braucht.
»Hat sie auch immer ihr Fleisch gegessen am Samstag zum Abend?« fragt sie.
»Freilich hat sie immer am Samstag ihr Fleisch gegessen!« sagen die alten Leut.
»Und hat er seine Maß Bier am Samstag getrunken, der Bauer? Die Abendmaß mein ich.«
»Freilich. Freilich. Die hat er immer getrunken, die Abendmaß. Zwei auch und in der letzten Zeit ihrer drei.«
»Und haben auch nicht viel Streit gehabt in der Kammer? So daß er mit dem Buckel gegen sie gelegen ist?«
»Auch nit. Gewiß nit!«
»Alsdann ists aus anderer Schuld.«
»Du lieber Herrgott – aus anderer Schuld solls sein?«
»Freilich. Leicht ists eine Himmelsstraf?«
»Du lieber Herrgott!«
»Ja, das kann leicht eine Himmelsstraf sein. Aber man kann sie schon abwenden, die Himmelsstraf«, sagt die Hannibas.
»Aber wie und auf welche Weis?«
»Wallfahrten muß man da, wallfahrten.«
»Leicht weißt auch, wohin, Hannibas?«
»Zum heiligen Sankt Joseph in der Grünau müssen sie, die zwei Leut. Er zu Ostern, sie zu Pfingsten!«
»Gut, dann müssen wir's ihnen sagen.«
Die Alten sagen's den Jungen. Und zu Ostern geht der junge Bauer zum heiligen Sankt Joseph in der Grünau.
Ach, da ist er verdrossen zurückgekommen wie ein armseliger Sünder.

»Wird schon geholfen haben, dein Beten!« sagt die Bäuerin zum linden Zuspruch.
»Wird aber dir nit helfen, Weib. Brauchst auch nit hinwallfahrten zu Pfingsten. Und der Wirt bei der Kapellen hat mirs anvertraut, daß 's nit mehr ist wie früher: er ist ihm davongelaufen, derselbige Hausknecht.«

GEORG QUERI

D' Fahnastang

»I tät gar schön bitten, Herr Pfarrer; wenn S' halt doch a Einsehen hätten!«
»Laß mir mei Ruh, Schummerl. Wenn ich amal was g'sagt hab, nachher bleibts dabei: Entweder du gibst dei unbändige Sauferei auf, oder du darfst an Fronleichnam die lang Fahnastang nimmer tragen. Und damit basta.«
»Dös is a harter Spruch, Herr Pfarrer«, sagt der Schummerl kleinlaut. »Es is alleweil mei höchster Stolz g'wesen. Wer solls denn nachher tragen heuer«, fragt er und lacht pfiffig, »wer solls denn nachher tragen? Vielleicht der Ranftel, der Bader? Den reißts ja schon nach drei Schritt um. Oder der Kramerlenzl? O mei! Der liegt auf der Nasen, bevor er mit der Fahna über 'm Gottesacker draußen is. Es kanns ja koaner zwingen, als wia i, Herr Pfarrer!«
»Dann bleibt die Fahn in der Kirchen stehen. So, jetzt kannst dir's überlegen. Und jetzt b'hüt dich Gott, Schummerl.«
Der Schummerl steht in der Kirch und schaut sich die Fahnastang an; »sei« Fahnastang! Denn er alloa kanns lupfen; er alloa hat d' Flaxen dazu. Dös hat er 'm Herrn Pfarrer schön hing'riebn. In der Mitten von der Kirch steht a steinerns Grabmonument. An Abt oder so einer liegt drin, sagn d' Leut; und drum rum is a schmiedeiserns, engs Gitter. Da stehts drin, die lang Fahnastang. So hoch is scho schier, daß man nit meinen sollt, a oaschichtigs Mannsbild könnts derhebn. Mit der Spitzen langts nauf bis auf d' Kirchdecken, und ganz am End drobn pampelt a winzigs kloans blauseidas Fahndl. Die andern Fahna verschwinden ganz dagegen. Dumm wars schon, wenn er Ernst machet, der Herr Pfarrer! Der Schummerl kratzt sich hinterm Ohrwatschel. Die ganze Prozession is verschandelt, wenn die lang Fahnastang fehlt. »Was schaugst denn?« sagt der Maurer, der grad an frischen Schöpflöffel voll Mörtel aufs Pflaster schmiert; der muß 'n Kirchenboden renoviern und die Grabg'wölb ausbessern, die von der alten Klosterzeit her noch unter

der Kirche liegn. »Frag nit so dumm!« sagt der Schummerl giftig, denn er hat 'n Mordszurn. Wenn er aber 'n Zurn hat, nachher geht er ins Wirtshaus. Nach der fünftn Maß hat er sich schon beruhigt: »Heut hättst dich bald schön ins Bockshorn jagen lassen, Schummerl«, sagt er zu sich selber, »aber dafür is schon was gut; ohne 'n Schummerl und sei Fahnastang gibts koan Umgang nit.«
Der Herr Pfarrer sieht 'n Schummerl, wie er aus 'm Wirtshaus raus geht mit seim roten Köpfl. Er sitzt am Fenster, hat a groß's blaus Sacktüchel umbunden und is eing'seift bis an d' Nasen. Der Ranftl, der Bader, zieht grad 's Rasiermesser ab an seiner Lederhosn. »Laß mi fei am Leben«, sagt der Pfarrer, »nachher darfst d' heuer die lange Fahn tragen beim Umgang.« Der Bader reißt 's Maul auf, als wollt er 'n Pfarrer fressen mitsamt 'm Sessel; dann schüttelt er 'n Kopf. »I mach mein Dank für die gute Meinung«, sagt er, »der Wille wär scho da, aber 's Fleisch is halt z' schwach. Dös Kunststückel bringt überhaupt bloß oaner fertig, und dös is der Schummerl.«
»Weißt d' schon dös Neuest?« fragt der Bader ein jeden, der in sei Baderstuben neikommt, »der Schummerl darf heuer die lang Fahna nimma tragn.« – »Nit möglich; ja, warum soll er's denn nimmer tragn dürfn?« – »Woaß nit!« In einer Viertelstund aber wissen die Leut auch den Grund, denn der neugierige Bader hat den Schummerl einfach »interviewt«. »Jetzt wollen wir bloß sehn, wer den Dickern hat«, hat dieser höchst despektierlich g'sagt, »ohne die lang Fahnastang gibts koan Umgang nit.«
Der Herr Pfarrer ist über das Fehlschlagen seiner Erwartungen recht ärgerlich. Er will den Schummerl um jeden Preis kurieren. Und jetzt sitzt der wieder Tag um Tag im Wirtshaus; er laßts offenbar drauf ankommen, ob die Drohung auch wirklich ausgeführt wird. Der Pfarrer denkt aber gar nit dran, Spaß zu machen. Vorher jedoch will er's noch einmal gütlich probieren, dem Schummerl von einer andern Seite beizukommen. Vierzehn Tage sinds nur mehr bis Fronleichnam; da ist keine Zeit zu verlieren: Am Abend hat der Pfarrer eine lange Besprechung mit dem Maurer in der Kirche drüben. Die Ausbesserung der alten Gruftgewölbe unter der Kirche macht rasche Fortschritte; der Schutt, den man in Kübeln bei einer für gewöhnlich mit einem Holzdeckel verschlossenen Öffnung beim steinernen Grabmonument heraufzog, ist schon völlig beiseite geschafft; in den nächsten Tagen kann mit dem Neuputz der Gewölbemauern angefangen werden. Als sich die beiden Männer endlich trennen, legt der Pfarrer schmunzelnd den Finger auf den Mund, wozu der Meister verständnisvoll mit dem Kopfe nickt; drauf verschwindet der Pfarrherr in der Pforte seiner Behausung.
Am andern Tag ist Gedächtnismesse für den Griesmannbauer, und

Schummerl befindet sich als Gevatter in seinem Kirchstuhl. Sein erster Blick gilt natürlich der Fahnastang. Sieht er recht? Er reibt sich die Augen und glotzt wieder zur Kirchendecke. Sollt er wirklich noch unter 'm gestrigen Dampes leiden? Die Fahnenstang kommt ihm um ein guts Stückel kürzer vor. Das obere End, das sonst schier bis an die Decke gereicht, steht heut um ein guts Teil davon ab. Der Bader muß's auch schon bemerkt haben; denn er gibt seinem Nachbar einen Renner in die Seite und deutet nauf zur Decke. Nit lang, und alle Häls strekken sich nach dem blauseidenen Fahndl. Die Bauern stecken die Köpf z'samm, dann dreht sich einer nach dem andern um und schaut den Schummerl an. Der druckt sich schön stad zum Kirchenstuhl naus und verduftet; es ist ihm ganz ungut. Wenn aber dem Schummerl ungut is, dann geht er ins Wirtshaus.

In der ganzen Gemeind wird von nichts anderm geredt, wie von der Fahnastang. Jeden Tag wirds um ein Stückel kürzer. Das bedeut't ein Unglück. Und was das Allerschlimmst is: der Pfarrer sagt, er könnt nix sehn; die Fahnastang wär so lang wie von eh.

Der Schummerl ist ganz desperat. Wenn er nur an sei Fahnastang denkt, nachher kommt ihm 's Flennen; dann muß er sich jed'smal im Wirtshaus trösten. Am Sonntag hat er sich wieder einmal in d' Kirchn traut; in 'n allerletzten Stuhl hat er sich neiduckt. An der Fahnastang fehlen leicht a paar Meter. Da hats ihm einen Stich geben durchs Herz, und gleichzeitig hat er einen heiligen Schwur getan, daß er sich von jetzt an bessern wollt. Denn daß die G'schicht mit der Stang nix anders bedeuten könnt als eine himmlische Straf für seine Sauferei, ist ihm immer klarer wordn. Und der Schummerl ist nach der Kirche nit ins Wirtshaus, sondern heim'gangen und hat sein Haferl Bier brav daheim trunken; aber bloß eins! Und so hat er's gemacht die ganze Woch lang. Die Fahnenstang aber ist von dem Tag an nimmer kürzer worden; sie ist wieder g'wachsen, jeden Tag ein Stückel länger worden, und wie der Fronleichnamstag da war, ist sie wieder drin g'standen in ihrem Gitter so langmächtig als wie früher; und dös End, an dem dös blauseidene Fahndl gepampelt hat, is wiederum schier an der Kirchendeckn ang'stoßen. War dös a Freud in der ganzen G'meind! Der Herr Pfarrer hat am Morgen dem Schummerl auf die Schulter klopft und hat g'meint, er könnts ihm gar nit sagn, was für eine Freud als er hätt, daß er wieder ein ordentlicher Mensch worden wär. Und der Schummerl is ausg'ruckt mit seiner langen Fahnastang, die kein anders Mannsbild hat lupfen können, und hat voller Stolz naufblinzelt, wie's blauseidene Fahndl drobn im Wind g'wachelt hat.

Wie s' aber z'ruckkommen sind vom Umgang, und der Schummerl hat sei Fahnastang wieder an ihrn Platz g'stellt g'habt innerhalb 'm Gitter,

da hat ihn der Maurer auf d' Seiten g'nommen. Dös Geheimnis, dös er gewußt hat, hat 'n schon lang druckt. Der hat dem Schummerl ein rundes Loch zeigt in dem Holzverschluß, wo's nunter gangen is in die Grabg'wölb; und dös Löcherl war akkrat an der Stell, wo d' Fahnastang aufg'standen is auf 'm Boden. Jetzt war aber dös Loch wieder zudeckt und vernagelt und ein kleines Holzdeckerl draufg'setzt.
Da hat der Schummerl sich hinterm Ohrwatschel kratzt und hat dem Maurer an Taler in d' Hand druckt, damit er niemand anderm ein Sterbenswörtel sagen sollt von der G'schicht. Und einen elendigen Zorn hat er g'habt, der Schummerl, weil ihn der Pfarrer so dran'kriegt hat. Drum is er auch gleich zum Wirt gangen, und wer am selbigen Tag noch einen Mordsdampes heimtragen hat, dös war der Schummerl.

HERMANN FRANZ

Das Kindl

Die Heggerin von Heggersreuth hat zwei Dirndln gehabt, ein sauberes und ein wüstes. Aber keinen Mann hat sie nicht mehr gehabt, die Heggerin, weil der ihrige in der Amper ersoffen ist, wie sie so hoch gegangen ist.
Hätt aber ein Mann hingehört auf den Hof der Heggerin, und zwei hätt der Hof auch noch nähren können und ein Dutzend Kinder auch noch dazu. Ein schöner Hof, der Heggerhof. Aber warum soll die Heggerin noch einmal heiraten, wann die Dirndln schon im Alter sind und wann die Brautwerber schon zum Anfragen kommen wegen der Dirndln? Hoppla! Nur wegen der einen kommen sie zum Anfragen, wegen der Sauberen; wegen der Wüsten hat noch gar keiner nachgefragt.
»Also«, sagt die Heggerin zu der Sauberen, »Madl, und jetzt wirst einen Mann kriegen!«
»Ich mag aber keinen Mann nicht!« sagt die Saubere, »und ich geh ins Kloster und will eine Klosterschwester werden mit der weißen Hauben.«
Gut, so muß halt die Wüste heiraten. Aber die Brautwerber kehren wieder um, wie sie das hören, und sagen, die kannst schon behalten, die ist uns zu wüst.
Da hat der Knecht gesagt, der schon neun Jahr auf dem Heggerhof dient: »Gibst sie halt mir, wann sie keiner nicht mag!«
Die Heggerin hat sich denkt: es mag sie kein anderer nicht, und der Knecht ist mir auch lieb und wert, weil er ein fleißiger ist und weil er

aufs Sach schaut und warum soll denn das Madl keinen Mann nicht kriegen? Lieber also einen Knecht als wie gar keinen!
Und so ist der Knecht halt Heggerbauer geworden.
Ist ein Jahr vergangen, aber die Wieg ist noch sauber unterm Dach gestanden. »Rührt sich noch nix?« hat die Heggerin immer wieder gefragt.
»Es rührt sich halt nix!« hat der Knecht gesagt. »Soviel gern täten wir halt einen Buben kriegen, es ist ja auch wegen dem Sach, das muß halt einmal ein Bub erben, meinst nicht auch, Heggerin?«
Da hat die Mutter die wüste Tochter genommen und ist mit ihr auf die Wallfahrt gegangen zum heiligen Berg Andechs.
»Ja«, hat der Mesner gesagt, »tragts das Anliegen nur vor, und eine vierpfündige Kerzen muß halt her, dann wirds schon erfüllt werden.«
Gut, sie tragen ihr Anliegen vor, opfern die vierpfündige Kerzen und gehen wieder heim.
Übers Jahr sind sie wieder da.
Gleich hat sie der Mesner wiedererkannt. Und sagt zu der Heggerin: »Hat sie alsdann geholfen, die heilig Mutter?« (Denn wann die Erfüllung geschehen ist, dann muß er es gleich dem Pater melden und dann kommt es in das heilige Mirakelbuch hinein.)
»Ja«, sagt die Heggerin und schnauft völlig hart, »geholfen hätts schon, aber wir müssen die Bitt halt falsch fürbracht haben; justament die Unverheirat ist erhört worden.«

GEORG QUERI

Die unterbrochene Berta

Eine Bürger- und Bauerngeschichte

Der Katholische Gesellenverein in Markt Erlbach erfuhr einen gewaltigen Aufschwung, als der Herr Kooperator Pletschacher das Ehrenpräsidium übernahm. Dieser blonde Jüngling, den die Pfarrerköchin oftmals mit dem heiligen Johannes verglich, weil er gekräuselte Haare hatte, stammte aus Ettal bei Oberammergau und war mit Neigungen für die Darstellung ehrbarer oder heiligmäßiger Bühnenstücke begabt. Und so wußte er auch baldigst die Mitglieder des Gesellenvereins Erlbach fürs Theater zu begeistern, so daß man sich mit dem Gedanken trug, zum Besten der Vereinskasse und zur Ergötzung der ländlichen Bevölkerung ein Theaterstück aufzuführen. In einer Generalversammlung, die beim Stangelmayer abgehalten wurde, zeigte sich indessen gleich, daß in künstlerischen Fragen die Meinungen auseinandergehen.

Der Bader Schlechmoser, der im Bürgerverein Eintracht schon öfter viel belachte Soloszenen vorgeführt hatte, setzte sich mit Feuereifer dafür ein, daß man etwas der Komödie Verwandtes, eine Gaudi, wie er es nannte, wählen solle, denn das ziehe am meisten bei den Bauern. Er behauptete, etliche gelungene Viechereien zu kennen, bei denen es die Leute vor Lachen beinah zerreißen müsse.
Schon jubelten ihm viele zu, als der hochwürdige Herr Pletschacher, mit einer leichten Zornröte im Gesichte, aufstand und erklärte, daß man damit himmelweit von seinen Absichten abgekommen sei, ja, daß man geradezu den guten Zweck in einen schlechten verkehre.
Wenn er geahnt hätte, daß sein herzinniger Wunsch, die Einwohnerschaft von Erlbach zu veredeln, sogleich von gewissen Elementen – Schlechmoser war ein gewisses Element – dazu benützt würde, die Freude an rohen Späßen zu nähren, so wäre er nie und nimmermehr dem Gedanken an theatralische Leistungen nahe getreten. Er müsse klipp und klar und rundweg erklären, daß er sofort das Ehrenpräsidium des Vereins niederlegen werde, wenn die Tendenzen des Vorredners den Beifall der Mehrheit finden würden.
Die besseren Bürger des Marktes pflichteten ihm sofort bei, und der Vorsitzende, der Schlossermeister Dichtl, sagte, es sei niemand eingefallen, den Vorschlag des Baders Schlechmoser ernst zu nehmen. Der hochwürdige Herr Ehrenpräsident möge überzeugt sein, daß man in allem bloß seinem bewährten Rate folgen wolle. Es sei wohl das Beste, wenn derselbe die Wahl des Stückes treffe, und er dürfe auf den Dank des Vereins rechnen. So gelang es, zwar nicht sofort, aber doch im Laufe der Beratung, den heiligen Zorn des Johannes zu stillen, und zur Belohnung des guten Willens, den er um sich sah, beschloß Herr Pletschacher, den Erlbachern ein ganz besonders edles Stück zur Aufführung zu übergeben.
Es hieß »Berta, die fromme Gräfin«, und da außer Pletschacher und mir niemand diese von christkatholischem Geiste durchwehte Dichtung kennt, will ich dem Leser verraten, daß sie von dem hochbegabten Sohne Ettals selbst verfaßt war.
Vielleicht hätte man in ihr starke Anlehnungen an das treffliche Volksstück »Die Räuber von Maria Kulm« finden können, allein die Sprache der Gräfin Berta war unvergleichlich edler und getragener. Und es war vorauszusehen, daß dieses Stück den wohltätigsten Einfluß auf die Gemüter der etwas rauhen ländlichen Bevölkerung haben mußte.
In diesem Stücke gab es Rollen, welche die Frauen und Männer Erlbachs zum Mitspielen entflammen mußten. Ritter, Knappen, einen Grafen, sein Gespons, jene edle Gräfin Berta zusamt ihrer frommen Vertrauten Mechtildis und ihrer alten Amme. Auch zwei Bösewichte fehl-

ten nicht, die dem Grafen nach dem Leben trachteten. Mehrere Mädchen strebten nach der Ehre, die Gräfin darstellen zu dürfen, und man glaubte schon, daß die Hirgstetter Marie, die hübsche und tugendhafte Tochter des angesehenen Glasermeisters, die Rolle erhalten werde.
Allein in Erlbach, das doch eigentlich von dem verderblichen Hauche der Bühnenwelt unberührt geblieben war, machten sich sogleich bei diesem ersten Anfange alle jene Leidenschaften geltend, die wir in Großstädten an Hoftheatern und bedeutenden Bühnen bemerken. Der Neid war geweckt worden und trieb häßliche Blüten.
Durch anonyme Briefe wurde der hochwürdige Herr Pletschacher davon verständigt, daß die Tugend der Hirgstetter Marie längst in die Brüche gegangen sei, indem sie ein paarmal in der Dämmerung mit dem Apothekerprovisor lustwandelnd angetroffen worden sei.
Ebenso kamen häßliche Gerüchte über die Kreszentia Portl in Gang, als man glaubte, daß sie zur Rolle der frommen Gräfin auserlesen sei.
Der hochwürdige Herr Pletschacher schwebte in argen Zweifeln, auf welche reine Tochter des Marktes seine Wahl nun eigentlich fallen sollte, aber da griff, wie das auch anderwärts so geht, eine höhere Protektion ein.
Die Pfarrerköchin ließ durch den Herrn Dekan dem Jünger Johannes einen Wink zukommen, daß an Begabung wie an religiösem Eifer keine würdiger dieser schönen Rolle sei als die Buchbinderin Weiß. Zudem sei es auch geraten, die Rolle einer verheirateten Frau wiederum durch eine solche darstellen zu lassen, da die Idee, verehelicht zu sein, und wenn es auch noch so kurze Zeit auf der Bühne wäre, in einer ledigen Person sündhafte Gedanken erwecken könnte. Wenn Herr Pletschacher auch wußte, daß seiner Gräfin Berta alle irdischen Gelüste weit entrückt waren, so durfte er doch den Bedenken, welche sein Vorgesetzter äußerte, keinen Widerspruch entgegensetzen, und er gab nun die Rolle der vollbusigen Buchbinderin Weiß, die die Nachricht mit sichtbarer Freude entgegennahm. Sie lud den hochwürdigen Herrn sogleich zu einer Tasse Kaffee ein, und da ihr Mann in der Werkstätte sein mußte und überhaupt von dem Tratsch, wie er sagte, nichts hören und sehen wollte, war der Ettaler Jüngling dem begeisterten Danke der überaus stattlichen Buchbinderin ausgesetzt. Sie drückte ihm mit liebreichem Lächeln die Hand, stellte ihren Fuß auf den seinigen und preßte einige Weichteile an den jungen Mann, der seine Strenge vergaß und trotz mancherlei Dingen, die nicht zum Charakter der frommen Gräfin paßten, dennoch ihre Darstellung der üppigen Frau anvertraute.
Es war nicht zu umgehen, daß Herr Pletschacher die wichtige Rolle mit ihr einstudierte, und er kam so oft in das Haus des Buchbinders, daß die gewissen Elemente schändliche Gerüchte ausstreuten, die aber schad-

los blieben, weil Lena, die Pfarrerköchin, die in Erlbach die Waage hielt, in der Gerechte und Ungerechte gewogen wurden, ihrer Busenfreundin die Treue hielt.
Die Buchbinderin drang also in den Geist ihrer Rolle ein und war schon gänzlich darin, als die ersten Proben begannen. In dieser Zeit entwikkelte Pletschacher eine ungeheure Tätigkeit, die alle Mitspielenden entflammte. Er ermunterte die schwachen Talente und dämpfte die feurigen, er lehrte die guten Erlbacher lange Sätze in gebildetem Hochdeutsch sprechen, sich mit Würde bewegen und ihre Reden mit edlen Gebärden begleiten. Der Uneingeweihte macht sich wohl keine Vorstellung von der Schwierigkeit dieser Aufgabe. Der Darsteller des Grafen Botho, der Hafnermeister Pferringer, mußte an sein Schwert schlagen und dabei ausrufen: »Schweige, Vermessener! Wage es niemand, die unantastbare Tugend meiner mir vor Gott angetrauten Gemahlin anzuzweifeln, oder dieses Schwert, das ich im Kampfe um das Heilige Grab mit dem Blute der Ungläubigen gerötet habe, soll deine schwarze Seele zur Hölle schicken!«
Solche Sätze enthielten unendlich viele Schwierigkeiten, über die die Zunge eines Erlbacher Handwerkers nur stolpernd hinwegkam. Und dabei noch eine gräfliche Würde und edle Entrüstung zu zeigen, war eine Leistung, die nur dem unermüdlichsten Fleiß gelang. Den andern waren nicht weniger Mühseligkeiten aufgeladen, denn all diese Ritter und Knappen und Edelfrauen, ja sogar die mordlustigen Bösewichter redeten die schöne Sprache des Mittelalters. Nach zahlreichen Proben aber gelang es, den Erlbachern den getragenen Ton beizubringen, und nun kam noch die beinahe unübersteigliche Schwierigkeit, den Darstellern würdige Kostüme zu verschaffen. Zum Glück war der Photograph Lidauer ein Mann von ungewöhnlicher künstlerischer Begabung und Phantasie, der seine Kenntnisse und seine Geschicklichkeit in den Dienst der guten Sache stellte. Es war ein Leichtes, die Damen zu kostümieren, die nur einer Anleitung bedurften, um sich mit Puffärmeln und Rüschen, mit Gürteln und Schließtaschen in Ritterfrauen zu verwandeln. Die Schwierigkeit lag in der Aufgabe, die männlichen Darsteller so zu kleiden, daß man der malerischen und reizvollen Tracht früherer Jahrhunderte nahekam.
Aber darin war eben Lidauer ein Meister.
Er gab dem Rembrandthute seiner Frau durch Aufbiegen einer Krempe eine ritterliche Fasson und setzte ihn dem Grafen Botho schief auf das Haupt und befestigte ihn mit einem Sturmbande. Ein kleines Damenmäntelchen mit einem Pelzkragen ließ er ihn keck über die Schultern werfen. Dazu ein Paar mächtige Wasserstiefel vom Glonnfischer, ein selbstverfertigtes Bandelier aus Glanzleder, in dem der Degen des pen-

sionierten Bezirksamtmannes Reisberger steckte, und die ritterliche Erscheinung des Grafen war wirkungsvoll zur Geltung gebracht.
Ebenso gelang es, die anderen zu kostümieren, und bei der Generalprobe gestand sich der glückliche Verfasser des Stückes, daß durch eine gar stattlich anzusehende Ritterschar das Bild vergangener Zeiten wiedergegeben war.
Am Sebastianitag, der auf einen Sonntag fiel, war die erste Aufführung im Stangelmayersaale.
Schon eine halbe Stunde vor Beginn waren alle Plätze besetzt, nur die vorderen Stühle, die für den Herrn Dekan und einige Geistliche der Nachbarschaft, ferner für den Doktor, den Apotheker und angesehene Bürger reserviert waren, standen noch leer.
Der Vorstand des Gesellenvereins, der Schlossermeister Dichtl, stand im Bratenrock an der Türe, um die Honoratioren zu begrüßen. Ein paar jüngere Handwerksgesellen in Turnertracht kontrollierten die Billette und hielten die Ordnung aufrecht. Das war nicht überflüssig, denn unterm Bauernvolk war auch mancher ungebärdige Knecht, der sich mit groben Ellenbogen vordrängen wollte.
Auf dem Juhe oder der Galerie, die sich um die Rückwand und die Hälfte der Langseite herumzog, war das ärgste Gewühl. Da standen die Leute so dicht aneinander, daß sich die Mädel kaum die Sacktücher aus der Tasche langen konnten, um sich den Schweiß abzutrocknen, und wenn eine den Kopf drehte, wischte sie mit dem Zipfel vom Kopftuch ihrem Nachbarn ums Maul.
Am besten waren die daran, die auf den zwei vorderen Bänken der Galerie saßen; die übersahen den Saal und die Bühne aufs beste und konnten alles mit Ruhe abwarten.
Um einen solchen Platz zu erwerben, hatte man früh daran sein müssen, und darum waren dort fast nur Austrägler und kleine Leute aus Erlbach zu sehen, die Zeit und Geduld zum Warten gehabt hatten. Ein paar ganz schlaue Bauern aus der Umgebung waren auch darunter, der Schuechl von Leiten, der Ecker und der Ruepp von Schweigen, die wohl das Geld für einen numerierten Platz gehabt hätten, die sich aber ausgerechnet hatten, daß sie um die Minderkosten etliche Maß Bier trinken konnten.
Den schönsten Platz in aller Mitten der Galerie hatte der Rankl, ein Kleinhäusler von Freitsmoos, der in der ganzen Gegend der Holzg'haxte hieß, weil er am rechten Bein, vom Knie ab, einen Stelzfuß trug.
Auch wer den Ruf, den er als der größte Gauner im Umkreise hatte, nicht kannte, mußte dem schlauen, fuchsähnlichen Gesichte allerhand Schlimmes zutrauen. Er saß aber an diesem Nachmittag ruhig und in

sich gekehrt da, als erwarte er mit stiller Freude die Erbauung seines christlichen Gemütes, die in der Ankündigung des Stückes allen Besuchern versprochen worden war.
Vielleicht bemerkte er, daß unten im Saale der Gendarmeriewachtmeister sich nach ihm umdrehte und zu seiner Frau sagte, »der holzg'haxte Lump hockt auch da droben«, vielleicht sah er den mißgünstigen Blick, den ihm der Ecker von Flinsbach zuwarf in Erinnerung an eine Sau, auf die der Hüter zu wenig Obacht gegeben hatte und die in einem Feldhölzl für immer verschwunden war, vielleicht sah Rankl dies und noch mehreres, aber er war allen irdischen und häßlichen Dingen abgewandt und wartete mit halbgeschlossenen Augen auf die Weihe der Stunde. Der hochwürdige Herr Pletschacher hätte sicherlich an ihm seine Freude gehabt, aber dieser eifervolle junge Mann hatte keine Zeit, die innere Sammlung der Zuschauer zu beobachten. Bald eilte er hinter die Bühne, um noch einmal einen prüfenden Blick auf die Vorbereitungen zu werfen und die Darsteller durch ein paar hastige Worte zur höchsten Kraftanstrengung anzuspornen, bald kam er wieder nach vorne, sprach aufgeregt mit dem Schlosser Dichtl oder dankte lächelnd für die Grüße der Honoratioren, die nunmehr ankamen und die vorderen Plätze füllten. Der Doktor mit seiner Frau, die sich bei einem mehrjährigen Aufenthalte in München Sinn und Verständnis für künstlerische Ideale erworben hatte. Der Apotheker, seine Gattin und deren Schwester, die das bessere Publikum ergänzte, und dann auch der Dekan an der Seite des geistlichen Rates Angermayer von Rettenfeld. Rechts von ihnen saßen der Schlossermeister Dichtl und seine Frau, dann kamen die Stanglmayerischen, der Distriktsrat Trauner und andere.
Sie begrüßten sich alle, und als sie nun saßen, ertönte die Glocke. Das Spiel begann.
Es war, um kurz zu sagen, eine zu Herzen gehende Vorstellung. Der edle Graf Botho von Falkenstein war aus dem Heiligen Lande heimgekehrt und wollte sich eben des Wiedersehens mit seiner Gesponsin erfreuen, als sich schwarze Verleumdung in Gestalt des Ritters Heino von Isenburg an ihn heranschlich. Der Verräter hatte den frevlen Versuch gemacht, die Gräfin während der langen Abwesenheit ihres Gemahles zur Sünde zu verleiten, war aber von der tugendsamen Frau schnöde zurückgewiesen worden. Aus Rache dafür wollte Heino den schlimmsten Verdacht ins Herz des Grafen senken, allein dieser durchschaute den verruchten Plan, und der erste Akt schloß mit jenen Worten, die der Hafnermeister Pferringer so mühselig erlernt hatte, aber nunmehr mit Wucht dem Verleumder entgegenschleuderte.
Im zweiten Akte hielt Heino mit seinem Gesinnungsgenossen Kunz im Walde eine Beratung ab, wie sie den Grafen, der ein grimmiger

Feind aller Raubritter war, gemeinsam ermorden wollten. Dieses Gespräch wurde aber von einem frommen Einsiedler belauscht. Er beschließt, sich im Walde zu verstecken, um den edlen Grafen, dem die Mörder auf der Jagd nachstellen wollen, zu warnen.

Der dritte Akt spielt wieder im Schlosse. Die fromme Gräfin ist im Traume von der heiligen Barbara, der sie eine besondere Verehrung widmet, gewarnt worden, und sie beschwört ihren Gemahl, die geplante Jagd abzusagen. Indessen der Graf, dessen tapferes Herz keine Furcht kennt, beruhigt sie und weist darauf hin, daß sein Leben in Gottes Hand liege.

Er betritt den finstern Wald im vierten Aufzuge und spricht mit seinem Knappen Meginhart, als sich der Eremit naht und ihm den furchtbaren Mordplan enthüllt.

»Was höre ich?« ruft der Graf. »So ist mein erlauchtes Gespons dennoch nicht von einem leeren Traume erschreckt worden, sondern die Heilige, deren Namen von mir und meinen Nachkommen immerdar gepriesen sei, ist ihr in Wirklichkeit erschienen, um so den schurkischen Plan ruchloser Menschen zunichte zu machen!«

Er dankt dem Eremiten mit herzlichen Worten, dieser aber lehnt es bescheiden ab.

»Nicht also, edler Graf! Danket vielmehr Eurer frommen Gemahlin, welche durch die Kraft ihres Gebetes die Heilige dazu vermocht hat, Euch ihren Schutz so sichtbarlich angedeihen zu lassen. Wahrlich, ich sehe es nun deutlich, daß sie auch mich an jene Stelle hingebracht hat, wo ich Zeuge der Unterredung jener schwarzen Verräter wurde.«

»Du hast wahr gesprochen«, ruft der Graf. »Aber jetzt ziehe dein Schwert, Meginhart, auf daß wir den tückischen Mördern begegnen mögen, wenn ...«

In diesem spannenden Momente treten Heino und Kunz hinter dem Baume hervor, werden aber nach kurzem Gefechte erstochen. Der letzte Akt verklingt in einem heißen, frommen Danke an die heilige Retterin.

Es sollte eigentlich der große Moment der Buchbinderin Weiß werden; sie kam an der Seite ihres Gemahls, begleitet von dem Eremiten, ihren Edelfräuleins und Rittern in den Wald.

Alle, auch der Graf, blieben dann auf der rechten Seite der Bühne stehen und bildeten eine gerührte Gruppe; der Eremit hatte nach Anordnung Pletschachers verzückt gen Himmel zu schauen, die Edelfräuleins mußten die Hände falten und züchtig zu Boden blicken, indes sowohl der Graf als die Ritter ihre Arme nach oben streckten und auch ihre Blicke zu den Wolken emporrichteten.

In diesem Augenblick wurde ein bengalisches Licht angezündet, das die Gruppe in magischer Beleuchtung zeigte.

Die Buchbinderin Weiß aber, oder vielmehr die Gräfin Berta, trat in der Mitte ganz nach vorne und faltete mit dem Ausdrucke der innigsten, hingebenden Frömmigkeit die Hände, um diese Worte zu sprechen: »O du über alle Maßen gnadenreiche Helferin, wie danke ich dir für die wunderbare Rettung meines erlauchten Gemahles aus den Händen blutgieriger Mörder. Ich gelobe dir an dieser Stelle, wo uns dein starker Schutz und deine sichtbarliche Hilfe sein teures, auch deiner Verehrung fortan geweihtes Leben erhalten hat, eine Kapelle zu errichten, worin ich mit unserem frommen Volke dich lobpreisen will und worin auch in fernen Zeiten noch manches nach Hilfe schmachtende Herz sich zu dir emporrichten soll ...«

Dieses und noch mehr hatte die Buchbinderin Weiß zu sprechen, und sie war dazu von Pletschacher angelernt, den Ausdruck ihrer Hingebung bis zur heiligen Ekstase zu steigern.

Indessen, als sie damit anhub und mit wirklichem Schmelze sprach: »O du über alle Maßen gnadenreiche Helferin! Wie danke ich dir für die wunderbare Rettung meines erlauchten Gemahles ...«, und als eben das bengalische Licht aufflammte, da ertönte hinten auf der Galerie ein fürchterliches, langgezogenes Geräusch, über dessen Unanständigkeit niemand im Zweifel sein konnte.

Die Buchbinderin ließ ihre gefalteten Hände sinken und brach mitten im Satze ab.

Die vom bengalischen Lichte geröteten Gesichter der gerührten Gruppe wandten sich entrüstet nach der Stelle jener Detonation hin, und auch im Saale drehten sich alle Zuschauer um; sie konnten aber im dunkeln Raum den Frevler nicht herausfinden.

Auf der Galerie ging das unterdrückte Kichern in schallendes Gelächter über und setzte sich leider im Saale fort, so daß jede auferbauliche Stimmung verflogen war.

Da erhob sich der Vorstand, der Schlossermeister Dichtl, von seinem Platze und sagte, wobei sein dröhnender Baß der Entrüstung aller Gebildeten Ausdruck verlieh: »De Sau hat scho gar koa G'fühl net!«

Erst nach bangen Minuten konnte die Vorstellung weitergehen, aber weder die Buchbinderin Weiß noch die gerührte Gruppe konnten das Publikum in fromme Stimmung zurückversetzen. Außerdem war auch das bengalische Licht erloschen.

Der Vorhang fiel, und nun suchte jeder Blick den Täter. Man bemerkte sogleich an den Zuschauern auf der Galerie, daß es niemand anderer als der Holzg'haxte, der Rankl von Freitsmoos, gewesen war. Allerdings, er selbst zeigte eine ruhige, unbewegte Miene, ja den Ausdruck völliger Unschuld, aber alle, die sich nun lachend neben ihm zum Gehen rüsteten, wiesen auf ihn. Es konnte nur zweifelhaft bleiben, ob die tief

aufwühlende Rührung zur Explosion geführt hatte oder ob eine gemeine Absicht die Ursache gewesen war. Der Gendarmeriewachtmeister sagte zu seiner Frau: »Dös hat der Lump mit Fleiß to.« Und vielleicht glaubten das alle, die den Rankl näher kannten. Der Kooperator Pletschacher war tief verletzt. Er erntete wohl seitens der Honoratioren Worte des Lobes für seine edle Dichtung, aber sogar der geistliche Rat Angermayer konnte sich nicht völlig beherrschen, sondern brach in ein unpassendes Lachen aus, das seine stattliche Rundung erschütterte.
Der Bader Schlechmoser soll hinterher geäußert haben, es sei halt doch noch eine großartige Viecherei geworden.

LUDWIG THOMA

Vom Appetit, vom Durst und den Folgen

Schlachtfest im Bayerischen Wald

Wer d' Faschingstäg nöt füllt sein Magn,
der muaß 'n 's ganz Jahr laari tragn.

Die alte Regel gilt no heut
für Bauern und für d' Häuselleut.

Drum geht aa jetzt in jedem Haus
der Sautod um für 'n Faschingsschmaus.

Im ganzen Dorf oa Farkelg'schroa,
es geht oan schier durch Mark und Boa.

Führst aber d' Nasen heut spaziern,
na wird dös G'schroa di weng scheniern.

Da ziagst die guaten Düfterl ein
und kannst di grad auf Mittag g'freun.

A jede Kuchel brat und siadt,
daß d' Ofaplatten hellauf glüaht.

Dö oan habn Kraut und Krömöknodn,
dö andern habn si's Stichfleisch g'sodn.

Und dort gibts Bluat- und Leberwurst,
an Most dazua für 'n ersten Durst.

Und oa habn gar a Bratel g'richt,
daß eah grad d' Fetten glanzt im G'sicht.

A saure Milli kimmt auf d' Letzt,
die alls durchs Darmzeug durchihetzt.

Na kann am nächsten Tag der Magn
glei wieder so was Guats vertragn.

Drum eßts die Täg enk kugelrund,
solangs enk schmeckt, solang seids gsund.

MAX MATHEIS

Es gibt nix bessers als was Guats.

D' Kartoffl schmecka am besten, wenns durch d' Sau ganga san.

Zum Essn schlecht trinkn, zum Trinkn guat essn –
laßt an Dokta vagessn.

J. B. ENGL

Niederbayrisch. »Um Gottes willen, Sie werden diesen Schweinskopf doch nicht alleine essen?« – »Na, na! I krieg no Knödeln dazua und a Kraut.«

Hochzeitsessen

Das wirst schon einmal gehört haben, das schöne Sprüchl: daß sich einer speibt wie ein Hohzethund – und wannst es nicht gehört hast, dann bist halt immer unter den Groß- und G'schwollkopfeten und G'wappelten und bist noch nie richtig unter die Leut gekommen.

Ich hab das Sprüchl schon oft gehört.

Ich bin auch schon bei vielen Hochzeiten gewesen, wo man gutding an die vier, fünf Stunden lang ißt, bis man denselbigen Durst beinand hat, den man für die nächsten zwölf Stund braucht, wo die vielen Faßl leer werden müssen.

Und 's vorder Jahr, da bin ich zu Anzing bei einer Hochzeit gewesen, da hats recht viel zu essen gegeben – eine schöne Hochzeit.

Zuerst Pfannenkuchensupp mit Bratwürst, die Bratwürst nicht zu früh zugebunden – da haben die Leut ihre großen und tiefen Teller so oft voll gemacht und wieder ausgelöffelt, bis kein Tröpferl Supp mehr drin war.

Und dann hat ein jedes ein Pfündl Rindfleisch gekriegt mit Blaukraut und Kartoffelsalat und sauerm Kraut – haben sie halt das Pfündl sauber gegessen und von den Zuspeisen aber auch keinen Messerspitz voll zurückgelassen.

Und dann eine Lungl in der Soß – eine gute Lungl, da haben sie aber zugelangt, wie wann das Jüngste Gericht vor der Tür wär und es wär ein letztes Mal, daß man sich noch satt essen dürft.

 Wie die Schüsseln in die Küch zurückgekommen sind, da hat die Köchin

gesagt: auswaschen braucht man die nimmer, die sind schön saubergeschleckt worden.
Und dann einen kälbernen Braten mit Salat – auch ein Pfündl und Respekt vor so einem guten Braten, und geschmeckt hats den Leuten.
Und dann ein schweinernes Bratl mit Salat – ein Pfündl gleicherweis und schön resch gebraten und mit vier überzwerchten Fingern Speck, ahhh!
Und dann ein Pfund G'selchtes von einer jungen Sau – da hört sich die Weltgeschicht auf, wenn man so ein gutes Bröckl hat, und ich könnts sauber an einem Freitag auch fressen und tät mich nicht Sünden fürchten. Und dann ...
Halt: jetzt hat den Schmidbaurn Pauli, der neben meiner gesessen ist, das Elend anpackt. (Warum soll den Schmidbaurn Pauli nicht auch einmal das Elend anpacken: er hat zwischen seinen Schultern einen Buckl wie ein Trampltier, der arme Mensch.)
Und da hat er gejammert: »Oh, ös armen Seeln im Fegfeuer, und jetzt kann ich halt nit mehr. Und ös armen Seeln im Fegfeuer, wannts den liabn Herrgott sehgts, dann sagts es ihm: das hat er gar nit recht gemacht – der Buckl, sagts ihm, der Buckl sollt halt auch Bauch sein!«
Und dann hat er aber wieder weiter gegessen.

GEORG QUERI

Das Gansviertel

Eigentlich wollte man das Gansviertel zum Abendessen aufheben. Aber dann war der Sonntagnachmittag so schön, und da sagte der Vater Zaglauer nach dem Mittagsschlummer zu den Seinen: »D' Sonn muaß ma ausnutzn! De schöna Tag wern rar. Packts das Stückl von der Gans ei. Heut tuat oan d' Luft grad guat. Wenn ma na ei'kehrn, ham ma glei was zum Zuaklaubn. – D' Natur is nia so wunderbar wia im Herbst. De Farbnpracht jetzt is unbeschreiblich. Tuas aber in a guats Pergamentpapier nei, wo d' Fettn net durchlaßt.«
Die zwei Kinder, das Fannerl und der Maxl, werden von der Mutter geschrubbt und in ihr Sonntagsanzügerl eingekleidet. Der Bappi läßt das Krawattl in den Kragenknopf hineinschnalzen, und seine Gattin nimmt den guten Schirm aus dem Kasten. »San ma's? – Na gehn ma!«
So gegen fünf Uhr bricht Vater Zaglauer die Wanderung ab. Er sagt: »Jetzt ham ma gnua von der Natur g'habt.« Er hält mit den Seinen aufatmend vor dem Gasthaus zur Post in Haglhofen wie ein Pilger, der Mekka erreicht hat. Man läßt sich in der Wirtsstube nieder.

An ihrem Tisch sitzt noch ein einsamer Gast, der freundlich den Gruß erwidert und gleich eine zutreffende Wetterdiagnose ausgibt: »Des san g'schenkte Tageln«, sagt er und sticht mit seinem Stilett den letzten Rest Preßsack vom Teller: »De dünne Luft hungert oan aus. Wenn S' da in der Wirtschaft was essen wolln: *nur* den hausg'machtn Preßsack. Des is an Wirt sei Spezialität. Kriagn S' nirgends so.«

Die Frau Zaglauer legt ihre Hände schützend, als ob sie den Goldschatz der Reichsbank zu wahren hätte, um ihre umfangreiche Handtasche und sagt mit verschämtem Stolz: »Mir ham selber was dabei. A Stückl Gans!«

»Ah so!« Der Tischgenosse schweigt achtungsvoll und anerkennend.

Frau Zaglauer packt das Ganserl aus. Der Bappi zieht das Papier mit dem knusprigen Viertel zu sich hinüber. Maxl und Fanni spielen mit dem Salz- und Pfefferbüchsl Eisenbahn, und als der Maxl das Senfhaferl noch an den Zug rangieren will, kippt es um.

Die Mutter Zaglauer schaufelt zürnend mit dem Löffelchen den Senf zurück und sagt: »Grad nix wia ärgern muaßt di mit de Bamsn.«

Der Vater Zaglauer, sonst ein strenger Erzieher, ist schon durch das Gansviertel seelisch so in Anspruch genommen, daß er seine pädagogische Mission bei einem scharfen Blick bewenden läßt. Der Tischgenosse meint: »San halt Kinder.«

»Ja, Kinder!« sagt die Mutter Zaglauer. »Solangs kloa san, tretns oan auf d' Füaß und wenns groß san, aufs Herz!« Sie richtet das Senfhaferl wieder zurecht.

Dann gibt sie ihren Kindern dicke Butterbrote. Der Bappi ist daran, kunstgerecht das Viertel zu verteilen. Dann trennt er ein Stück Papier ab und schiebt seiner Gemahlin ein Stück von dem Braten zu. Erst hat er schon das Schlegerl auf dem Altar der Familie opfern wollen, aber es kostete der Mutter Zaglauer geringe Überredungskunst, ihn in diesem Entschluß wankend zu machen. Sie teilt das Reststück unter sich und die Kinder. Aber die Kinder stochern in dem kostbaren Fleisch ohne übermäßige Begeisterung herum, bis der Vater die Gottesgabe energisch an sich nimmt.

»De Kinder«, sagt er, »wissen net, was guat is. De fressatns nur so aus Zeitvertreib. Überhaupt is a Fleisch gar net guat dafür. Da kriagns a sauers Bluat.« – Er nimmt das saure Bluat zu allen Familienlasten auch noch auf sich.

Der Tischgenosse hat vom Auswickeln an die Manipulation an dem Gansviertel mit größter Teilnahme verfolgt! Er nimmt eine Brille aus dem Futteral, um seine Sinne zu schärfen. Dann sagt er anerkennend: »De is richti durchbratn, Frau, a kernigs Fleisch, a schöne Krustn, und recht hell. – So sans guat.« Dann nimmt er das Augenglas wieder ab

und gibt wie ein ernstes amtliches Gutachten den Befund: »A so a acht – neun Pfündl hat de g'habt. Da san S' net ausg'schmiert worn.«
Das findet Vater Zaglauer auch. Nachdem das Fleisch weg ist, fieselt er die Knochen so blank und sauber, als wenn sie monatelang in einem Ameisenhaufen gelegen wären. Die Kinder vergnügen sich indessen im Hausflur, indem sie von Bierbanzen zu Bierbanzen hüpfen und dann den Gutl-Automaten untersuchen.
Sie betteln die Mammi um ein Zehnerl. Aber sie sagt: »Nix da! Da hat jeds a Laugnbretzn!« Und der Vater meint, am letzten Knöcherl nagend: »Wo kummat ma da hi, Kinder müassn si was versagn kinna!«
Die Mutter Zaglauer hat ihr Stück, nachdem sie ein Bröckerl abgeschnitten hat, wieder eingewickelt. »I hab leicht gnua! Tuas nur *du* essn, Bappi.«
Aber Vater Zaglauer bleibt fest: »Waar no schöner! Des is grad no was für di, auf d' Nacht, Rosina, waar scho guat, wennst du leer ausgangst!«
»Da ham S' no a schöne Mahlzeit, Frau«, sagt der Tischgenosse.
Die Mammi verstaut das kleingewordene Paketchen in der Handtasche und schnabuliert eine Semmel, mit einer Prise Salz gewürzt.
Vater Zaglauer sagt: »Richtig o'essn sollt ma si halt an ara Gans könna. So a schöns Trumm auf oan Sitz!«
»Geh«, sagt seine Frau, »wern ma's jetzt rumschleppn! De essn ma jetzt z'samm – na is weg.«
Der Vater, ein bißchen verlegen: »I sag net naa! Auf a kloans Stückl laß i mi ei!« Und er schneidet die Hälfte vom Gansrestl ab.
Zaglauer ist kein zaghafter Esser. Er ist fertig, als die Mammi eben die ersten Stückchen kunstvoll auf ihrer halben Semmel verteilt.
Sie schneidet ihren Rest nochmal in zwei Teile und schiebt ihrem Gatten die eine Hälfte über den Tisch: »Is ja recht, wenns dir schmeckt! I hab ja no gnua auf der Semmi!«
Vater Zaglauer zerlegt mit drei festen Schnitten sein Restchen, und ehe die Mammi mit ihrer halben Semmel fertig ist, putzt er das Messer am Papier und sagt: »So, des war jetzt a schöne Brotzeit!«
Soll eine Frau mit Appetit schmausen, indes ihr Mann vor leerer Tafel sitzt und traumverloren auf die Knöchlein des Mahles blickt? So kalt ist keines Weibes Herz. Sie reicht ihm das letzte Stück hinüber und sagt: »Raam auf mit dem Bröckerl, daß guat Wetter werd!«
Kann ein Mann gegen solche Eindringlichkeit hart sein? Er nimmt das Opfer auf sich und sagt: »No, so tuas her in Gotts'nam. Is net der wert, daß ma's no rumziagt!« – Und er macht reinen Tisch.
Mutter Zaglauer schaut im Hausflur nach ihren Sprößlingen und spendiert am Automaten doch ein Zehnerl für die Minzenkugeln. Dann

nimmt sie aus ihrer Tasche ein römisches Weckerl und verzehrt es an der Sonnseite des Gasthofs, weil sie schließlich auch ein bißl Appetit nach dem Spaziergang hat.
»Sehng S'«, sagt in der Stube Vater Zaglauer zu dem Tischgenossen, und das Ganserl gibt seinen Worten noch einen leisen, aromatischen Nachhall, »hat scho was für sich, as Familienlebn, wenn oan aa Kinder manchmal Verdruß macha! Ma teilt halt Leid und Freud mitanander. – Hat ma amal a guats Bröckerl, ham alle ihr Freud dro, und des freut oan na als Familienvater aa! *Ei'teiln* muaß ma's halt!
Sehng S', i selber brauchat in de schlechtn Zeitn koa Gans. I kunnts g'ratn. Aber seine Leut möcht ma halt doch manchmal was zuakumma lassn. Seit 'n Fruahjahr liegt mir mei Frau in de Ohrn wegn so ara Gans. Gibt ma halt amal nach! Hat sunst aa net vui, de Frau.«
Der Tischgenosse nickt voll Weisheit und Güte: »Da ham S' recht«, sagt er, »manchmal muaß ma so an Glustn von de Weiberleut nachgebn.«

JULIUS KREIS

KARL ARNOLD

Das wandelnde Elend. »Ganz ausg'schamt, wie teuer jetzt dös Fleisch und die andern Nahrungsmittel san – pfeilgrad dahungern kunst!«

Der Brustbraten

Die Abendsonne wirft durch die Kastanienbäume des Biergartens gelbe Flecken auf die Tische. Draußen ist ein drückend heißer Tag. Hier ist es kühl und geruhsam. Der Lärm des Verkehrs dringt nur gedämpft herein und hat seine hastende Schärfe verloren. Er macht den Aufenthalt nur noch gemütlicher – wie etwa das Rauschen eines Regens unter wohlig schützendem Dach.

An einem der Tische sitzen drei Männer – gut durchwachsene Münchner Qualität. Zwei unterhalten sich gemächlich, der dritte sutzelt schweigend an einer »Wetschina« und hört den beiden zu. Der dritte tut sich nämlich mit dem Reden etwas hart, er stottert und will deshalb den Gang der Unterhaltung nicht unnötig stören. Nur hie und da stimmt er den beiden andern zu: »Haha – haha – hhhast schschoo rrrecht, Xaver! – gagaga gagaga – gagaganz dddeiner Mmmeinung, Mmmichl!«

Ein Liebespaar betritt nun, eng umschlungen und ein bißchen zu hastig, den Biergarten. Weil alles schon gut besetzt ist und weil am Tisch der drei noch einige Plätze frei sind, nimmt es hier Platz. Die drei nicken ein bißchen mit ihren Köpfen zur Begrüßung, nehmen aber weiter nicht groß Notiz von dem Paar. Dem Paar gefällt das.

»Schatzi«, sagt sie zu ihm –

»Mausi«, sagt er zu ihr –

Und dann versinkt die profane Welt des Biergartens um sie. Erst die Kellnerin, welche ihnen mit dem Ruf »Wolln die Herrschaften was essn«, die Speisekarte vor die Nase legt, schreckt sie wieder in die rauhe Biergartenwirklichkeit zurück.

»Schatzi, was magst du denn essn?« flötet sie hausfraulich und vertieft sich in die Speisekarte.

»Ich hab eigentlich keinen Hunger«, sagt er, schaut sie verliebt an und meint bedeutungsvoll: »und überhaupt, das ist doch alles sooo gleichgültig. Nehmen wir das Oberste – Brustbraten steht da.«

»Wenn du einen Brustbraten ißt, esse ich auch einen«, sagt sie verliebt.

»Fräulein, zwei Portionen Brustbraten!«

Die Aufmerksamkeit der drei andern Tischgenossen hat sich nun, bei der Speisenauswahl, doch dem Pärchen zugewendet.

»Entschuldigen S' scho«, sagt der Xaver, »aber ein Brustbraten, dees is dees G'scheitest, was S' hier essen könna; der Brustbraten, der is hier prima. Sie wern mir recht gebn.«

Die beiden sehen den Sprecher leer an und lächeln unbeteiligt.

»Mausi!« – »Schatzi!«

Und dann alle beide: »Duuuuu!«
Die Kellnerin bringt den Brustbraten und stellt die zwei Portionen, mit einem mißbilligenden Blick auf so viel Verliebtheit, rasch vor die beiden hin.
»Zz – zzzz – zzwwei – Popo – Popo – Pppportionen Bbbb – Brrrustbrraten«, bemerkt der Stotterer anerkennend.
Das Liebespaar hingegen läßt das Essen erst einmal eine ganze Weile unbeachtet. Es ist zu sehr mit seinen Angelegenheiten beschäftigt.
Hingegen hat sich nun auch die Aufmerksamkeit des Xaver und des Michl dem Brustbraten zugekehrt. Sie prüfen mit Kennermiene –
»Schöne Portionen gebens dahier, das muaß ma eahna lassn«, sagt der eine.
»Und Salat is aa ganz ordentli dabei«, sagt der andere.
Das Pärchen fieselt nun doch ein bißchen an seinen Portionen herum und ammelt sich gegenseitig mit Bissen.
»Schatzi!« – »Mausi!« –
»So is er recht«, mischt sich nun der Xaver in das Liebesspiel – »schö aus der Mittn raus, obn 's Fleisch guat braun und a bissl kernig und untn, ums Krischperl rum, schö saftig.«
»Schaugt recht schö gelb her, d' Füll«, sagt der Michl und beugt sich prüfend zu den Brustbraten hinüber.
»De Köchin, de spart net a so mit de Eier, des spannt ma glei«, bemerkt anerkennend der Xaver.
Das Liebespaar muß sich jetzt wieder eine zeitlang bei den Händen fassen –
»Schatzi!« – »Mausi!« – »Duuu!«
»Uuuund Ppppetersil iiis aaauch ddrrrin«, druckst der Stotterer heraus und deutet mit seiner »Wetschina« zu den Braten hinüber.
Alle drei haben sich jetzt eingehend zu den verlassenen Brustbraten hingeneigt.
»D' Soß, moan i, waar aa net schlecht«, sagt der Xaver.
»Brustbraten macha, des is gar net so oafach«, urteilt der Michl.
»A bissl Zwiefi g'hörn aa nei in d' Füll, nacha werds locker und do herzhaft im Biß.«
Das Pärchen schnitzelt nun endlich doch wieder gleichgültig an der Speise herum.
»So muaß er sei, so is er richti«, unterstützt der Xaver aufmunternd und neidlos dies Vorhaben.
Auch der Michl will nicht nachstehen.
»Kimmt halt auf d' Kaibin aa oo«, sagt er, »des richtige Alter müassns ham und aus 'm Flachland sollns sein; die Gebirgskaibin ham für einen Brustbraten leicht ein zu grobes Fleisch.«

»'s Kaibi kaffa, das versteht der Wirt wia koa zwoater«, lobt der Xaver voll Stolz den Inhaber seines Stammlokals, »der fahrt selber ins Gäu.«
»Sowas spannt ma halt glei, wenn oaner selber dahinterher is, nacha kriagt ma was Richtigs für sei Geld.«
Alle guten Reden verfangen nicht. Das Liebespaar ist nicht mit dem gewünschten Eifer bei der Sache. Es muß sich vielmehr jetzt die Frage vorlegen, ob es sich gegenseitig auch richtig lieb habe – und darüber droht der Brustbraten kalt zu werden.
»Es kimmt aa auf den Salat oo«, drängt der Xaver aufs neue, »im greana Salat derf net so viel Essi drin sei . . .«
»Und der Kartoffelsalat muaß suppat o'g'macht wern – mit ara bissl a warma Fleischsuppn g'hört er o'g'macht.«
»Und nacha g'hört er beim Essn halt richti mit der Soß übergossn und a Stückl Fleisch und a Stückl Füll richti drei'nei'g'wickelt.«
Der Xaver strahlt übers ganze Gesicht vor seelischer Anteilnahme an solchem Genuß.
Es nützt nichts – das Liebespaar verstößt gegen alle guten Ratschläge und alle Regeln des Brustbratenessens. Es weiß offenbar gar nicht, was es da vor sich hat.
»Schatzi!« – »Mausi!« – »Duuu!«
Und nun legt es auch noch Messer und Gabel weg und beendet offenbar die Mahlzeit ganz, obwohl die beiden Portionen kaum halb aufgegessen sind.
»D' Soß soll ma halt schö drübergiaßn über den Salat«, ruft der Michl nochmal verzweifelt. Aber auch sein Ruf verhallt ungehört.
Das Pärchen zahlt und geht engumschlungen fort – in den warmen, dämmerigen Sommerabend hinaus.
Einsam liegen die Reste des Brustbratens auf den Schüsseln.
Die drei können es nicht verwinden, nun ganz nahe heranzurücken. Der Xaver nimmt sogar das Messer und drückt ein bißchen auf den Braten.
»So is es richti – recht schö safti ums Krischperl rum . . .«
»Und d' Füll so schö locker . . .«
»Uuuund Ppppeterssiil uuund Zzzz – Zzwwifi drrrin!«
»Und der Salat richti o'g'macht!«
Eine schmerzliche Pause tritt ein – alle schauen traurig in die Richtung, in der das Liebespaar in das Dämmergrau des Abends verschwand.
»Wissen net was guat is, dee junga Leut . . .«
»Fressn 's Sach halt oafach so nei . . .«
Und dann räumt die Kellnerin mürrisch die halbgegessenen Portionen ab.

JOSEPH MARIA LUTZ

J. B. ENGL

Erschütterter Glaube. »Agnesl, wenn dös no oamol vorkommt, daß mir nach'm Fasttag dö Dampfnudeln so lang im Mag'n lieg'n bleib'n – nacha wer i a Protestant!«

Semmelknödel

Karlstadt: Ja, sag einmal, warum bist du denn heute Mittag nicht zum Essen gekommen? Zwei Stunden hab ich auf dich gewartet.
Valentin: Ja, ich hab da draußen gleich gegessen, wo ich zu tun g'habt hab, in der kleinen Wirtschaft, und da ißt man sehr gut, fast tadellos.
Karlstadt: No, so gut, wie ich koche, wirds bestimmt nicht sein.
Valentin: Doch, doch.
Karlstadt: Aber jetzt ist es 9 Uhr abends, wo warst du denn in der langen Zwischenzeit?
Valentin: Nirgends, da hab ich auf das Mittagessen gewartet.
Karlstadt: Ja, ist dir denn das nicht zu langweilig geworden?
Valentin: Nein, in der Zwischenzeit hab ich mit der Kassierin gesprochen.
Karlstadt: Was, neun Stunden warst du mit der Kassierin beisammen? Über was habt ihr denn da gesprochen?
Valentin: Ja, über dös, daß die Semmelnknödel so lange nicht kommen.
Karlstadt: So lang wartet doch kein vernünftiger Mensch auf das Mittagessen.
Valentin: Da war ich ja nicht vernünftig, ich war ja hungrig.
Karlstadt: Papperlapapp – wenn man das Essen um 12 Uhr bestellt und in einer halben Stunde ist es noch nicht da, dann geht man einfach.
Valentin: Freilich, dann frißts ein anderer für mich ...
Karlstadt: Und ausgerechnet Semmelknödel hat er sich bestellt, wo doch ich heute auch Semmelknödel gemacht habe.

Valentin: Was, dieselben?
Karlstadt: Ah, dieselben! Unsinn – andere hab ich halt gemacht, aber Semmelknödel sind Semmelknödel.
Valentin: deln.
Karlstadt: Was deln?
Valentin: Semmelnknödeln heißts.
Karlstadt: Ich hab ja g'sagt, Semmelknödel.
Valentin: Nein, Semmelnknödeln.
Karlstadt: Nein, man sagt schon von jeher Semmelknödel.
Valentin: Ja zu einem – aber zu mehreren Semmelknödeln sagt man Semmelnknödeln.
Karlstadt: Aber wie tät man denn zu einem Dutzend Semmelknödel sagen?
Valentin: Auch Semmelnknödeln – Semmel ist die Einzahl, das mußt Ihnen merken, und Semmeln ist die Mehrzahl, das sind also mehrere einzelne zusammen. Die Semmelnknödeln werden aus Semmeln gemacht, also aus mehreren Semmeln, du kannst nie aus einer Semmel Semmelnknödeln machen.
Karlstadt: Machen kann mans schon.
Valentin: Ja ja, machen schon, aber wenn du aus einer Semmel zehn Semmelnknödeln machen tätst, dann würden die Semmelnknödeln so klein wie Mottenkugeln. Dann würde das Wort Semmelknödeln schon stimmen. Weils bloß aus einer Semmel sind. Aber solang die Semmelnknödeln aus mehreren Semmeln gemacht werden, sagt man unerbittlich: Semmelnknödeln.
Karlstadt: Da sagst es aber auch nicht richtig, jetzt hast grad g'sagt Semmelnknödeln.
Valentin: Nein, ich hab g'sagt Semmelnknödeln.
Karlstadt: Richtig muß es eigentlich Semmelnknödeln heißen, die Semmel muß man betonen, weil die Knödel aus Semmeln gemacht sind – überhaupt das Wichtigste ist der Knödel – Semmelknödeln müßt es ursprünglich heißen.
Valentin: Nein, das Wichtigste ist das »n« zwischen Semmel und Knödeln.
Karlstadt: Ja wie heißt es dann bei den Kartoffelknödeln?
Valentin: Dasselbe »n«, Kartoffel n knödeln!!!
Karlstadt: Und bei den Schinkenknödeln ah – hahaha –
Valentin: Da ists genau so – da ist das »n« schon zwischendrinn, es gibt keine Knödeln ohne »n«.
Karlstadt: Doch, die Leberknödeln.
Valentin: Ja, stimmt – Lebernknödeln kann man nicht sagen!

Weißwurst-Weisheiten

Wanderer, kommst du nach München, dann schimpfe nicht gleich über die »Seppl« und die ungezählten Umleitungsschilder, sondern mach zuerst einmal Brotzeit. Die Brotzeit ist nämlich nach altbayrischer Meinung nicht nur die schönste, sondern vor allem auch eine Zeit, zu der man sich unbedingt Zeit nehmen soll. Denn der Gott, der Eisen wachsen ließ, tat dies nicht bloß, damit man Aufschlagzünder daraus mache, sondern zuvörderst einmal Messer und Gabel. Und er schuf schließlich zum Besteck auch noch das Tellerfleisch und den Schnittlauch, die Milzwurst, das »Bries« und die Weißwurst.

Bevor du aber, Fremder, die «Bayrischen Bananen« oder ein anderes Münchner Schmankerl deinem geschätzten Zerwirkgewölbe zuführst, lies die nachstehenden kleinen Weißwurst-Weisheiten. Und du hast mehr vom »Imbiß«, der »Jause« oder der »Vesper« in München.

Die Weißwurst wurde nicht vom weltbekannten Komiker Weiß Ferdl, sondern Anno domini 1857 von dem tugendsamen Metzgergesellen Sepp Moser im Gasthaus zur »Ewigen Lampe« zufällig erfunden. Für den Verzehr der Weißwurst gelten seit dieser Zeit folgende eherne Gesetze: Die Weißwurst soll das Zwölfuhrläuten nicht hören, weil sonst das Wurstbrät unansehnlich und fade wird, was den Genuß sehr beeinträchtigt, da nach einheimischen Vorstellungen auch das Auge mitißt. Weißwürste bestellt man nicht paar-, sondern stückweise. Man ißt sie entweder, indem man die Haut vom Ende her mit Daumen und Zeigefinger halb abzieht und die Wurst dann in den Senf taucht, oder man kann sie mitsamt der »Montur«, der Haut, verzehren.

Auch das »Auszuzzeln« ist absolut tafelfähig. Wenn man die Weißwurst hingegen zum Zwecke des Tranchierens in der Mitte durchschneidet, muß die Schnittfläche als Qualitätsbeweis ein »Häuberl« machen. Beim Essen muß sie aus der Haut schlüpfen. Wer die Weißwurst der Länge nach aufschneidet oder einen französischen Senf dazu nimmt, ist ein »Barbar«, sagen die Münchner. Zur Weißwurst wird weder Sauce noch Salat gegessen, sondern süßer oder Meerrettich-Senf. Außerdem gehört das leider in München immer seltener werdende riesige »Riemische« oder das »Maurer Loawe«, aus dem bekannten »Loawedoag« gemacht, dazu. Oder die resche Brezn. Jedoch nicht die ins Bayrische zugewanderte »Schrippe« oder gar der Aschinger-»Knüppel«.

Als Weißwurstgetränk empfiehlt sich das Weiß- oder Weizenbier mit einer ganzen runden Scheibe Zitrone als Einlage drin. Merke dir jedoch,

Tourist, Gast oder Zuagroaster, daß der größte Feind einer frischen Maß oder Halbe das Fett ist. Verwehre also deiner »blonden Reifenpanne«, der Sekretärin, der »Urlaubsmieze« und sogar der leibeigenen Gattin – sofern sie ihren Rosenmund mit dem in Stangenform gegossenen Scharlach bemalt hat – strikte den schäumenden Kelchesrand und bestelle ihr eine eigene Halbe. Denn selbst die geringste Berührung mit Öl oder Fett läßt das Bier entsetzt zusammenfallen, so daß es dich hernach mit einem beleidigten, tückischen Auge trübe anblickt.

Jeder Ureinwohner und gelernte Brotzeitmacher wird sich deshalb auch ohne Verletzung der Tafelsitten nach dem Wurstgenuß mit dem Handrücken über den Mund fahren, bevor er das »flüssige Brot« zu sich nimmt. Wer aber dabei glaubt, er sei vom Thekenwart beim Einschenken schlecht bedient worden, blase zuerst einmal langsam einen Kontrolltrichter in den weißen Schaum und lasse dann gegebenenfalls von der Bedienung nachschenken. Eine Münchner Kellnerin wird das nicht übelnehmen, denn sie ist an solche Aufträge gewöhnt. Oder aber sie tröstet den Gast mit dem ortsüblichen Spruch: »Der Schenkkellner braucht wieder amoi a neie Hosn.«
Wer sich an diese Brotzeit-Statuten hält, der kann sicher sein, daß ihn sein bajuwarischer Tischgenosse oder Nachbar mit großem Wohlgefallen betrachten oder gar bald freundlichst »an Guadn« wünschen wird, woraus der Fremdling schließen darf, daß er schon auf dem besten Weg ist, ein gelernter Bayer zu werden.

SIEGFRIED SOMMER

Der Frühjahrsradi

Der Kneiphof liegt unter dem lichtgrünen Baldachin des jungen Kastanienlaubs. Noch sind nicht viele Gäste da. Einige Frauen wollen nach dem Markteinkauf schnell ein Glas »mitnehmen«, ein Arzt braucht zwischen zwei Patientenbesuchen eine kleine Stärkung. Ein Rechtsanwalt vor dem Gang zu Gericht, noch ein paar Mappenherren, die sich vor der trockenen Büroluft hier noch ein bißchen gütlich tun wollen.
An einem Faß sind zwei gut durchwachsene, vollblütige Münchner vor Anker gegangen. Ältere Herren. Man sieht ihnen an, daß sie sozusagen Bier-Veteranen sind, aus der ganzen Art, den Krug zu heben, den Schaum vorsichtig anzublasen, aus dem ersten, würdigenden Schluck, aus allem Drum und Dran. Der eine nimmt wie einen köstlichen Schatz aus der hinteren Rocktasche einen Radi heraus und wickelt ihn mit fast

zärtlichen Fingern aus dem Papier, hebt ihn am Schwanz in die Höhe und läßt ihn voll Wohlgefallen ein wenig baumeln.

»Am Markt hab i 'n mitg'nomma. Is halt no a Delikateß, so a Fruahjahrsradi, kost a schöns Geld, aber manchmal muaß ma si halt doch a bißl was Extras zuaklaubn.«

Der andere voll sachlicher Teilnahme: »Ja, jetzt sans am besten, de junga, de ham halt no den richtign Saft, den feina Biß, – des hams im Juli und August nimmer. Was derf jetzt so oaner kostn? ...«

»Mei, des trau i mir gar net sagn. Is ja fast a Sünd für an Radi. Dreißg Pfennig!« Der andere nickt respektvoll, aber resigniert.

»Wissen S', es hätt a oa um fünfazwanzg gebn, aber da reut mi des Fünferl net, i schaugs net o, wenn ma was Richtigs drum kriagt. An Radi kenn i's glei am Griff o, was er is. – Net de größern nemma, san net allweil de bessern. Im G'wicht muaß ma's kenna, a G'fui muaß ma halt ham dafür ...«

Der glückliche Besitzer schneidet seinen Radi nun voll Hingabe, Erfahrung und Können zurecht. Sein Gegenüber verfolgt jeden Schnitt wie ein wohlwollender, aber durchaus kritischer Schiedsrichter. »Hoaßts allweil, wer guat Radi schneidt, kann guat tanzen. No, des trifft so weit zua. Als a Junger, sehng S' Herr Nachbar, da hob i fürs Leben gern g'flanklt, jetzt lassn halt d' Haxn aus und überhaupts ... Mir is a so a Radi glei liaber wie alle de Danz. Als a Junger versteht ma's ja net, was guat is. Aber de ham schließli aa wieder recht. – Sodala!« Der Radi ist schön sauber und dünnblättrig fertig geschnitten. Kein Fehl ist daran. Er wird sorgfältig, eine Präzisionsarbeit, durchgesalzen.

»Des muaß ma halt aa im G'fui ham! A Körndl z'vui, scho werd so a zarter Radi z' rass – a Körndl z'weni, na hat er scho nimmer de richtige Boaz. Jetzt lassn ma 'n amol auswoana, den Bruader! (Zum Radi gewendet:) So, ziag nur schön o! Bist as scho wert, deine dreißg Pfennig!«

Der Radi kommt nach und nach schön ins Weinen. Zwei Augenpaare ruhen liebevoll auf ihm. »Z'vui derf er aa net boazn, sunst verliert er sein Saft. Jetzt moan i, wars grad recht.« Mit der Stilettspitze hebt der glückliche Besitzer vorsichtig einige Blättchen auf, um sich zu überzeugen, ob der Radi »zeitig« ist. Hat 'n scho!

Und nun muß man das Opfer ermessen, das Höflichkeit, gesellschaftliche Formen, der »G'hört si« von dem Radi-Inhaber verlangen. Er weist mit dem Stilett einladend auf die saftige Wurzel und sagt – mit ganz leisem, zagem Hoffen, daß vielleicht doch eine Ablehnung erfolgt: »Mögn S' net probieren, Herr Nachbar?«

Der tut ein bißchen scheniert und sagt: »Mei, is ja a so net vui dro, aber i bin halt so frei!« Er kann der Lockung nicht widerstehen. Die ersten

Blattln werden beiderseits mit einem Schluck besiegelt. Der Gast lobt aus vollem Herzen, nicht nur, weil der Radi wirklich prima ist, sondern auch natürlich aus Dankbarkeit für das Gastgeschenk: »Da ham S' aber wirkli was Feins erwischt. Wia junge Spargl schmeckt er. Radikaffa muaß ma aa versteh!« Der Radiinhaber nickt stolz. Er hebt wieder mit zierlich gestellten Fingern ein Blättchen empor. »Is ma glei liaber wia a Weißwurscht«, sagt er. »Sehng S', a Weißwurscht – a Ruck und a Druck und drunt is! I sag nix dagegen. Aa was guats! Aber so a Radi, der hebt halt. Und a Weißwurscht gibts im Winter aa, aber mit 'm Jahr muaß ma geh!«

Der Gegenüber pflichtet eifrig bei. Er sagt, daß er sich aus Weißwürscht überhaupts nichts macht.

»Mögn S' no a Blattl?«

»Bin so frei. – Ko i ja fast net verantwortn, daß i bei Eahnan Radi da so mithalt . . .«

»Jetzt is scho gleich, Herr Nachbar. Im Sommer ko a jeder Radi essn. Da gibts mir gar nimmer so vui ab.«

Beide andächtig: »Im Fruahjahr, da sans am bestn . . .«

Gar is er, der Radi. – Der Spender fühlt sich wie ein Fürst, der einen Fremden zu herrlichem Mahl gebeten hat, der Gast wie ein reich Beschenkter, dem das Märchen begegnet ist.

Glückliche Viertelstunde unter den Kastanien beim Frühjahrsradi.

JULIUS KREIS

Der Käse und der Kas

Eine lustige gastronomische Plauderei

Wir Bayern lieben das Männliche; infolgedessen können wir mit dem Worte »Käse« nichts Rechtes anfangen. »Der Käse«, dies Wort mit dem männlichen Artikel »der« und der weiblichen Endung »e« widerstrebt uns ein bißchen; unser Sprachgefühl drängt uns fast dazu, zum Wort »Käse« »die« zu sagen. Wir Bayern lieben aber das ausgesprochen Männliche und deshalb sagen wir zu unserem Käse einfach »der Kas« – das ist eindeutig.

Der Kas – das ist der Naturbursch, der Mann aus dem Volke. Der Käse dagegen, das ist der gehobene, der subtilere. Der Käse schämt sich ein bißchen, daß er ein Kas ist. Der Käse, das ist gewissermaßen der intellektuelle Kas. Der Kas ist bodenständig, der Käse international.

Der Käse bewegt sich deshalb auch gern in der feinen Gesellschaft; er fühlt sich unter Abendkleidern und Smokings am wohlsten und prunkt auch gern selbst in silbernen oder goldenen Uniformen – der Kas hingegen geht sozusagen stets in der »Kurzn« und bevorzugt als Bekleidung meist das sprichwörtliche Kaspapierl.
Der Käse wird mit eigenem Besteck sehr graziös entkleidet, sofern er nicht überhaupt schon auf silbernen Platten herumgereicht wird oder – wie Schneewittchen im gläsernen Sarge – unter dem klaren Kristall einer Käseglocke ruht.
Der Kas wird aus irgendeiner Tasche gezogen, auf die blanke Wirtshaustischplatte geworfen und, vom Kaspapierl weg, mit dem »im Griffe feststehenden Messer« zerteilt, gesalzen und gepfeffert, aufgespießt, von ganz Raffinierten noch ins Bier getaucht und – gefressen. Jawohl: man »frißt« den Kas.
Der Käse hingegen wird auf differenzierte Brotarten gebreitet und elegant zum Mund oder Mündchen geführt.
Über dem Kas tönt das derbe Wort und das pralle Lachen der Wirtshäuser, der Stuben und Sennhütten – über den Käse hinweg wird ein bißchen genierlich Konversation gemacht; es geht leise und gedämpft um ihn zu. Zarte Parfüms übertönen seine eigenen Geruchseigenschaften diskret und vornehm.
Der Kas dagegen stinkt ungeniert und ehrlich über fünf Tische hinweg und nimmt es sogar noch mit dem ärgsten Knaster aus Jägerpfeifen oder dem schärfsten Radi und seinen Nachwirkungen auf.
Der Käse erhöht raffiniert die Blume erlesener Weine, er ist zudem mild, sahnig, einschmeichelnd – der Kas ist raß, scharf und beißend; er schwimmt am liebsten in einer gehörigen Lache Bier.
Der Käse schätzt zarte, gedämpfte Tafelmusik aus dämmerigen, teppichbelegten Nebenräumen oder Nischen. Schluchzende Geigen sind seine liebsten Instrumente.
Der Kas will eine zünftige Musi, sei es nun Zither, Zupfgeige oder aber eine Blechmusik, die poltert und dröhnt, daß die Eichenbohlen wakkeln; Bombardon, Posaune und C-Trompete sind seine besonderen musikalischen Spezln.
Der Käse ist Aristokrat – vornehm, ein bißchen müde, ein bißchen blasiert; man möchte am liebsten »Herr Baron« oder »Herr Graf« zu ihm sagen – ja, sogar »Exzellenz« oder »Durchlaucht« wären in besonderen Fällen keine Fehltitulaturen.
Der Kas hoaßt »Huaba« oder »Mayer« und man redet ihn am besten mit dem Vornamen »Sepp«, »Xaverl« oder »Girgl« an.
Der Käse ist bekömmlich – der Kas ist nahrhaft. Der Kas *ist* eine Mahlzeit, der Käse beendet eine. Der Kas ist ein treuer Freund für beschei-

dene Ansprüche – der Käse ist ein charmanter Gesellschafter an der feinen Tafel.
Daß sie aber beide wichtige, unwegdenkbare Bestandteile der Ernährung sind, jeder pflichtbewußt und richtig an seinem Platze, darüber sind sie sich einig, der Kas und der Käse.

JOSEPH MARIA LUTZ

Und i und mei Rausch,
wir zwoa lebn auf Tausch:
Den Rausch, den hab i,
und der Rausch, der hat mi.

Thermometer

»Herrgott, dö Hitz! – Heut hat's mindestens 8 Maß im Schatten!«

Der Durst des Münchners

Ein alter Münchner sagt zu seiner Frau nach dem Mittagessen: »So Alte, i leg mi jetzt a bisserl aufs Kanapee und schlaf a Stünderl, wenn i Durscht hob, nacha weckst mi!« – »Ja, wann hast denn nacha an Durscht?« – »Wannst mi weckst!«

A Rausch is besser als a Fieber.

Wer lang sauft – werd aa alt.

A Bierkruag und a Saumagn wartn net lang aufs Auslaarn.

Wo's Saufn an Ehr is, is's Speibn koa Schand.

Die Biersorten der Mainburger Gegend

Das erste ist ein Bier vom Kern,
das trinken d' Herrn und d' Frauen gern.
Das zweite ist ein Mittelbier,
wennst drei Maß trinkst, dann pisselst vier.
Das dritte ist ein Plempel,
der d' Hosen z'sprengt, andern zum Exempel.

Altbairische Wirtshäuser

Ein Gast muß schon an einen besonderen Grobian geraten, um auf seinen herben Tadel hin jene Aufforderung zu hören, die mit dem Nahrungsangebot nicht mehr viel zu tun hat. Weit häufiger geht selbst ein scharf gezielter Schuß daneben, der Wirt oder die Kellnerin fühlen sich nicht betroffen, im Gegenteil, im fröhlichen Bewußtsein ihrer Unschuld pflichten sie dem Nörgler bei.
Verba movent, exempla trahunt – ein paar Beispiele sollen erzählt sein. Im Arzberger Keller, an einem heißen Sommerabend, ist Hochbetrieb. Der dicke Wirt läuft herum, fragt die Stammgäste nach ihrem werten Befinden und wird selbst gefragt: gut gehts ihm, sagt er, bloß die Füß, grad davonlaufen tun sie ihm. Die Kellnerinnen müßten drei Paar Arme haben, um alles herbeizuschleppen, er schwirrt von Bestellungen und Zurufen: »Wo bleibt denn mein Nierenbraten?« – »Haben S' meine Würstln net vergessen?« – »Wann krieg ich denn meinen Emmentaler?« Ein norddeutscher Gast schreit sich heiser nach einer Semmel. Endlich kommt die Fanni oder die Zenzl, hochrot vor Eifer und Hitze, die Hände voller Maßkrüge, Teller in der Armbeuge, bis an die volle Brust bepackt mit Speis und Trank; auch der Herr kriegt seine Semmel. »Fräulein!« ruft er ihr nach, »hören Sie, das Brötchen ist ja ganz feucht!« Die Hebe wendet sich mit einem Blick zwischen Mitleid und Zärtlichkeit und sagt, frohgemut auf ihren wogenden Busen weisend: »Des glaub i schon, da langen S' einmal her, wie i schwitz!«

Im Dellinger Hof sage ich, ziemlich grantig – denn das fade Bier hat mir meinen schönen Durst verdorben – zur Kellnerin: »Sie, euer Bier ist fei auch net berühmt!« Nichts von Widerspruch oder gar von Entschuldigung und Abbitte. Freudig-einverstanden, wie ein Lercherl jubiliert sie: »Geln S', des habn schon viel Leut g'sagt!«

Um nicht noch grauslichere Sachen zu erzählen, die auch wahr sind: Auf einer Radfahrt, am Ammersee, hab ich mir eine Brotzeit bestellt, einen Limburger, gestehen muß ich's ja doch: halb aus Sparsamkeit, halb zum Vergnügen. Mitten im Essen knirscht es bedrohlich zwischen meinen Zähnen, und äußerst unfroh ziehe ich einen Glassplitter aus dem Mund, einen Zoll lang und spitz wie – nun ja, eben ein Ding, dessen Aufenthalt in einem Käse schwer zu erklären und keinesfalls zu verantworten ist. Ich lege den unerwünschten Fundgegenstand auf den Teller und zeige ihn, mit einem entsprechenden Begleittext, dem gerade vorübergehenden Wirt.

Der tut schier einen Freudensprung und beglückwünscht mich mit überströmender Herzlichkeit zu meiner Entdeckung. Ein Schauder ergreift ihn bei dem Gedanken, daß mir der Glassplitter nicht rechtzeitig zwischen die Zähne gekommen hätte sein können. »Sie!« sagt er und prüft, von Entsetzen gepackt, die Messerschärfe und Dolchspitzigkeit des Splitters an seinem Daumen, »g'schluckt wenn S' den hätten, das wär eine schöne G'schicht worden« – und er malt sich und mir alle bauchaufschneiderischen Folgen aus, die aber, Gott sei gelobt, durch den glückhaften Biß verhindert worden sind. Nun möchte ich freilich auch gern wissen, wie der Glassplitter in den Käs hineingekommen ist, aber ich mache mir, indem ich frage, wenig Hoffnung, was zu erfahren – und mit Mutmaßungen und ungreifbaren Beschuldigungen Dritter ist mir auch nicht gedient. Aber der Wirt, erstaunlicherweise, der weiß es ganz genau und erzählt es mit schöner Anschaulichkeit. »Des kann i Ihnen schon sagen«, berichtet er ohne das leiseste Schuldgefühl, »da hat uns am letzten Sonntag a Bsuffner in der Speis a Fenster eing'schmissen. Mei Frau und i, mir haben d' Scherben z'sammg'sucht – hast as alle, hab i s' noch g'fragt und sie hat g'sagt, sie meint schon –, und jetzt ist doch einer in Kas nei'g'fahrn und hat si versteckt!« Er schüttelt ob dieses Kuriosums den Kopf, wird aber plötzlich ernst, hebt lehrhaft den Zeigefinger und schließt den Fall ab mit der Mahnung: »Man kann nie genug aufpassen! Wenn Sie den Glassplitter net g'funden hätten, tot könnten S' schon sein oder, zum mindesten, was meinen S', was wir für Scherereien mit Ihnen g'habt hätten!«

In einer wunderschönen Gegend steht ein Wirtshaus, das unsern (wir sind selbdritt) rasch begeisterten Entschluß, hier zu übernachten, gleich wieder ins Wanken bringt – aber fragen wollen wir doch, und so ruft mein Bruder der Wirtin, die grad das blutrote Bettzeug in der Sonne ausbreitet, über den Zaun hin zu, ob sie uns beherbergen könnte.

»Ja, des kann i«, antwortet die Wirtin munter, »des haben S' gut troffen, vorige Woch ist der Wirt g'storbn. Die Lungensucht hat er g'habt.«

Und unsere entgeisterten Blicke gewahrend, setzt sie beruhigend dazu: »Da brauchen S' Ihnen nix denken, Sie sehn ja so, wie ich die Betten lüft, heut schon den dritten Tag!«
Wir sind dann doch lieber um ein Haus weiter gegangen.

Wer gehörig Hunger und Durst hat, der nimmt auch das Ungehörige mit in Kauf; und so kehrten wir bei einer Frau Wirtin ein, die eigentlich nur eine abgerackerte Kleinbäuerin war, in einer Stube mit vielen Kindern und Fliegen, in einer wasserarmen, ungewaschenen Gegend. Ein Glas Bier, ein Stück Brot und ein paar weiche Eier, so dachten wir – da kann nicht viel geschehen; und das bestellten wir auch. Daß das Bier müd war, mochte noch hingehen, denn sicher war es schon lange gelaufen; daß es aber in Gläsern kredenzt wurde, die vor unsern Augen mit einer Allzweck-Schürze abgewischt worden waren, übte eine stark durstlöschende Wirkung auf uns aus. Der Brotwecken mußte erst den lieben Kleinen entrissen werden, und es bedurfte starker gegenseitiger Ermunterung, ja, derber Scherze, um unsere Eßlust aufrechtzuerhalten.
Am unverdächtigsten sind die Eier in der Schale; der liebe Gott selbst hat sie so geschützt, daß sie der koscherste Israelit annehmen darf, denn rein und unberührbar ruht ihr Inneres im Gehäuse. Diese Eier wurden uns schneller aufgetischt, als wir erwartet hatten, und so fragte denn meine Schwester mißtrauisch, ob sie auch wirklich, wie wir der Frau eingeschärft hatten, wachsweich seien. »Freilich sinds wachsweich!« beschwor die Wirtin mit freudigem Eifer, »hab ja grad mit der Haarnadel in eins neing'stochen!«

EUGEN ROTH

AUGUST ROESELER

Die Resi, wenn sie zwölf Maß Bier – und wenn sie ein Gläschen Schnaps bringt

Der Jackel steht vom Wirtstisch auf,
dem kann dös Bier fei an!
»Jetzt«, sagt er, »muaß i's halt probiern,
ob i no hoamgehn kann?

Und wenn i nimmer gehn kann, woaßt
(so hat er g'sagt), woaßt was?
No ja, na kimm i wieder z'ruck,
na – trink ma no a Maß!«

KARL STIELER

Im Bierkeller

»A-a-h« – aufseufzend sinkt Bartholomäus Vierling auf den grünlakkierten Wirtshausstuhl, der die Hundert-Kilo-Last zwar quietschend, dennoch ergeben in Empfang nimmt. Frau Malwine und Sohn Konrad flankieren das Familienoberhaupt. Der Konradl trägt eine Matrosenmütze mit der Aufschrift: »Doppelschraubendampfer König Ludwig II.«, Malwine trägt den Rettich und den Kaas. Einen tiefen Trichter bläst der Bartl in den Schaum des gefüllten Bierkruges und nimmt sich fest vor, dem »Verein gegen betrügerisches Einschenken« beizutreten.

Unter feierlichem Stillschweigen wird der Rettich geschnitten, sehr lang und sehr dünn. Wie einen Abreißkalender muß man ihn durchblättern können. Der entblößte Romadur liegt bleich und gefaßt auf dem Teller. Nachdem Vater Vierling den Maßkrug so lange in Schräglage gehalten hat, bis er mit geschärftem Auge den steinernen Boden sieht und das Gefäß so leer ist wie ein umgedrehter Hosensack, bekommt es der Konradl mit der Ermahnung: »Do, drings langsam aus, aba daß d' koan Rausch griagst.« Wie die Spiralnebel den Saturn umkreisen, so ziehen die Käseschwaden um den Biertisch der Vierlinger. Nach dem vierten Strich auf dem Bierfilzl ordnet Malwine den Aufbruch an. Der Bartl erhebt sich, und die Blechmusik spielt das Lied »Was machst du so traurige Augen?« Das Kaaspapierl hat der Konradl in der Hosentasche. Er will damit seinen Tomahawk zum Indianerspielen überziehen.

SIEGFRIED SOMMER

FRANZISKA BILEK

Starkbierwitze

Der kloane Maxl mit fünf Jahr geht mit Vater und Mutter zum Starkbier. Die Kellnerin bringt unaufgefordert zwei Maß. Sagt der Maxl: »Ja wiaso? Trinkt d' Muatta heut nix?«

Mein eigener Fechser wurde im gleichen Lebensjahr von einem Funkreporter interviewt: »Ja trinkst du auch schon Bier? Was sagt denn dein Lehrer dazu?«
Antwort: »I geh ja no gar net in d'Schui.«

Betrunkene und Kinder haben oft einen seltsamen Schutzengel. In der Lindwurmstraße beobachtete ich einmal einen, dem es trotz aller Quer- und Kreuzgänge nicht gelang, in ein Auto hineinzulaufen. Ein Verkehrsschutzmann fischte ihn heraus, konnte ihm aber den Fußgängerschein nicht abnehmen. Aber als er ihn entließ, fragte der: »Herr Schutzmeister, wieviel Uhr is denn?«
Der Schutzmann: »Sechs Uhr!«
Der Betrunkene: »Merßi, Herr Wachmann.«
Nach ein paar Schritten drehte er sich um und fragte: »Entschuldigen S', Herr Obachtgeber, is iatz sechse in der Fruah oder sechse auf d' Nacht?«
Der Schutzmann: »Es ist sechs Uhr abends.«
Der Betrunkene: »Merßi, Herr Polizeifreund. – No-noch eine Frage: Is jetzt sechse auf d' Nacht heut oder sechse auf d' Nacht morgn?«

Zwei Vollgeladene standen auf der Trambahnplattform. Rülpste der eine zum andern: »Tschuin S', Herr Nachbaa, was habn ma für a Zeit?«
Zieht der andere eine Streichholzschachtel aus der Hosentasche, schaut auf die reklamierte Oberseite und japst: »Mittwoch.«
Worauf der erste nuschelt: »Dann muaß i aussteign.«

MICHL EHBAUER

Nicht nötig

Ein Amerikaner kam nach München, stieg der Kuriosität halber in eine Pferdedroschke, um die Sehenswürdigkeiten Münchens zu besuchen.
»Dös wern ma glei habn, Herr Nachbar«, sagte der Fiaker, nahm seiner Liesl die Decke ab und stieg auf den Bock. »Vo Amerika kemma S', aha, kenn mi scho aus, da wern S' richti Durst hamm, fahrn ma amal glei zum Mathäser ummi. San ma scho da, da kaaf ma uns a Maßerl!«
Sie saßen im Garten. »Was, dös is a Bierl, wia dös obi rinnt, gell? – So was habts z' Amerika drennt net, ös arma Teifin. Mir hamm schon no mehra vo dera Sortn, jetzt fahrn ma amol zum Augustiner!«
Er fuhr den Amerikaner die Neuhauserstraße herunter und hielt vor jedem Bräuausschank. Schließlich gelangten sie ans Hofbräuhaus. Er hing seiner Liesl den Futtersack um und beabsichtigte, hier mit dem Amerikaner länger zu bleiben.
»Was sagn S' zu dem Tröpferl, Herr Nachbar? Bei dem bleibn ma, was?«
»Well, sein gute Bier. Ich haben gehort von des Pinakothek, das sein verry good, uollen Sie uns fahren an the Pinakothek!«
»Ah, dös brauchts net«, meinte der Fiaker, »da is's Bier aa net bessa!«

WEISS FERDL

FRANZISKA BILEK

Er kommt besoffen heim

Gel, Alte, i hab fei koan Rausch,
dees muaßt net glaabn vo meiner.
I hab koan Rausch, i bin net schuld –
schuld is der buckelt Schreiner.

Dersell hat nia nix G'scheits im Sinn,
der sauft wia unser Rappi.
Is guat, daß i beim Schreiner bin,
der saufat si no dappi.

Und daß i halt so drecki bi,
dees, Alte, muaßt vergessn.
I waar ja net in Dreck nei'g'falln,
der Schreiner hat mi g'stößn.

Und na mei Huat – wo is mei Huat?
Mir is's bloß wega deiner!
Wo is mei Huat? Jatzt dees is guat,
den hat g'wiß aa der Schreiner.

Und 's Löcherl in der Hosn drin,
es san scho etli Löcher –
i glaab, de Hosn, de is hin!
De muaß der Schreiner blecha!

Der werd scho schaugn, den bal i kriag,
der zahlt, da gibts koan Zweifi.
Und, Alte, schaug, daß i net lüag,
mei Geld is aa beim Teifi.

Bei mir, da fehlt si durchaus nix,
da brauchst net plärrn und greina.
Dees muaßt do sehgn, de ganze Wichs
kimmt bloß vom Rausch vom Schreina.

JOSEPH MARIA LUTZ

Von Sitte und Brauch

Münchner Neujahrswünsche für das Jahr 1784

Denen Männern und ihresgleichen,
die gern spät nach Hause schleichen,
tappen so die kreuz und quer
um das Ehebette her;
denen wünscht mein redlich Herze
eine helle dicke Kerze,
daß sie fein ihr Neste seh'n
und nicht so darneben geh'n.

Denen Weibern, die im Stillen,
ohne ihres Mannes Willen,
freventlich verschleichen sich,
lassen Kinder gar im Stich,
fahren hin mit Extraposten
auf des armen Mannes Kosten,
wünsche ich nach dieser Fahrt
eine bessere Lebensart.

Josefitag

Josefitag is! Leut und Kinda,
dös is a Fest fürs ganze Haus.
Heut ruckt der Voda in Zylinda
und in der schwarzn Hosn aus!

Und mit 'n Voda geht der Ahndl,
(der hoaßt aa Seppl) und der dritt,
der Peperl, kriagt dös erschte Zahndl,
sischt müaßt der aa in d' Kirchn mit.

Der Pfarra sagt in seina Predi:
»Heut is a Fest vo guatn Schlag;
heut ham, vorheirat oda ledi,
die Sepperln ihran Namastag!«

Schaugt net der Michi und der Peta,
der Franz und Kaschpa fuchti drei?
Dös glaab i gern, heut möcht a jeda
a Peperl oder Seppl sei.

Der heili Josef schiaglt awi
vom Boschtamentl an der Wand,
als wollt er sagn: »O mei, da hab i
a schöne G'sellschaft beianand!«

Und nach 'n Betn kimmt as Essn.
Die Bratwürscht stehnga auf 'n Tisch,
die ko ma mit 'n Meta messn,
da wern die Seppln wieda frisch.

Der Peperl is der allag'schwinda,
langt si die größte Bratwurscht raus;
Josefitag is! Leut und Kinda,
dös is a Fest fürs ganze Haus.

HERMANN FRANZ

Der billige Jakob

Auf dem Jahrmarkt in Partenkirchen

Meine Herren, Ökonomen, Rindviecher- und Pferdebesitzer! Der billige Jakob ist da, kommts her und kaufts ein, ob reich, ob arm!
Verkaffts enker Viech, damits beim billigen Jakob einkaufen könnts, schlagts d' Fensterscheiben ein und verkaffts dees Glas, daß's bei mir einkaufen könnts! Stehts net da wia no'mal a Gulden elfi; teats enkere Mäuler zua, damit's net a so ziahgt!
Herrgott, Leberkäs und Schwartenmagen – heut bin i ausnehmend billig.
Ei, ei! Ja, a Messer! Da schaugts es o, dees niederboarische Vereinszeichen! Und dees Futteral, gefüttert mit der Haut einer Jungfrau, damit man es einstecken kann und am Herzen tragen (steckt es in die rückwärtige Messertasche der Hose), und die Schneid! Da kann ma um Mitternacht a nackete Laus rasiern!
Aber was nützt das Messer, wenn koa Gabel dabei ist?
Da ist eine Gabel! Eine Gabel mit vier Spitzen! Auf der einen tut man 's Kraut nauf, auf der andern 's Fleisch, auf der dritten die Nudeln und auf der vierten die Erdäpfel.
Wer da net kafft, dem muß das Hirn eing'frorn sein, daß man fünfzehnmal mit einem Holzschlegl hinhauen muß, und er fragt erst: »Wo hats denn pumpert?«
Da ist eine Kavalierbürste aus Chinesenhaar – mit der wenn man sein G'wand ausbürstet, dann ist's schöner wie neu, und wannst damit deiner Alten übers Maul fahrst, dann sind die Falten weg, und sie ist jünger wie ein Firmling.

Dazu geb ich a Ripl-Rapl-Reibbürste, eine Wichsbürste und eine Auftragbürste – auch als Schnurrbartbürste zu verwenden. In Berlin hab ich's als Zahnbürstl verkaffa können, weil s' dort das Maul weiter aufreißen können als wie bei uns da.
Und das alles um eine Mark!
Meine Herren Rindviecher- und Pferdebesitzer! Ich brauche Geld; mei Schwiegermutter muß zum Militär, zu de reitenden Milliweiber bei der Gebirgsmarine.
Heut, weil Sonntag ist, mein Geburtstag – ich bin nämlich ein Sonntagskind, weil mei Mutter unter der Wochen keine Zeit g'habt hat –, da gib i enk a Gebetbüchl – da will i doch sehn, ob ihr a Religion im Geldbeutel habts.
Aha! I woaß's scho! Ihr könnts net lesen! Ja, wenn euer Lehrer im Schlachthaus in Garmisch g'storben ist, da kann i nichts dafür ...
Herschauen da! Hier hab ich einen Regenschirm.
Wer diesen Schirm kafft und damit in München aussteigt, der wird schon ang'schaut als Regierungsrat, Ökonomierat oder Wagenrad ...
Kaffts ein, meine Herren Bauern, oder soll i enk noch a Maß Bier zahlen für euer Maulaufsperren und Zuschauen?

Aufgeschrieben von ALOYS DREYER

Der Frost

Dös is a so a Bauernsag:
g'frierts am Karfreita in der Nacht,
na schadt koa Frost, koa Schnee, koa Reif,
den's ebba in dem Jahr no macht.

Dös heuri Jahr is alls so g'west,
da hats uns eing'schniebn bis an Hals!
»Und hats nix g'schadt?«

»Na, g'schadt hats nix,
aber derfroren is halt alls!«

KARL STIELER

Wann d' Bäurin an Kopf aufsetzt, setzt da Bauer an Huat auf.

Früah aufstehn und spat heiratn hat no neamdn g'reut.

Da Schlaf bringt an jedn ums halberte Lebn.

A Nudlbrett und a Ausred find ma in a jedn Kuchl.

Wenn vor Ostern putzt werd

Wenn vor Ostern putzt werd
und da Kübi g'schutzt werd,
nacha is's des best,
bals d' ins Wirtshaus gehst!

D' Walli is beim Schrubbn,
drum gibts bloß a Suppn.
»Ziag glei d' Schlapper o,
bind an Schurz um, Mo!

Tritt net in den Fleck nei,
stell di in des Eck nei!
Trag des Haferl naus,
leer de Kanna aus!

Roll an Teppich z'samma!
Hast denn nix wia Daama?
Schlag den Nagl nei,
häng ma d' Fenster ei!

Hol an viertl Liter
Schlagrahm beim Konditer
mit a Stuckra drei
Bienenstich dabei!

Geh fei net ins Clo naus,
lang ma des Plümo raus!
Obacht auf 'n Schrank!
Reib an Spiagl blank!

Raam dei Schublad z'samma,
bring ma g'schwind an Hamma!
Steh net allwei rum,
g'stell di net so dumm!

Jetzt tuast d' Lampn abschraum
Und dann gründli abstaum!
Folgst jetz oder net?
Sunst muaßt glei ins Bett!«

Schlau wenns d' bist, na muckst di
net lang auf und druckst di
staad davo durch d' Tür
auf drei Halbe Bier.

Weil wenn d' Zimmer putzt wern
und die Kübi g'schutzt wern,
da bist vorn und hint
bloß no 's Woaslkind!

HERBERT SCHNEIDER

Vom Eierspecken

Ein Osterbrauch

Specken oder spicken heißt soviel wie »Eier köpfen«. Diese Erklärung muß man deshalb vorausgeben, damit die »Zuagroasten« a bisserl Bescheid wissen um die Worte, die nun einmal im altbayrischen Sprachgebrauch gang und gäbe sind.

Specken ist, wie anderswo das Eierköpfen, ein Kampfmittel, dem besonders gern die Männer huldigen. Diesem Kampfmittel liegen bestimmte Gesetze und Regeln zugrunde, aber auch Feinheiten und besondere Kniffe. Wer einmal beim Specken zugesehen hat, wird bald herausgefunden haben, daß dies eine eigene Wissenschaft ist, die man beherrschen muß, wenn man sich am Specken beteiligen will.

In jedem Milchladen, beim Bäcker, im Konsum, bei der Gemüsefrau und im Spezereiwarengeschäft, ja sogar in den Gaststuben stehen schon lange vor Ostern die Körbchen mit den gefärbten Eiern, gelbe, rote, königsblaue und papperlgrüne, dazu besonders viel g'scheckerte.

Der Hirgelgwipft Micherl sitzt in der Speis von seiner Mutter, hat vor sich auf 'm Schammi die Schüssel mit den g'färbten Ostereiern stehen, hält die linke Hand ans linke Ohrwaschl und probiert mit der rechten Hand ein Oar nach dem andern an seine Zähn, ob's koa Dulln und koan Sprung hat. Auf den Ton kommts nämlich an, ob er dumpf ist oder hart, ob hell oder dunkel; und das versteht der Hirgelgwipft Micherl aus dem efeff. Zwanz'g Eier hat er bereits probiert; des einundzwanzigste hat er eing'sacklt und hat g'sagt: »Stimmt!« Das war nämlich sein Speckei.

Am Nachmittag haben sich dann die Schulbuben von den höheren Klassen und die jungen Herren vom Fußballklub am Sportplatz getroffen zum »Specken«. Der Micherl stolziert gravitätisch wie ein Schwan umher, die rechte Hand liebevoll in der Hosentasche um sein Speckei gelegt, und schaut da und dort zu, als wäre er gar nicht sonderlich an dem ganzen Zauber interessiert. Auf einmal kriegt er einen Stupferer von

hinten: »Tean ma specka?« Der Micherl brummt: »Vo mir aus.« Der Lechmoare hält ihm sein Speckei hin, weil dös dazua g'hört, daß der oane dem andern sein Speckei probiert, an de Zähn. Traut nämlich der oane dem andern seinem Ei nicht, dann kann er jetzt noch zurückstehen, austreten aus dem Kampf, ohne daß er sich einen Schneizer heißen lassen muß. Aber bei dene zwei stimmts. »Spitz auf Spitz!« Auweh! An Sepperl seins hat a Dulln kriagt. An Micherl seins hat standg'halten. Die Gaudi ist aber noch net vorbei. Jetzt kommt »Hintern auf Hintern«. Klitsch! Bums! Wieder ist an Sepperl sei Oar eindätscht worden, und der Micherl ist Sieger geblieben. Er steckt die gewonnenen Eier ein und stolziert weiter. Die Freude über den Sieg läßt er sich nicht anmerken, so etwas tut man nicht. Er streichelt nur sein rotes Kampfei in der Hosentasche mit besonderer Liebe. Jetzt kommen wieder Buben und Dirndln auf 'n Micherl zu und jeder und jedes möchte mit ihm specken. »Mogst?« Micherl brummt: »Mhm.« – »Kopf auf Kopf« oder »Teufi auf Teufi?« – »Mir wurscht.« Micherl rührt gar nichts. Er weiß ja, daß er ein Wunderei in der Tasche hat, Spitz auf Spitz, Hintern auf Hintern, immer die gleiche Musi: Klitsch, bums, und das Ei des andern ist derdätscht. Als dem Micherl alle Taschen wegstehen voll lauter gewonnener Eier, macht er sich auf den Heimweg.
Zwölf eindätschte Oar hat er seiner Mutter auf den Tisch gelegt: »Da machst auf d' Nacht an Eiersalat – für alle miteinander! Gel?« Jetzt erst freut er sich über die zwölf erspeckten Ostereier.

HANNS HUNKELE

Gmüatlicha Sonntag

Beim Rasiern scho g'schnittn,
mit da Altn g'strittn,
dann drei Nudln gessn
zum Kaffäh.
Drauf in Kella ganga,
daß d' Kartoffe glanga
zu de Knödln
und zum Schweinskarree!

Dann in d' Kircha eini
zu da Meß um neini
und schee halblaut g'sunga
mit mein Baß.

Na mi'm Waldl gassi
rein gewohnheitsmassi
und beim Wirt am Eck vorn
g'holt a frische Maß.

Brav ins Essn dreig'haut,
tiaf in Maßkruag nei'g'schaut
und an allerletztn Knödl
awidruckt.
A Vetschina o'g'steckt,
auf 'n Diwan nag'streckt
und für d' Frau a weng
auf d' Seitn g'ruckt.

A halbs Stündal g'schlaffa,
dann in d' Stadt nei'g'laffa
und vereint in d' Auslagn
einig'specht.
Wer i da glei grantig,
wer i da glei hantig,
weil's an jedn Fetzn,
den wo's siehgt, glei möcht!

Jeda zwoate Lackl
tragt a Kuachapackl,
und drum kon i aa net
ohne Packl sei!
Bis de Schillerlockn
nacha awihockn,
schaugn ma stur
in Fernschkastn nei.

Nach 'm Abendessn
hab i mi vagessn,
schnarch zu Oper und Ballett
als wia net g'scheit!
Packt de Alt mei Nasn,
tua di geh net lassn!
So a Sonntag schlaucht oan,
liabe Leut!

HERBERT SCHNEIDER

KARL ARNOLD

Ländliche Szene. »O mei, Hias, iatzt geht scho bald gar koa G'schäft mehr.« – »Da bist selber schuld, tätst feststehende Messer verkauf'n!«

Auf 'n Kirta dean ma tanzn,
Messa renn ma uns in d' Ranzn,
fressn, sauffa, nacha speim,
Kartnspieln und Kegelscheim.
Frisch drauflos, denn mir san gsund,
vivat hoch der Bauernbund!

Kirta

»Lang die Pfanna aba, Nannl! Hols Mehl aus der Truchen und an Laib Schmalz!«
In der Kuchel steht die Bäuerin vor dem Herd; das Feuer wirft einen glutroten Schein auf ihr kugelrundes Gesicht; mit dem Kochlöffel taucht sie die Kücheln unter und wendet sie um; die Holzscheitel krachen, das Schmalz kocht und prasselt und spritzt.
Grad lustig is. Hint im Hof grunzt die Sau; der Bauer wetzt das Messer und probiert die Schneid, ob sie noch nicht fein genug ist. Der Vitus legt den Stecken in den Brunnentrog, daß er hart wird auf morgen; die Mariandl und die Creszenz laufen Stiegen auf, Stiegen ab, rennen aneinander und kriegen Lachkrämpf. In der Stuben drin probiert der

Oberknecht zum dreißigstenmal auf der Ziehharmonika das Lied »Mür kemmans vom Gä-bürg«, und der Großvater haut sich vor lauter Freud eine Pris nach der andern auf den Daumennagel.
»Huiö! Morgen is Kirta!«
Das größte Fest im ganzen Jahr, auf das sich jeder Ehhalten, jeder Austrägler gewissenhaft vorsieht, wo das Essen notarisch gemacht ist und auf Grund rechtskräftiger Urkunden geschieht. Morgen gibt es G'selchtes und von »allem, was geschlachtet wird, zwei Pfund«. So ist's geschrieben worden, und so geschieht es; von seinem Recht geht kein richtiger Bauernmensch weg.
Ahnungsvoll dämmert der Morgen herauf. Heut braucht der Bauer von seinen Dienstboten keinen einzigen zu wecken. Der erste ist der Oberknecht Hansgirgl. Er tut heut ein übriges und wascht sich am Brunnen den *ganzen* Kopf, noch dazu mit der Seifen; dann fahrt er mit einer Art von Kamm durch die nassen Haare und zieht sich einen schönen Scheitel, wobei er in den kleinen Handspiegel schaut, der auf dem Brunnenrand liegt. Jetzt spuckt er in die Händ, pappt sich zwei Kriegslocken bis an die Augenbrauen fest hin und fahrt dann mit dem Roßstriegel über das ganze Bild. Nun er fertig ist, stimmt er voll innerer Zufriedenheit ein Lied an:

Des Morgens, wenn – die Sonn aufgeht
und wenn das Gras – im Tau dasteht,
dann treib ich mei – ne Küh dahin,
dort wo ich ganz – alleine bin.

Er zieht den rechten Fuß in die Höh, patscht mit den Händen über dem Kopf zusammen und stoßt einen gellenden Pfiff aus, daß es kein Indianer besser kann.
In der Stuben trifft er die andern gerade so lustig und aufgeregt, wie er selbst ist. Die Weibsleute besonders können es kaum erwarten, daß fortgegangen wird. Jede hat schon den Korb auf dem Schoß und verdeckt das Strohgeflechte mit der linken Hand, während mit der rechten die Nudel eingetaucht wird. Da ist nichts zu bemerken von der bedächtigen Ruhe, mit der sonst die Kaffeesuppe ausgelöffelt wird. Ohne Unterschied des Ranges langt jedes hinein, ja, es kommt sogar vor, daß ausgesetzt wird, wenn zum Beispiel die Nandel der Creszenz einen Renner gibt und alle zwei am Lachen und einem Trumm Nudel zu ersticken drohen. Bloß der Großvater paßt auf die Spaßetln nicht auf; das Getu ist ihm zuwider. Die jungen Leut sind so dumm und wissen nicht, was gut ist. Er sitzt ganz dicht bei der Schüssel, schneidet schön stad ein Stück von dem vertragsmäßigen G'selchten nach dem andern ab und taucht es mit der Nudel in den Kaffee.

Was für ein schöner Tag heut ist! Die Sonne ist über den Nebel Herr geworden und hat ihn herunter gedrückt, daß der jetzt wie ein feiner Rauch über den Wiesen liegt; die Luft ist so klar, daß man weit und breit alle Kirchtürme sieht, und der vordere Wind geht frisch über die Stoppelfelder. Aus allen Häusern kommen die Leut zum Kirchgang, auf allen Steigeln sieht man die schwarzseidenen Kopftücheln in der Sonne glänzen und die buntfarbigen Röcke. Ein recht friedsames Bild. Auch der Hansgirgl und der Vitus marschieren tapfer hinter ihren Weibsleuten daher.

»Moanst lei, Hansgirgl, daß heint die Kraglfinger beim Unterwirt san?«

»Ehender, wia nöt, Vitus.«

»Was moanst nacha? Epper is der Leixentoni aa dabei; auf den bin i scho lang häßlich.«

»Hinschaugn tean ma, des is meine Meinigung«, sagt der Hansgirgl. Und dem Vitus ist es recht; für was hätte er denn seinen Stecken im Wasser liegen lassen?

Nach der Kirche kriegen die Wirte ihr Recht. Alle Bänke sind gedrückt voll, und alleweil drucken wieder neue Gäst bei der Tür herein; der Wirt kommt nimmer aus dem Grüßen und Zutrinken heraus. »s' Good, Scheiblhuaba; aar auf da Höh? Ein paar Antenvierteln hätt i und a Gans. Aa, da Loibl is a do; für di hätt i a Schweiners oder a Nierenbratl. Was d' liaba magst! Wer schreit da hint! Ich siech enk scho, reißts mi no nöt in da Mitt ausanand; ös kriegts enkere Würscht scho.«

So hat er für jeden den richtigen Gruß und nach Stand und Vermögen das richtige Essen; er fragt nicht lang, was einer will. Wie ein Feldherr steht er da in dem Gewühl, das immer ärger wird. Die Fenster sind geschlossen; die Hitz wird immer ärger, und der Rauch streicht wie ein starker Herbstnebel in der Stuben herum. Immer lauter wird der Disputat über Gersten, Korn und Haber, über die Gäul und das Kühviech.

Beim Unterbräu geht es am lustigsten zu; da wird getanzt. Der Baß brummt und die Klankenetten pfeift; der Staub wirbelt auf, und so eintönig geht das Schleifen und Stampfen, als tät eine Maschine die Arbeit verrichten. Aus dem Dunst tauchen die rotglühenden Gesichter auf und verschwinden wieder; gesprochen wird nichts, man hört bloß Keuchen und Schnaufen und ab und zu im Übermaß des Entzückens ein gellendes Schreien und Pfeifen.

Huiö, heut is Kirta!

Schauts den Vitus an! Das ist der Allerrescheste. Mittendrin schmeißt er den Hut auf den Boden, schaut ihn stier an und tanzt um ihn herum wie ein Spielhahn. Den müßte der Buffalo Bill haben, wenn er ihn sehen tät, den ließ er nimmer aus. Und dabei weiß er es immer so ein-

zurichten, daß er einem Kraglfinger auf die Zehen tritt. Das dauert nicht mehr lang, das tut kein gut. Richtig, jetzt rennt er dem Leixentoni seine Tänzerin um.
»Kannst net achtgeben, damischer Tropf?«
»Auf kein Kraglfinger geb i net acht.«
»Was tuast net? Was hast g'sagt?«
»Geh her, wennst a Schneid hast!«
»Geh du her! I bin scho da.«
Höi Kraglfinger! Höi Guglfinger!
Und jetzt gehts los. Ein Schieben und Drängen, jeder Bursche nimmt Partei; die Mädel drücken sich zusammen wie eine Herd Gäns. Wütendes Schreien und Schimpfen; runter über die Stiegen, raus auf die Straß. Pitsch, Patsch; Pitsch, Patsch! Die Stadtleut täten meinen, es wird Korn gedroschen, so hauen sich die Burschen mit den Gehsteckerln auf die Köpfe; weil keiner einen Hut auf hat, schnallt es so laut.
Die Dämmerung bricht herein; der festliche Tag geht zur Neige; auch das Schönste kann ja nicht ewig dauern.
Jetzt sieht man auf den Feldwegen schwankende Gestalten; da und dort lehnt einer am Zaun und führt tiefsinnige Gespräche mit sich selbst. Weiber führen ihre Gatten und sind ihnen Stab und Stütze; hie und da bricht wohl auch einer mit einem Wehelaut zusammen und rennt den Kopf in einen Scheerhaufen. Die Nacht bedeckt mit ihrem mitleidigen Schleier die traurigen Bilder.
In seiner Kammer liegt der Vitus mit drei frischen Löchern im Kopfe. Nebendran ächzt der Großvater in schwerer Bedrängnis. Er hat zwar das G'selchte und Schweinerne pflichtmäßig gegessen, aber von dem Kälbernen hat er nur fünf Vierlinge zusammengebracht. Das hat ihn abscheulich gift und auf das Krankenlager geworfen.
Jetzt hat der Bader gute Täg.

LUDWIG THOMA

ANTON BISCHOF

Die Rauferei

Der Jackel kimmt ganz dasi z' Haus.
»No, no, wie schaugst denn du heunt aus;
was geits denn?« fragt der Vater glei.
»Mei«, sagt der Bua, »a Rauferei,
und was für oane«, sagt der Bua,
»beim Neuwirt drunt, ah da gehts zua,
meine fünf Brüder san dabei,
Herrgott, is dös a Rauferei.
Die schlagen alles kurz und kloa,
i hab mi zogn«, sagt der oa.
»Was«, sagt der Alt, »du Malefizbua,
du hast di zogn, du Kerl, du Spitzbua?«
Und haut ihm oane über 'n Kopf:
»Ha, schamst di nit, du Teufelstropf?
Dös hat mir do no koaner tan,
jetzt pack i di glei selber an!«
Und d' Watschen fliegen um und um.
»A so a Bua, dös waar mir z' dumm,
du Nixnutz«, sagt er, »schamst di nit,
drunt raufens – und der rauft nit mit!«

KARL STIELER

Hausinschriften

O heiliger Sankt Florian,
Verschon mein Haus,
Zünd andre an!

Wir stehn, o Herr, in deiner Hand:
Unser Vieh und das ganze Vaterland.

Das Bauen ist ein schöne Lust;
Daß's so viel kost't, hab ich nit g'wußt.
Gott behüt uns alle Zeit
Vor Maurer und vor Zimmerleut.

Grüß Gott, ihr lieben Leute!
Kommt öfter, nicht bloß heute!

Aberglaube in der Oberpfalz

Wenn man im Frühjahr zum ersten Mal donnern hört, so muß man dreimal rückwärts niederfallen und den Rücken recht auf dem Boden reiben, dann ist man in diesem Jahr von Kreuzschmerzen frei.

Wer einen Kropf hat, stelle sich bei zunehmendem Mond gegen denselben, lege die Finger auf den Kropf und spreche dreimal: »Was ich seh, das wächst; was ich greif, das schwindt!« Nach jedem dieser beiden Sätze hat man sich dreimal zu bekreuzen. Unberedet muß man das Haus erreichen und hinter der Kirchentüre drei Vaterunser beten.

Wenn ein Kind einen Leibschaden hat, muß man vor Sonnenaufgang eine junge Eiche oder junge Weide auseinanderschlitzen und das Kind durch diesen Spalt dreimal durchschieben, dann das Bäumchen wieder zusammenbinden. Ist dieses wieder zusammengewachsen, so ist auch der Leibschaden geheilt.

Damit die Hühner ihre Eier nicht aus dem Haus legen, läßt sie die Bäuerin zu Fasnacht aus der Einsperrkette fressen, breitet ihre Schürze auf den Boden, läßt die Hühner darüber laufen, schneidet die Schürze ab und wirft sie mit einem gewissen Kraut in ein Mausloch.

Eine Bäuerin ging jedes Jahr am Tage Walburgis vor Sonnenaufgang in ihre Felder, focht dreimal mit der Sichel in der Luft herum, schnitt drei Grashalme ab und sprach: »O du guter Walberntau, bringe mir, so weit ich schau, in jedem Hälmlein Gras ein Tröpflein Schmalz!« Sie hatte dann das ganze Jahr Schmalz genug.

FRIEDRICH PANZER

Das Hochzeitsferkel

Recht viel größere Freude gibt es wohl kaum für einen Bauern, als wenn eine Kuh kälbert oder ein Schwein junge Ferkel bekommt. Der Wohlstand wird ihm auf solche Weise von der Natur förmlich zugeworfen, und was wünscht sich ein Bauer mehr als Wohlstand! Aber zu Fuchshofen gibt es leider noch allerlei Hexen, und die Höllengeister gehen in der Gegend leibhaftig um, so daß sich der Segen des Himmels nicht immer entfalten kann, wie es die Fuchshofener wünschen. Also merkte auch der kleine, von schwerer Arbeit etwas krumm gewordene

Holzbauer, als ihm das alte dicke Mutterschwein nicht weniger als fünf Ferkel geschenkt hatte, wie gleich am ersten Tag ein kleines Säulein tot im Stall lag und auch ein zweites nicht fressen wollte. Tatsächlich war am nächsten Tag auch dieses kaputt, und ein drittes versteckte sich in der Ecke des Stalles und fing zu kränkeln und damit zu sterben an. Um nun in diesem Unglück nicht die ganze Brut verderben zu lassen, begab sich der Holzbauer in seiner Einfalt und seinem Aberglauben gegen Abend zum alten Wasenmeister Haderl, von dem es allgemein bekannt war, daß er gegen Hexen und böse Geister höchst approbierte Mittel habe. Der alte Haderl hauste draußen vor dem Ort in einer armseligen Hütte, war von hagerer Figur, mit Beinen so dünn, als hätte er sie sich vom bösen Feind entliehen, und kaute eben, während er vor einem elenden Öllichtlein gedrückt am Tisch saß, an einer trockenen Brotrinde. »Schlechte Zeiten!« klagte er dem Holzbauern, als dieser etwas schüchtern eingetreten war und auf der Ofenbank Platz genommen hatte. Als aber der Holzbauer auch über die schlechten Zeiten zu klagen begann und von seinem Unglück im Schweinestall erzählte, da begann der alte Haderl plötzlich voll Teilnahme zu werden, und sein vorher müdgebeugter Körper schien sich förmlich zu verjüngen. Unter den fast ausgefallenen Brauen begannen die Augen zu glänzen, und der Blick wurde ganz spitzig, zumal er aus dem Mund des heimgesuchten Holzbauern die Frage vernahm, ob es denn kein Mittel gegen das Unglück gäbe.

Der alte Haderl richtete sich völlig auf, zog den linken Mundwinkel etwas nach oben, und die Flügel seiner langen, dürren Nase rührten sich, als ob er schnuppern wollte. Oh, der alte Hexenmeister. Er hatte nur mehr wenig Haare auf dem Kopf, aber deshalb war er um so weiser. »Das ist keine so einfache Geschichte«, sagte er, stand auf und holte einen abgegriffenen Wandkalender herbei. »Ach, morgen ist ja Walpurgis, da feiern die Hexen mit den Teufeln Hochzeit!« Hier hielt der alte Haderl ziemlich lange ein, kratzte sich hinter den Ohren und fuhr dann weiter: »Ein Mittel gibt es ja schon, daß die Höllengeister deinen Ferkeln nichts mehr antun werden, Holzbauer. Aber zum ersten mußt du verschwiegen sein wie das Grab und darfst das Mittel keinem andern verraten, sonst fallen die Hexen und Teufel über dich selber her, verkratzen dir den Blinddarm oder blasen dir einen giftigen Staub in die Lunge. Alsdann mußt du alles genau so machen, wie ich es dir jetzt sagen werde. Tust du das nicht, so machst du's bloß schlechter.«

Und nun setzte sich der alte Hexenmeister ganz eng neben den vor dem dunklen Geheimnis immer mehr zusammenschrumpfenden Holzbauern auf die Ofenbank und fing, nachdem er in der düsteren Stube lauernd umhergesehen hatte, als könnte irgendwo ein böser Geist lau-

schen, sehr vorsichtig zu flüstern an: »Du mußt also heute noch ein gesundes Ferkel schlachten, es gut brühen, daß kein Börstchen mehr auf dem Buckel steht, dann die Gedärme ausnehmen, Herz, Lunge, Leber, Milz und Nieren wieder sorgfältig, schön gewaschen in den Bauch legen. Auch mußt du das Säulein gut salzen und pfeffern und ihm der Länge nach einen schön geschnitzten Stecken durchschieben; sodann steckst du dem toten Tier auch noch eine Zitrone ins Maul und bindest ihm um den Hals ein Kränzlein aus Fichtenzweigen. Du kannst auch eine grüne oder rote Masche daran befestigen, aber ja keine weiße. Unschuld vertreibt die bösen Geister. Und je mehr du so das Säulein schön herrichtest, desto besser gefällt es den Höllengeistern. Alsdann aber mußt du das so hergerichtete Ferkel in eine kleine Kiste packen, den Deckel gut verschließen und das Ganze heute nacht noch vor zwölf Uhr draußen bei der alten Euleneiche leicht vergraben. Aber schicke dich«, fügte er hinzu, »damit du noch vor zwölf Uhr fertig bist. Denn gleich nach zwölf Uhr kommen die Geister, und wehe, wenn sie dich erwischen! So aber nehmen sie den Braten als Geschenk für ihre nächtliche Hochzeit gerne an und werden, wenn sie einen so guten Willen bei dir sehen, in Zukunft sicher nicht mehr in deinen Stall einfallen.«
Dem Holzbauern wurde es ganz zweierlei bei all diesen Geschichten, und er fragte den alten Haderl, ob das Eingraben nicht lieber er besorgen möchte, ihm wäre es so gruselig. »Natürlich«, erwiderte der alte Hexenmeister, »nur mußt du alles fertig herrichten.«
Aber siehe! Am nächsten Tag war auch das fünfte Ferkel am Verenden, und so begab sich der Holzbauer auch gleich wieder zum alten Haderl, um diesem von dem Mißerfolg der ganzen Prozedur zu berichten. Als er jedoch in die Stube des Abdeckers trat, zog er plötzlich die Nase hoch und sagte: »Wie's da gut riecht! Als wenn du Hochzeit hättest!«
Der alte Hexenmeister zwang den Holzbauern rasch an den Tisch und sprach: »Holzbauer, was für eine Dummheit hast du denn gemacht? Ich hab dir doch gestern extra gesagt, du mußt alles genau so machen, wie ich es dir sage. Aber erstens hast du schon die Zitrone vergessen, und zweitens hast du das Ferkel nicht gut verpackt. Es ist etwas Erde in die Kiste gefallen, und so hast du die Höllengeister mehr erzürnt als ihnen ein Opfer gebracht. Denk dir nur, wie ich erschrocken bin! Als ich heute in der Frühe aufstehe und zur Tür hinaus will, da steht die Kiste, die ich eingegraben habe, auf der Schwelle. Ich trage sie herein, besprengte sie dreimal mit Weihwasser und mache auf. Da steigt mir ein fürchterlicher Höllengestank entgegen, und gleich oben liegt ein Zettel, darauf steht mit blutiger Klaue geschrieben: »Friß es selber, du Dreckfink!«
Der Wasenmeister zeigte zum Schrecken des Bauern den großen Zettel her und fuhr weiter: »Ich wollte dir die Kiste nicht bringen, um dir

nicht neuen Unsegen in das Haus zu tragen, sondern ich habe das von den Hexen und Teufeln, Gott weiß wie, herumgeworfene Ferkel in die Pfanne gelegt. Ich lasse es schon den ganzen Tag schmoren, damit all das verpestete Fett herausgeht. Auch habe ich geweihtes Salz beigegeben, um den Gestank zu vernichten. So gibt das Fett die beste Salbe gegen die Geister selber, und es wird wohl gut sein, wenn du morgen die Pfosten des Stalles damit einreibst, auf daß dir die bösen Geister nicht auch noch über das alte Mutterschwein herfallen.«

Also erhielt der Holzbauer, der sich auf Haderls Rat bei Tag auch noch die aufgewühlte Erde unter der Euleneiche angesehen hatte, wirklich etwas von dem ausgebratenen Fett und schmierte die Pfosten vorsorglich ein, wie ihm gesagt worden war. Trotzdem aber schlachtete er noch am selben Tag das große Mutterschwein; denn er dachte, schließlich habe er das Einfetten wieder nicht ganz recht gemacht, und so könnte auch diese Prozedur nichts nützen. Das große Schwein aber mußte für jeden Fall gerettet werden! Dem alten Haderl brachte er eine Portion Würste und etliche Pfund Fleisch für die erteilten Ratschläge, und der Hexenmeister wußte gar nicht mehr, wohin mit all dem Essen auf einmal, denn er hatte ja das schöngebratene Ferkelchen noch nicht einmal ganz aufgezehrt.

GOTTFRIED KÖLWEL

J. B. ENGL

Alpenkinder. »Zoag dei Volksseele her, Nanndl, heut is doppeltes Entree!«

Das Volkslied

Es erwachte damals die Freude am Volkstum, und man konnte überall recht wohl den Drang bemerken, sich von echten, kleinsten Zügen der Volksseele zu überzeugen und sie in gehaltvollen und gewundenen Sätzen wiederum zu schildern.

Neben Wortprägungen, die mit Heimat, Scholle, Erde, Erdgeruch wakkere Zusammenhänge fanden, begegnete man herzig schlichten Romanen, die, als Aufgüsse über den würzigen Bodensatz Gottfried Kellerscher Getränke, Farbe und Geschmack annahmen, und begegnete auch heimatliebenden, von jeder peinlichen Tendenz abgekehrten Schulaufsätzen, welche man ehedem Feuilletons genannt hatte. In dieser wonnigen, schollenseligen Zeit bemühten sich auch Berufsmenschen, Perlen im Aktenschutte zu finden, und so nahm sich ein Rechtsanwalt namens Doctor juris Anton Habergais vor, seine mitten in Land und Leute verschlagene Existenz folkloristisch zu verwerten und seltene Lieder zu sammeln. Er glaubte, daß sich ungehobene Schätze genug unter niederen Dächern befinden konnten, und er wollte sie ans Licht ziehen und mit ihrer Naivität ein heimatfrohes Publikum entzücken. Der Gedanke war kaum gefaßt und im vorhinein lieblich verbrämt, als Herr Habergais auch an seine Verwirklichung schritt und sich ein in Leder gebundenes Heft von schönem Büttenpapier kaufte.

Er stellte sich freudig vor, wie er wohl an stillen Winterabenden hier hinein Lied für Lied mit Beibehaltung der ursprünglichen Schreibweise eintragen wollte benebst Anmerkungen unter einem mit roter Tinte zu ziehenden Striche.

Nach etlichen fleißigen Monaten ließ sich dann wohl ein Büchlein daraus formen, welches den Forschern zur Erquickung, anderen aber zur Belehrung dienen mußte. Wie war nun aber das Material herbeizuschaffen?

Der ehedem solchen Zwecken gern dienstbare Volksschullehrer hatte sich leider im Laufe der Zeiten daran gewöhnt, seine Entdeckungen selbst zu Aufsätzen, zu Heften und Büchlein zu verwerten, und war als selbstloser, höchstens im Vorworte erwähnter Mitarbeiter kaum mehr zu haben. Darum blieb nichts übrig, als unter Umgehung dieses Sammelbeckens sich geradewegs an die Quellen zu begeben, was ja einem Rechtsanwalt immerhin möglich war.

So kam also Herr Doktor Habergais mit sich überein, von rechtsuchenden Bauern selbst Beiträge zu erbitten.

Ein in seiner Gemeinde Weidach wohlangesehener Ökonom, Jakob Hirtner, genannt Matheiser, kam in seiner Angelegenheit zu Habergais, als dessen Entschluß gerade gereift war.

Nach dem Geschäftlichen ging der Rechtsanwalt zu einem jovialen Ton über, klopfte dem Matheiser auf die Schulter und begann zu fragen.
»Hirtner, nicht wahr, in Weidach wird doch häufig gesungen?«
»G'sunga?«
»Ich meine, die jungen Mädchen, die zum Brunnen gehen, die Burschen auf der Landstraße ...«
»Brunna?«
»Ja, die Mädchen, die vom Dorfbrunnen Wasser holen ...«
»Mir hamm ja gar koan Dorfbrunna net ...«
»Nu also, dann nach der Arbeit, wenn der Abend sinkt ...«
»Bei ins hat a jeda selm sein Brunna ...«
»Ich sage Ihnen ja, die Gelegenheit, bei der es geschieht, ist ganz Nebensache. Ich denke überhaupt an den Feierabend, wenn alt und jung vor den Türen steht ...«
»Beim Schuastahansl waar scho a Brunna bei da Straß hiebei, aba dersell hat koa Wasser it ...«
»Ja – ja – lassen wir diese Brunnenfrage endgültig fallen. Ich möchte nur in Erfahrung bringen, was diese jungen Mädchen, verstehen Sie, Matheiser, welche Lieder sie singen.«
»Han?«
»Und Sie sollen mir dabei helfen, Matheiser. Sie sollen mir die Texte verschaffen.«
»Han?«
»Sie müssen mir aufschreiben oder aufschreiben lassen, Wort für Wort, was eure jungen Mädchen singen.«
»I?«
»Jawohl. Ich will Ihnen genau sagen, wie Sie das machen müssen ...«
»Ja, was woaß denn i?«
»Also, passen Sie auf! Nicht wahr, zum Beispiel, Sie hören die Anna oder die Liesel singen ...«
»Was für a Liesel?«
»Irgendeine; ich meine irgendein Mädchen, das nächstbeste Mädchen hören Sie singen ...«
»Bal i aba koane hör?«
Herr Doktor Habergais sah mit einem gramvollen Zug im Gesichte sein Gegenüber an, und er fühlte, wie eine nervöse Abspannung, ein prikkelndes Gefühl den Rücken entlang seinen Eifer vermindern wollte; aber er gab sich einen Ruck, er lächelte, er klopfte Herrn Hirtner mit der flachen Hand auf die Schulter, obwohl sich ihm die Finger krümmten, obwohl sich ihm die Hand ballen wollte. »Verstehen Sie mich wohl, Matheiser, Sie hören schon eine, oder Ihr Nachbar hört eine, oder Ihre Frau hört eine ...«

Habergais sprach jedes Wort scharf und gereizt aus. »Gut also, irgend jemand hört irgendeine« – es klang wie ein Befehl –, »verstanden, dann gehen Sie zu ihr hin und sagen: Meine liebe Liesel . . .«
Hier wollte nun Hirtner doch nicht länger schweigen.
»Was für a Liesel?«
»Herrgott, Mensch! Matheiser, will ich sagen, Liesel, Anna, Marie, ganz wurscht, wie sie heißt; Sie sagen zu ihr: Mein liebes Mädchen« – Habergais machte hinter jedem Wort eine Pause und schrie das nachfolgende um so lauter –, »mein liebes Mädchen, du hast soeben ein Lied gesungen. Welches ist der Inhalt desselben? Sprich mir die Worte vor, oder, noch besser, schreibe sie mir auf! Das sagen Sie zu ihr! Haben Sie mich jetzt verstanden, Matheiser?«
»Na!«
Der Rechtsanwalt setzte sich und blickte zu Boden, während eine fliegende Hitzwelle von seinem Nacken über die Ohrlappen hinzog, während seine Stirnhaut pelzig wurde, bis dann ein erlösender Schweiß ausbrach.
»Sie haben mich nicht verstanden?«
Die Frage klang heiser.
»Weil Sie sagn von an Brunna, und weil mi do koan Brunna durchaus gar it hamm . . .«
»Ja, wer redet denn noch von einem Brunnen? Ja, wer redet denn noch von einem blöden Himmelherrgottsakramentsbrunnen?«
»Net?«
»Nein! Aber ich will von vorne anfangen. Setzen Sie sich einmal, Matheiser! Da, mir gegenüber – so! Also lassen wir in drei Teufels . . . also lassen wir die Mädchen . . . nicht wahr, Ihre Burschen singen doch auch?«
»Bals b'suffa san, scho . . .«
»Nüchtern oder betrunken, das ist mir jetzt ganz egal . . . Matheiser, jetzt schweifen Sie nicht mehr ab! Belauschen Sie Ihre Burschen . . .«
»Wia?«
»Hö–ren Sie ihnen zu! Hö–ren Sie den jung–en Bur–schen zu!«
»Bals b'suffa san?«
»Wenn sie sing–en! Nicht wahr?«
»De plärrn scho a so, daß ma's hört . . .«
»Ja – also, dann können Sie um so leichter tun, was ich meine. Hören Sie ihnen zu und schreiben Sie auf, was die Burschen singen . . .«
»Schreibn? Allssammete?«
»Jawohl! Ich will die Lieder sammeln. Ich will genau wissen, was für Lieder sie singen . . .«
»Ja . . . aba . . .«

»Nichts aber. Sie können doch schreiben, nicht wahr ...? Es braucht nicht schön zu sein. Sie schreiben einfach Wort für Wort auf, und damit Sie es lieber tun, will ich Ihnen für jedes Lied was bezahlen. Verstehen Sie mich jetzt?«
»Ja, guat! I vasteh Eahna ganz guat ...«
»Na, endlich! Und dann sind wir einig?«
»Was kriag i nacha, bal i schreib?«
»Hm ... sagen wir ... für jedes Lied ... hm ... sagen wir fünfzig Pfennige ...«
»A Fufzgerl?«
»Für jedes Lied; wenn Sie mir zum Beispiel sechs bringen, bekommen Sie drei Mark, einen Taler, Matheiser.«
»Aha, an Taler! Na bring i halt sechsi ...«
»Soviel Sie eben hören, nicht wahr? Es können mehr sein, es können weniger sein ...«
»Ja – ja – sechsi wern's leicht ...«
»Gut, und damit adieu, Matheiser!«
»'s Good, Herr Dokta!«
Habergais blickte dem Ökonomen nach, lange und sinnend.
Denn hier drängte sich nun auch ein Allgemeines und ein Besonderes der Betrachtung auf. Die schlichte, geradeaus zielende Art zu denken, welche dem Volke eignet, dieses Festhalten an einer Vorstellung und diese gewisse Unbiegsamkeit der Folgerungen, welche in einer Linie auf einen Punkt hinstreben und nie nach den Seiten hin ausladen. Dieses schien ein Problem zu sein, und zwar ein beachtenswertes.
Tja – ja.
Übrigens waren seitdem etwa drei Wochen ins Land gegangen, und Doktor Habergais gedachte wohl öfter seines Vorhabens und malte sich nicht ohne Behaglichkeit die literarischen Aufgaben aus, welche ihm die Wintermonate verkürzen konnten.
Er blätterte in dem Hefte aus schönem Büttenpapier und sah im Geiste die Seiten mit reinlicher Schrift gefüllt, die Titel der Lieder in zierlicher Rundschrift in die Mitte gesetzt, dann den roten Strich und kluge landeskundige Anmerkungen und Erläuterungen darunter geschrieben. Es konnten sehr lange, begleitende Kommentare werden, wenn man etwas Dialektforschung trieb, über Wortwerte, Wertunterschiede einzelner Dialektformen sich verbreitete, Belegstellen anführte und überhaupt wissenschaftlich verfuhr.
Ob sich der Matheiser noch an sein Versprechen erinnerte?
Es deuchte Herrn Doktor Habergais manches Mal zweifelhaft, aber dann glaubte er doch wieder, daß die Freude am leichten Verdienst den Mann anspornen könnte.

Und wirklich kam eines Vormittags Jakob Hirtner und holte ein in Zeitungen gewickeltes, verknittertes Schulheft aus der Tasche.
»Ha! da ist ja mein Mitarbeiter ... da ist ja der Matheiser! Na, also haben Sie Lieder gefunden?«
»Herr Dokta, i sags glei, wia's is, schö hab i net g'schriebn ...«
»Macht doch nichts!«
»Und ... an Arbeit is dös! Des sell tat i fei nimma! A Markl derfatn S' no extra zahln, a so hab i mi scho plagt ...«
»Darüber läßt sich reden ...«
»D' Bäurin hat aa g'sagt, daß dös koa Macha net is, sagts, und wei ma mit da Tintn a so umanandschmiert, sagts ...«
»Wie viele Lieder haben Sie denn, Matheiser?«
»Sechsi, wia ma's ausg'macht ham.«
»Sechs? Bravo! Das ist schon ein Anfang!«
»Ja, san drei Markl, und oane derfatn S' no spitzn, weil d' Bäurin aa sagt, dössell derfat ihr nimma fürkemma ...«
»Na – gut, Matheiser! Ich gebe Ihnen vier Mark, aber Sie versprechen mir, daß Sie auch weiter für mich sammeln, daß heißt gelegentlich ein Lied aufschreiben ...«
»Na – na! Herr Dokta, dössell konn i durchaus gar it vasprecha, und mit 'n Schreibn hon i's überhaupts it. I tua ma scho so bluati hart, daß 's höcha nimma geht ...«
»No – no – Matheiser, so schlimm ist das nicht. Später haben Sie vielleicht selber Freude daran ...«
»Dös glaab i gar it.«
»Da sind vier Mark, und nun geben Sie mir Ihre Aufschreibungen!«
Hirtner nahm das Geld und wickelte das Zeitungspapier auseinander.
»I ho's in a Heft von mein Deandl einig'schriebn«, bemerkte er, »müassen S' scho entschuldinga, bals it schö g'schriebn is ...«
»Das ist ganz nebensächlich – nur her damit!«
Doktor Habergais nahm nicht ohne Hast das verschmierte, öl-, tinten- und fettfleckige Heft an sich und öffnete es.
Es war wirklich auf den ersten Blick zu erkennen, daß hier eine ungeübte, schwere Hand gewaltet hatte, aber das gerade verlieh dem Ganzen einen gewissen Reiz.
Wie die Buchstaben bald schief, bald gerade standen, wie die Zeilen bergauf und talab liefen; wie hier die Feder sich gesträubt und dort festgehakt hatte, wie sie hier ausgeglitten war und dort sich mühsam in das Papier eingebohrt hatte, wie unter verwischten, aufgeschleckten länglichen und runden Klecksen Buchstaben, halbe Worte, ganze Worte versteckt lagen, alles das war unvergleichlich anziehender als etwa eine glatte, charakterlose Schrift.

Eben weil es echt war, von unleugbar schwielenbedeckter Hand oder – nein! – Faust mühsam hingesetzt.
Habergais lächelte befriedigt und begann zu lesen.
»Äs ... p ... brr ... prraußt ... ein ... r ... rh ... ruhf ... wie t ... tohner ... hal ... wie s ... ß ... schwärth ... ke ... geklirr un ... wa ... wah ... gen ... bral ...«
. . . . ??
»Was ist das? Was soll das sein, Matheiser?«
»Han?«
»Was das sein soll, frage ich.«
»A Liad ...«
»Das ist doch ›Die Wacht am Rhein‹!«
»Ko scho sei, daß's a so hoaßt ...«
»Ich habe Ihnen doch gesagt, Sie sollen mir Lieder aufschreiben, die Ihre Burschen singen ...«
»Ja, dös singans.«
»Das??«
»Dös singans fei gern!«
»Also – Matheiser ...!«
Habergais überflog die anderen Seiten, die aus Bruchstücken erkenntlichen Lieder.
Ein sehr langes »Heul unsern Känig ... heul!« ein kurzes »... im gruhnen walth is holzauxion ...« und wieder »O du liber augastien«, »Ich hath einen Kahmeraten« und das letzte noch »Das schöne land, wo meine wihge stand«. Der Rechtsgelehrte blickte den Ökonomen durchdringend an.
»Also das sind ...??«
»Dös singans allssammete«, sagte Hirtner treuherzig, »und derfan S' gwiß glaabn, Herr Dokta, daß i mi schön plagt hab, und d' Bäurin sagt aa, mit dem Glump derfst ma nimma komma, sagts ...«
»Es ist recht, Matheiser, Sie haben Ihre vier Mark, gehen Sie!«
»Und, sagt d' Bäurin, a so a spinnate Arbet, sagts, muaß's net glei wieda gebn ...«
»Gehen Sie, sage ich!«
»Und – Herr Dokta – bals grad gang, soll i Eahna nomal a sechsi aufschreibn ...?«
Habergais wollte heftig werden, besann sich eines Besseren und sagte mild: »Nein, Matheiser, es genügt ...«
»Aba wenn S' moanen?«
»Es genügt. Adieu!«
»'s Good, Herr Dokta!«

Marterln und Grabinschriften

Hier liegt der Herr Melcher,
Pfarrer gewesen ist welcher.

Hier ruht in Gott N.N.
26 Jahr lebte er als Mensch
und 37 Jahr als Ehemann.

Hier in dieser Gruben
Liegen zwei Müllerbuben,
Geboren am Chiemsee,
Gestorben an Bauchweh.

Hier liegt begraben die ehrsame Jungfrau N.N.
Gestorben ist sie im siebzehnten Jahr
Just als sie zu brauchen war.

Aufig'stiegen
Abig'fallen
Hingewesen
Zu Ehren der Heiligen Dreifaltigkeit

Hier ist ein Platz der Trauer,
Josef Limmer, Hilzenbauer,
Erlitt hier böses Weh,
Er stürzte in den See.
Er hat mit allzu vieler Gier
So lange übern Durst getrunken
Das helle und das dunkle Bier,
Bis unters Wasser er gesunken.

gesammelt von LUDWIG VON HÖRMANN
und WALTER SCHMIDKUNZ

Weiß-blau und heiter

Nachwort des Herausgebers

Im »altbayerischen Fünfeck« sind sie daheim, die Dichter, die Schriftsteller, die unbekannten Verseschreiber und Schnadahüpflsänger, die wir in diesem Buch vom bairischen Humor zum ersten Mal so zahlreich versammelt finden.
Die Grenzen dieses Fünfecks hat Johann Lachner in seiner Sprachlehre »999 Worte Bayrisch« beschrieben: »Der erste hohe Kamm der Alpen von Berchtesgaden nach Westen ist dessen eine Seite, der Lech die zweite, der Lauf der Donau bis Regensburg und die Verlängerung dieser Linie zur böhmischen Grenze die dritte, die vierte wird gezogen vom Kamm des Böhmerwaldes und die fünfte geht Inn und Salzach aufwärts.«
Derb und handfest ist der Humor der Altbayern – der bairische Humor. Die Lust zum Frotzeln und Derblecken liegt dem Altbayern im Blut. Max Dingler schreibt über die bairische Vorsilbe »der«: »Sie gibt dem Zeitwort den Stempel einer gründlichen, bis zum Ende durchgeführten Handlung. Wer derschlagen, derschossen, derdruckt oder dersoffen ist, bedarf keiner Verlängerung dieses Vorgangs. Und so derbleckt der Bayer auch so kräftig, daß sein Opfer sich nicht leicht mehr derfangt.« Allerdings kann der Altbayer auch über sich selber und die Eigenheiten seines Volkscharakters lachen. Und er macht dabei vor der hohen Obrigkeit nicht halt. Die Schwächen des Herrn Amtsrichters und des Herrn Pfarrers werden gerne ausführlich erzählt, die Taten eines verwegenen Wilderers oder furchtlosen Räubers im Volkslied gerühmt. Echt ist die Anteilnahme der Altbayern am Schicksal des Boarischen Hiasls, des Wildschützen Jennerwein und des Räubers Kneißl. Eine richtige Rauferei konnte Ludwig Thoma, den Klassiker der altbayerischen Dichtung, hell begeistern. Die einfachen Dinge des Alltags verstehen bairische Poeten mit Humor zu schildern. Ein gutes Essen und eine frische Maß Bier, die Kindstaufe und die Hochzeit sind es auch wert, humorvoll verklärt zu werden. Aber selbst über das Sterben und das Jenseits ist bairischen Poeten manch lustiges Geschichtl eingefallen.
Der Münchner, der Bewohner des Millionendorfes, kann neben den vier Grundtypen des menschlichen Charakters noch einen weiteren Typ anbieten – den Grantler oder Grantlhauer. »Dies ist kein chronischer Querulant und Quengler, auch keine ›Zwiedawurzn‹, kein ewiger Mekkerer. Genau genommen verkörpert der Grantler vielmehr den Übergang vom Nörgler zum Philosophen.« Sigi Sommer, der als »Blasius,

der Spaziergänger« mit Vorliebe den Spuren des Grantlhauers folgt, selbst aber auch gerne grantelt, hat diese einleuchtende Definition gegeben. Der Grantlhauer sitzt schweigend vor seiner Maß im Wiesnzelt oder im Bierkeller, es wurmt ihn, wenn die Stimmung ansteigt und er schunkeln soll, das Bier im Bauch will auch seine Ruhe haben. Der Faschingszug kann ihm kein Lächeln entlocken. Ein echter Altbayer, Thomas Wimmer, Münchens verdienter Oberbürgermeister, verstand seine Mitbürger. »De san scho recht, meine Münchner, de lacha hoid erscht dahoam«, sagte er, als beim Faschingszug so gar nichts vom importierten »rheinischen Frohsinn« zu spüren war. Ja, so sind sie, die Altbayern, sie lachen nicht, wenn sie sollen, sie lachen nur, wenn sie wollen.

Unser Buch vom bairischen Humor hat nicht den Ehrgeiz, mit literarhistorischen Maßstäben beurteilt zu werden. Den großen Klassikern der bairischen Dichtung, Ludwig Thoma, Georg Queri, Lena Christ, Max Dingler, Oskar Maria Graf und Eugen Roth, wurde Raum gegeben, vom Lachen und vom Schmunzeln ihrer Heimat zu erzählen. Daß die Altmeister Franz von Kobell und Karl Stieler nicht übersehen werden durften, versteht sich von selbst. An viele Poeten, die zu Unrecht so ganz vergessen wurden, konnte erinnert werden. Und die unbekannten Sänger von Schnadahüpfln und Volksliedern schließlich, die Schreiber von Hausinschriften und Marterln, haben ebenfalls Anspruch, in diesem Buch vertreten zu sein.

Die Bilderfreude und der echte Kunstsinn der Altbayern haben die Meister der Zeichenfeder immer wieder angeregt, die Werke ihrer Dichter-Freunde zu illustrieren oder selbständige Bildgeschichten zu erfinden. Die satirischen Zeitschriften, voran der »Simplicissimus« und die »Jugend«, gaben bereitwillig der überschäumenden Künstlerlaune Raum. Auch viele »zuagroaste« Künstler hatten und haben sich rasch in das neue Lebenselement eingefühlt. Ein Buch vom bairischen Humor kann nicht allein vom Wort leben, auch der Zeichner, meist in enger Freundschaft dem Dichter verbunden, muß vorgestellt werden.

Altbayern ist ihnen Heimat – den Künstlern, den großen Dichtern, den Schriftstellern und Journalisten, den Schnadahüpfl singenden Bauernburschen und Holzknechten, den Taferlmalern und dem Herausgeber dieses Buches

LUDWIG HOLLWECK

Wörterbuch für Nicht-Bayern

aa – auch
abpfüat – verabschiedet
abscheili – abscheulich
Adraahta – Durchtriebener
afl(n) – danach
akrat – genau
ammeln – füttern von jungen Vögeln
Äpfelkoch – Apfelspeise
ausschbeibn – ausspucken
bal, bald – wenn
Bam(m)sen – Kinder
barmen – jammern
belfern – nörgeln
Belli – Kopf
belzi(g) wer'n – sauer werden
benzen – dauernd nörgeln
beschissen, bschissn – betrogen
Bläschl – Zunge
Blasn – verschworene Gesellschaft
Bleamistock – Blumenstock
blecha, blechen – bezahlen
brettleben – flach
Brisilglasl – Glas mit Brasil (Schnupftabak)
Brokkoli – Kohlgemüse
Brotladn – Mund
damisch – dämlich
Dampfnudel – Hefegebäck, im Dampf zubereitet
dantschig – niedlich
Dätschn – Ohrfeige, leichter Schlag
Daxn – Nadelholzäste
Däz – Kopf
dengerscht – dennoch
Deppata – Blöder
diamal – manchmal
dischkriern – unterhalten
Dischkurs – Unterhaltung
draapfl – durcheinand
Dreck, an Dreck wissn – Schmutz, nichts wissen
drentern – jenseitig
Dusn – Dose
Duttenkaiwi – unerfahrenes Kalb
Ehhalten – Dienstboten
epps – etwas
es hand'da – es sind da . . .
extrige – besondere
Fackein – Ferkel
fad – langweilig
Fadln – kleine Ferkel
Fechser – Ableger, hier Kind
feit, es feit so weit – fehlt, es steht so schlecht
Fetzenrausch – starker Rausch
Fisolen – Bohnen
flankln – tanzen
Flötz – Hausflur
Fotzhobel – Mundharmonika
Frahsäh – Française (Tanz)
Fretter, Fretterei – Hungerleider, Sorge
Früchterl – harmloser Gauner
fuchti wer'n – zornig werden
Füllei – Fohlen
Fürtuch – Schürze
gach – jäh
Gaden – Stockwerk
Gams – Gemse
Gant – Zwangsversteigerung
Gäu – Gebiet
Gerschtl – Geld
gesting – gestern
g'fread – erfroren
Gfrett – Plage
Gfri(e)ß – Gesicht
giften – ärgern
Giftnickl – Zorniger
Giggl – Einbildung
Girgl – Georg
Glump – Schund
Glustn – Gelüste, Wunsch
Gmoastier – Gemeindestier
Goas – Ziege
God, Göd – Pate
Göldl, Goid – Geld
grantln – brummen, schimpfen
greina – weinen
Griffl – Finger
Großkopfete – prominente, reiche Leute
g'schert – gemein
g'schlenkt – betrogen
g'schlickt – geschluckt
g'schrubbt – wild
g'schupft – überspannt
g'schutzt wer'n – geschwungen werden

Gschwollkopfeter – prominenter, reicher Mann
Gselchts – Geräuchertes
g'siegn – durchgeseiht
Gsott – Häcksel
Gspoaß – Scherz
Gs(ch)pusi – Geliebte
Gstanzl – Vers, Vierzeiler
g'stöckelte Milli – geronnene Milch
g'stürzt – eine Ohrfeige gegeben
Gusta – Gelüste
Gutl – Bonbon
g'wachelt – geschlagen
g'wampad – dick
Gwappalter – prominenter, reicher Mann
Habern – Hafer
Hachtl – Habicht
Halsgeschnür – Halsschmuck
hantig – scharf, bissig
harsch – barsch
harpfen – humpeln
Hartschier – Leibgardist der Wittelsbacher
härwen – rauh
Heil und Litte – Baufirma Heilmann & Littmann
Herz – Busen
heugn – zusammenrechen
Hias(l) – Matthias
Hochzatlada – Hochzeitlader, leitet den Verlauf einer Hochzeit
Hoiweglasl – Bierglas für einen halben Liter
Holz bei der Wand (Hütten) – üppiger Busen
Hosntürlsteuer – Alimente
Hottolerist – Artillerist
Huarnstingl – Frauenheld (Schimpfwort)
hüast und hott – links und rechts (für Zugtiere)
hundsheitern – verflixt, schlimm
Irxen – Schultern
Irxenschmalz – Kraft
Kaibi, Kalm – Kalb
Kammawag'n – Wagen mit der Brautaussteuer
kammod, kommod – bequem
Karfiol – Blumenkohl
kegelscheim – kegeln
Kina vo Boarn – König von Bayern
kloa – klein
kloaweis – nach und nach
Klupperl – Finger
kniagln – knien
kopulieren – trauen (Hochzeit)
Krapfn – Hefegebäck, in Schmalz gebacken (Berliner Pfannkuchen)
kriagn – bekommen
Krischperl – Knorpel, auch magerer Mensch
Krömoknodn – Knödel (Klöße) mit Grieben (Speckstückchen)
Küahlan – Kühe
Kuchl – Küche
Lackl – flegelhafter Mensch
Lalln – träger Mensch
Lattirl – schlapper Mensch, Waschlappen
Lebzelten – Lebkuchen
leina – tauen
letschert – langweilig
Letschn – Mund
Loamian – Leimsieder (Schimpfwort)
lusn – lauschen
mahr – morsch
Marterl – Bildstock
Maschkera – Maske im Fasching, Maskerade
Massl hab'n – Glück haben
massln – schimpfen
Matz – böses, schlechtes Weib
Menscherkammer – Zimmer der Mägde
ment(r)isch – sehr, gewaltig
Minga – München
mir gangst – mir reicht es
Mitterdirn – Magd, steht unter der Oberdirn
mollat – mollig
Molln – muffige weibliche Person
Naagerl – Nelken
Nand(e)l – Anna
Nazi – Ignaz
Niggl, geiziger – Geizhals
notig – arm
Nudlwalger – Teigroller
Odlschapfa – Jaucheschöpfer
o'draht – durchtrieben
Oxenzwengzweng – Ochsenziemer

pampeln – wedeln
Parasoiflicka – Regenschirmflicker
Pemsl – Pinsel, Gamsbart
pichig – klebrig
Pinkerl – Ausbuchtung
Plana – durchtriebener Kerl
Plempel – minderwertiges Bier
Pratzn – Hand
pressieren – eilen
Radi – Rettich
rarig – schneidig
Ratsch – Klatsch, Unterhaltung
Ratz – Ratte
Rennats – Rennen
rieglsam – rührig
Roan – Feldrain
roglert – munter
Roßbollen – Pferdeäpfel
Sapie – Spitzhacke der Holzfäller
Sauduttn – Zitzen des Schweins
Schammi – Schemel
scheed – schier
Schelln – Ohrfeige
schenieren – schämen, stören
schiach – häßlich
schiagln – schielen
Schlapper – Hausschuh
schlauch – schlau
Schmalzler, Schmaizler, Schmai – Schnupftabak
Schmankerl – Leckerbissen
Schmarrn – Unsinn, auch zerkleinerte Eieromelette
Schmirgel – Prügel bei einer Rauferei
Schneizer – Feigling
Schneiztüachl – Taschentuch
schpeiben – sich übergeben
Schwalanscher – Cheveauxleger, leichter Reiter (Soldat)
sechan – solchen
seicha – seihen
sekiern – plagen, quälen
Siach – harmloser Strolch
Si(e)mandl – Pantoffelheld
si(e)rri(g) wer'n – wütend werden
spannen – merken
Spasseteln – Scherze
sper – mager, kümmerlich
Spreitzn – Zigarette
Staffeln – Stufen
Stranitze – Tüte
Strixn – Prügel, Schläge
Strizzi – Strolch
Stupferer – Stoß
Stutzn – Jagdbüchse
Suppenlalli – Suppenkaspar (Schimpfwort)
tala – talab
Tandlmarkt – Jahrmarkt
tappi(g) – dumm
tarroggen, terocken – Tarock spielen (Kartenspiel)
trachti – trächtig
tränzen, trenzen – jammern
tratzen – necken
Trud – Hexe
Ullarich o'ruafa – sich übergeben
Umgang – Prozession
voluist – verliert
vozuhln – erzählen
vüri – vor
Watschen – Ohrfeige
Watten – Kartenspiel
webern – herumrutschen
Weinbeerl – getrocknete Trauben
Wetschina – Virginia, lange Zigarre
Wittib – Witwe
Wix, kurze Wichs – Tracht, Lederhose
Wuidsäu – Wildschweine
zaach – zäh
zahnen – höhnisch lachen
zerkeit – uneinig
zerm – zünftig
z'kreiln – verprügeln
z'kriagt – verfeindet
znaxt, znachst – kürzlich
zwer – verdreht
Zwiefirearl – Zwiebelrohr

Autorenregister

Althen, Adolf 102
Arnold, Karl 20, 117, 288
Basil, Fritz 67
Bauer, Josef Martin 182
Bauer, Karl 154, 176, 178, 181, 233
Baumsteftenlenz (Paul Friedl) 48, 225
Bekh, Wolfgang Johannes 82
Bilek, Franziska 133, 276, 277
Bing, Henry 59, 225
Bischof, Anton 291, 309
Braun-Hilger, Lia 139, 142
Buck, Christian 42, 157
Christ, Lena 189
Dieß, Wilhelm 31, 195
Dingler, Max 174
Dreher, Konrad 206
Dreyer, Aloys 19, 47, 282
Druckseis, Fritz 48, 177
Dusch, Wilhelm 118
Eberl, Georg 140
Ehbauer, Michl 276
Engl, J. B. 124, 177, 235, 256, 264, 296
Fitz, Hans 104
Flügel, Rolf 70
Franz, Hermann 240, 281
Friedl, Paul (Baumsteftenlenz) 48, 225
Ganghofer, Ludwig 168
Graf, Oskar Maria 165, 168, 222
Gulbransson, Olaf 66, 149, 171
Gumppenberg, Hanns von 33
Gumppenberg, Karl von 160
Hahn, Alois 131
Hoferichter, Ernst 105, 113
Hörmann, Ludwig 303
Hunkele, Hanns 285
Hürlimann, Ernst 38, 73, 80, 93, 109, 115, 140
Junker, August 81
Kloeck, Walter F. 228
Kobell, Franz von 24, 139
Kölwel, Gottfried 293
König, Hannes 98
Kreis, Julius 36, 52, 69, 257, 267, 271
Kristl, Wilhelm Lukas 127
Kubin, Alfred 182
Lachner, Johann 21, 152
Lautensack, Heinrich 202
Lutz, Joseph Maria 261, 269, 278
Marx, Josef 189
Matheis, Max 255
Mausser, Otto 16
Mühlbauer, Rita 228
Müller-Partenkirchen, Fritz 34, 141, 187
Neu, Paul 29, 110, 111, 164, 197, 208
Nora, A. de 215
Panzer, Friedrich 293
Paul, Bruno 15, 191
Peinkofer, Max 58
Pikola, Rudolf 39
Queri, Georg 175, 176, 193, 234, 236, 239, 243, 256
Rauchenegger, Benno 213
Rauecker, Simon Theodor 219
Retzer, Wugg 52, 59
Roeseler, August 35, 274
Roth, Eugen 34, 96, 272
Sailer, Anton 91
Sailer, Joseph Benno 235
Schmidkunz, Walter 303
Schmidt, Maximilian 219
Schneider, Herbert 87, 284, 286
Scholl-Dachau, Fritz 206
Schrott, Ludwig 125
Schug, Josef 236
Sommer, Siegfried 80, 101, 129, 266, 275
Spengler, Karl 134
Stieler, Dora 238
Stieler, Karl 275, 283, 292
Taschner, Ignatius 158
Thöny, Eduard 18
Thoma, Ludwig 13, 18, 23, 74, 146, 160, 205, 215, 237, 244, 288, 297
Valentin, Karl 44, 65, 96, 128, 264
Vierlinger, Emil 78, 159
Vierlinger, Willy 89
Voment, Josef 28
Wehner, Wolfgang 226
Weiß, Ferdl 99, 277
Wisheu-Martens, Albert 194
Wilke, Rudolf 95